Thea Bauriedl, Die Wiederkehr des Verdrängten

Thea Bauriedl

# Die Wiederkehr des Verdrängten

Psychoanalyse, Politik und der einzelne

Piper
München Zürich

ISBN 3-492-03025-4

Gesetzt aus der Bembo-Antiqua
Gesamtherstellung: Clausen & Bosse, Leck
Printed in Germany

# Inhalt

# Vorwort

Wir leben in einer Zeit existentieller Bedrohung und gleichzeitig in einer Zeit großer gesellschaftlicher Veränderungen. Angstvoll fragen sich viele Menschen: Nähern wir uns dem gemeinsamen Selbstmord, oder ist noch eine Veränderung möglich, die uns und unseren Kindern menschenwürdigere Lebensbedingungen schafft?

Die zunehmende Gefahr alles vernichtender atomarer Kriege, die fast unausweichlich näherrückende Gefahr ökologischer Katastrophen und die parallel dazu wachsende Gefahr der weiteren Entdemokratisierung unserer Gesellschaft, alle diese Gefahren haben Ursachen, die in der Unbewußtheit des einzelnen und des Kollektivs zu finden sind. Wir nehmen nicht wahr, daß wir so vieles verdrängen, und halten das, was wir wahrnehmen, für die vollständige Realität. Vor allem unsere Abhängigkeiten und unsere »Lebensinteressen« sind uns so wenig bewußt, daß wir uns durch eigene und fremde Machtinteressen immer weiter einschränken lassen. Wir phantasieren, daß immer der Schwächere von Stärkeren abhängig ist, und müssen deswegen selbst immer bei den Starken sein. Wir erkennen die Gefahren zu wenig, die unser aller Leben bedrohen, und können deswegen auch nur wenig tun, um uns zu retten.

Wenn die Angst zu groß wird, nehmen wir die Gefahr nicht mehr wahr. Wenn die Unterdrückung in den Menschen und zwischen den Menschen zu groß wird, taucht das Verdrängte und Unterdrückte wieder auf. Wir alle sind diesen Mechanismen ausgeliefert. Sie laufen in uns und zwischen uns ab, ohne daß wir an den Mechanismen selbst etwas ändern können.

Was wir können, ist: uns auf diese Mechanismen einstellen und *mit* der Wiederkehr des Verdrängten arbeiten anstatt gegen sie. Mit dem Begriff »Die Wiederkehr des Verdrängten« wollte Freud zeigen, daß nicht die Fortsetzung der Verdrängung, sondern ihre Aufhebung zur psychischen Gesundheit führt. Gegenwärtig kehren viele bisher beiseite geschobene oder unbewußt gemachte Wünsche, Ängste, Gefahren, Möglichkeiten, »verdrängte« Minderheiten und auch »verdrängte Abfallprodukte« im materiellen Sinn ins allgemeine Bewußtsein zurück. Wenn wir die Wiederkehr bzw. das Bewußtwerden dieser »Minderheiten« nicht *nur* als ein Anzeichen für unseren bevorstehenden Untergang, sondern das Bewußtwerden selbst auch als Chance, vielleicht als letzte Chance, für uns verstehen können, dann dienen wir gleichzeitig unserer privaten und unserer gesellschaftlichen Gesundheit.

Mit dem Aufzeigen der Analogie zwischen psychischer (und somatischer) Krankheit beim Individuum und in der Gesellschaft möchte ich die künstliche Trennung zwischen Psychoanalyse und Politik aufheben, die beide Disziplinen in der Vergangenheit hat verarmen lassen. Ich glaube, daß die Psychoanalyse nur von Bedeutung bleiben kann, wenn sie ihre politische Bedeutung – auch in einzelnen Therapien – begreift. Ich glaube aber auch, daß die Politik eine Chance hat, zur »sanften Politik« zu werden, die die lebendigen Bedürfnisse und Ängste der Menschen – auch der Politiker – respektiert, wenn sie Erkenntnisse aus der Psychoanalyse einbezieht, die ich hier darstelle.

Nicht *ich* übertrage die psychischen Mechanismen der einzelnen und des Kollektivs – in vielleicht als unzulässig angesehener Weise – auf die Politik. Ich versuche, ein Bewußtsein dafür zu wecken, *daß* und wie sie ständig auch im politischen Rahmen von Bedeutung sind. Dieses Bewußtsein, das ist meine Hoffnung, kann uns vielleicht helfen, auch in der Politik zu einem »ökologischen«, unsere *gegenseitigen* Abhängigkeiten erkennenden Denken zu kommen. Dadurch entstünde gleichzeitig ein größeres persönliches Verantwortungsbewußtsein und auch mehr individuelle Handlungsfreiheit.

Ich meine, daß an solchen Veränderungen jeder einzelne beteiligt ist. Er entscheidet darüber, ob sich an *seiner* Stelle eine Veränderung des allgemeinen Bewußtseins ereignet oder nicht.

Einige Kapitel dieses Buches (Kapitel 2, 3 und 5) entstanden aus Veröffentlichungen, die schon in psychoanalytischen Fachzeitschriften erschienen sind. Ich habe mich bemüht, sie so umzuarbeiten, daß sie für ein allgemeines Publikum verständlich sind. Die neu geschriebenen Kapitel entstanden zum Teil aus Vorträgen, die ich in den letzten Jahren an verschiedenen Stellen gehalten habe. In diesen Teilen des Buches habe ich versucht, Psychoanalyse auf die für mich wichtigsten Grundprinzipien zu reduzieren und zu konzentrieren. Ich habe dabei Vereinfachungen nicht nur in bezug auf psychoanalytisches, sondern auch auf medizinisches und politikwissenschaftliches Wissen in Kauf genommen. Es war mir wichtiger, für möglichst viele Leser verständlich zu sein, als an Details der Fachwissenschaften zu arbeiten.

Dieses Buch enthält Gedanken und Hoffnungen unserer Zeit, wie ich sie an vielen Stellen, in meinen Therapien, bei meinen Studenten, in Gesprächen mit verschiedenen politischen Gruppen, mit Politikern, Politikwissenschaftlern und psychoanalytischen Kollegen angetroffen habe. Ich danke allen meinen Gesprächspartnern, daß sie mir durch ihre ernsthafte Kritik geholfen haben, meine Wahrnehmung zu differenzieren. Ich hoffe, daß dieses Bemühen um die Veränderung und Erweiterung zunächst der *eigenen* Wahrnehmung in dem Buch deutlich wird – und vielleicht auch ansteckend wirkt.

Ich danke auch Frau Renate Dörner vom Piper-Verlag für die verständnisvolle Betreuung, und Frau Dr. Heidi Bohnet für die ermutigende und kritische Hilfe bei der Redaktion des Buches.

# A. Psychoanalyse als politische Wissenschaft

»Schuster, bleib bei Deinen Leisten, Psychoanalytiker, bleib bei Deiner Couch«, so denken viele Politiker, aber so denken auch viele Psychoanalytiker. Psychoanalytiker verstehen nichts von Politik, Politiker nichts von Psychoanalyse. Das ist eine weitverbreitete Meinung, die bisher dazu führte, daß nur wenige fruchtbare Kontakte zwischen Psychoanalytikern und Politikern zustande kamen. Zwischen den beiden Berufsgruppen besteht eine Berührungsscheu, die wohl damit zu tun hat, daß jede Gruppe die andere als übermächtig und unbeeinflußbar erlebt und gleichzeitig auch in gewissem Sinne als minderwertig beurteilt. Die Angehörigen beider Gruppen übersehen zumeist, daß ihr Anliegen, ihre Probleme und ihre Möglichkeiten oft sehr ähnlich sind: Beide Gruppen befassen sich mit zwischenmenschlichen Beziehungen und mit deren Störungen.

Bei Versuchen, mit Politikern über solche Ähnlichkeiten ins Gespräch zu kommen, machte ich die Erfahrung, daß die Grenzüberschreitung zwischen Psychoanalyse und Politiker zugleich faszinierend und ängstigend ist. Zwischen Politikern und Nichtpolitikern, zwischen Psychoanalytikern und Nichtpsychoanalytikern, zwischen Theoretikern und Praktikern gibt es Grenzen, die die Verteilung von Zuständigkeiten, Verantwortung und Macht in der Gesellschaft sichern. Wenn Psychoanalytiker sich (allzu selten und zumeist in einer für Laien schwer verständlichen Sprache) zur Politik äußern, wird das von Politikern nur selten zur Kenntnis genommen. Ähnlich geht es aber auch Naturwissenschaftlern und anderen »politischen Laien«. Außer den Politikern selbst dürfen sich eventuell noch Politikwissenschaftler in unserer Gesellschaft ungehindert zu politischen Themen äußern. Natur- und Geisteswissenschaftler bekommen zum Beispiel an manchen Universitäten Hausverbot, wenn sie über ihren Beitrag zur Friedenssicherung miteinander sprechen wollen. Gemeindeglieder dürfen auf Anweisung ihres Pfarrers in ihrer Einladung zu einer entsprechenden Veranstaltung die Worte »Frieden« und »Ökologie« nicht verwenden, Worte, die Politiker täglich im Munde führen. Aber auch zwischen den Theorien der Politikwissenschaftler, Soziologen und Sozialpsychologen einerseits und den »Praktikern« dieser Wissenschaften, den Politikern, andererseits gibt es Grenzen. Wegen der für Laien schwer verständlichen Sprache der Wissenschaftler bleiben deren Theorien zumeist für Politiker im verborgenen, während die Theoretiker in ihrer abstrakten Wissenschaftlichkeit die Praxis aus den Augen verlieren. Grenzüberschreitungen und die damit verbundenen Veränderungen von Zuständigkeiten machen Angst. Die Aufgabe, den Frieden zu sichern, liegt bei den Politikern. Gemeindeglieder, Vertreter von »unpolitischen Wissenschaften« und Theoretiker haben damit nichts zu schaffen.

Die mir gegenüber häufig wiederholte Meinung: »Psychoanalytische Erkenntnisse mögen ja auf dem Gebiet der Psychotherapie sehr richtig sein, auf das Gebiet der Politik sind sie nicht übertragbar, da herrschen ganz andere Verhältnisse«, ist mir so wichtig, daß ich ihrer Diskussion den ersten Teil dieses Buches widmen möchte. Im ersten Kapitel möchte ich der Frage nachgehen, was denn nun wirklich so »ganz anders« ist in der Politik: Ich will aufzeigen, wo ich Unterschiede und wo ich Ähnlichkeiten sehe, ich will die Dynamik der Widerstände gegen eine Verbindung von Psychoanalyse und Politik untersuchen, und ich will vor allem auf die Chancen hinweisen, die nach meiner Meinung in einem psychoanalytischen Verständnis von politischen Zusammenhängen liegen. Im zweiten Kapitel geht es mir um die Frage, wieweit und wodurch die Psychoanalyse ihr revolutionäres und damit ihr politisches Potential im Laufe ihrer Geschichte selbst immer wieder beiseite geschoben und unterdrückt hat. Ich untersuche die Bedingungen, unter denen Psychoanalyse und Psychoanalytiker politisch wirksam werden können. Ich vertrete die These, daß die Psychoanalytiker sich dazu mit der »strukturellen Gewalt« in ihren eigenen Theorien, in ihrer eigenen Ausbildung und in ihren eigenen Institutionen befassen müssen und daß sie sich nicht auf ein Selbstverständnis als Hilfswissenschaftler der Medizin beschränken dürfen. Nur in dem Maße, wie die Psychoanalyse die eigene Befreiung aus struktureller Gewalt und struktureller Verantwortungslosigkeit gelingt (vgl. Kapitel 7), wird sie politisch bedeutsam sein oder werden können.

## 1. Kann man Erkenntnisse aus der Psychoanalyse auf die Politik übertragen?

### *a) Die Übermacht »objektiver« Strukturen*

In der Diskussion um die Übertragbarkeit psychoanalytischer Erkentnisse auf die Politik wird von den Gegnern einer solchen Übertragung häufig die Macht »objektiver« Strukturen ins Feld geführt. Die real existierenden ökonomischen, politischen, militärischen, bürokratischen Strukturen seien weder mit Hilfe der Psychoanalyse zu verstehen noch mit Hilfe psychoanalytischer Deutungen aufzulösen. Ebensowenig wie ein einzelnes Individuum etwas gegen die Macht des Staatsapparates oder der Rüstungsindustrie ausrichten könne, so wenig könne auch das psychoanalytische Verständnis zur Veränderung oder Beseitigung solcher Strukturen beitragen. Psychoanalyse sei eine Therapiemethode für neurotische Patienten, die sich aus einem Leidensdruck heraus in Behandlung begeben. Selbst wenn man sagen könne, daß die Überrüstung oder gewisse Strukturen unseres gesellschaftlichen Systems Ausdruck einer kollektiven Neurose sind, so habe man es doch in diesem Bereich nicht mit Einzelpersonen, sondern mit überstarken Mächten zu tun, deren Repräsentanten nicht den geringsten Leidensdruck hätten und deshalb auch keinen Anlaß, in eine psychoanalytische Behandlung zu gehen. Nein, Psychoanalyse sei für die Reintegration der psychisch kranken Randfiguren der Gesellschaft zuständig, nicht für eine unerbetene Therapie unserer Politiker oder für die Veränderung unserer gesellschaftlichen und politischen Strukturen.

Verschiedene Politiker, mit denen ich die Übertragbarkeit psychoanalytischer Erkenntnisse auf die Politik diskutierte, argumentieren etwa so: »Die Wirtschaftsmacht ist die eigentliche, die originäre Macht. Sie ist unvermeidbar, weil sie eine eigene Ideologie entwickelt, die von der Bewußtseinsveränderung einzelner Personen nicht tangiert wird. Politische Macht ist nur eine abgeleitete Macht. Politiker sind Gefangene dieser vorgegebenen Strukturen. Sie werden im Lauf ihres Politikerdaseins durch diese Strukturen immer mehr zu funktionierenden Rädchen in einer großen Maschinerie umgeprägt. Machtstrukturen sind im politischen Bereich nicht im gleichen Sinne auflösbar wie in psychoanalytischen Behandlungen, wo beide Teile sich um eine solche Auflösung bemühen. Sie können nur durch die Einrichtung von Gegenmacht eingeschränkt oder beseitigt werden.«

Ich glaube, daß die Vertreter beider Disziplinen, die Politiker und die Psychoanalytiker, in gewissem Maße betriebsblind geworden sind. Betriebsblindheit wird erst erkennbar, wenn man versucht, mit den Vertretern anderer »Betriebe« in ein fruchtbares Gespräch zu kommen. In solchen Gesprächen wurde mir deutlich, daß ich bisher die Verselbständigung der Bedrohung in Form der in Wirtschaftsimperien etablierten kollektiven Gier und die Verdinglichung der Bedrohung durch die bloße Existenz von Waffen aller Art unterschätzt hatte. Meine Gesprächspartner aus dem politischen »Betrieb« ihrerseits hatten aus dem Auge verloren, daß es immer auch an ihnen (wie an uns allen) liegt, wenn wir unsere Denkstrukturen, wenn wir das, was wir für veränderbar bzw. für nicht veränderbar halten, davon abhängig machen, ob wir als kleiner David den großen Goliath »mit einem einzigen Stein« beseitigen können oder nicht.

Auch wenn es manchem Außenstehenden oft nicht so zu sein scheint, so haben wir es in der Psychoanalyse doch auch sehr häufig, oder eigentlich immer, mit scheinbar unveränderbaren Strukturen zu tun. Das psychische Gleichgewicht jeder Person, jedes Paares, jeder Familie beruht zu mehr oder weniger großen Teilen auf (Abwehr-)Strukturen, die zunächst oft unveränderbar zu sein scheinen. Jeder Mensch, jede Beziehung enthält Anteile, in denen der Krankheitsgewinn größer ist als der Leidensdruck, in denen die Angst vor der Destabilisierung durch eine Veränderung größer ist als das Leiden unter der durch die (Abwehr-)Strukturen bedingten Einschränkung. Genau wie in der Politik scheinen »die Strukturen« keinen Bezug zum Erleben der Person oder der Personen zu haben. Es sind Eigenheiten, vielleicht »Verrücktheiten«, die feststehende Charaktereigenschaften zu sein scheinen. Für das subjektive Erleben des einzelnen sind sie »normal« oder vielleicht auch störend, in ihrem psychodynamischen Sinn aber kaum verständlich – und vor allem nicht »durch einen Steinwurf« oder durch einen Schritt zu verändern. Als Psychotherapeut hält man solche Strukturen so lange für unveränderbar und deshalb für übermächtig, solange man glaubt, vor der Alternative zu stehen: entweder in einem Schritt beseitigen oder resignieren. Große Teile der Friedensbewegung waren in bezug auf die Verhinderung der Stationierung von Pershing-2-Raketen in dieser Phantasie befangen.

Als »objektiv« werden Strukturen dann bezeichnet, wenn sie vom bewußten Wollen des wahrnehmenden Subjekts nicht zu beeinflussen sind und wenn sie als ich-fremd, als nicht zur eigenen Person gehörend, nicht von der eigenen Person produziert und aufrechterhalten, erlebt werden. In der Psychopathologie sind Rituale, die unter einem unausweichlichen Zwang immer wieder ausgeführt werden müssen, ein Beispiel für solche Notwendigkeiten, denen der Patient dann hilflos ausgeliefert ist. Auch für solche Rituale existiert zumeist eine eigene Ideologie, die unbeeinflußbar zu sein scheint; auch sie werden als ich-fremd, als nicht zur eigenen Person gehörend und nicht von ihr hervorgerufen erlebt. Diese »objektiven«, mit der Subjektivität des einzelnen scheinbar in keinem Zusammenhang stehenden Strukturen erscheinen in der Politik als »Sachzwänge«, in allen Wissenschaften als Denkzwänge und in ähnlicher Form eben auch in der Psychoanalyse und Psychotherapie. Sie alle scheinen auszudrücken: So ist das eben, da brauchst du gar nicht zu glauben, etwas ändern zu können. Es gibt immer auch rationale Begründungen für die Existenz und Notwendigkeit solcher Zwänge, und zumeist ist es sehr schwer, die erdrückende Objektivität dessen, was einem da erklärt wird, nicht ohne weiteres zu übernehmen, sondern die eigene Subjektivität, die eigenen Gefühle und Phantasien zu bewahren. In der Psychotherapie wie in der Politik, so meine ich, sind solche Strukturen nicht, noch nicht oder nicht mehr auflösbar, je nachdem, wie weit ihre verdinglichende Objektivierung schon fortgeschritten ist, und je nachdem, in welchem Maße die von ihnen betroffenen Personen noch fähig sind, einen subjektiven Bezug zu ihnen herzustellen. Fast nie sind solche Strukturen in einem Schritt auflösbar, es geht immer um schwierige Veränderungsprozesse, in denen sich der »Veränderer«, also der Psychoanalytiker oder der Politiker oder die politisch engagierte Privatperson, selbst mitverändert. Solche Strukturen bleiben verhärtet oder verhärten sich noch mehr in dem Maße, in dem man versucht, sie nur durch eigenes Hartbleiben zu beseitigen. Sie können sich lockern in dem Maße, in dem man als betroffene und beteiligte Person es wagt, seine eigene Wahrnehmung dieser Strukturen in Frage zu stellen, nicht mehr nur zu fragen, wie sie beseitigt werden können, sondern auch zu fragen, weshalb sie nötig sind und wodurch sie eventuell auch von einem selbst mit aufrechterhalten werden. Ich werde mich mit der Auflösung unbewußt gewordener Machtstrukturen im 4. Kapitel noch ausführlich beschäftigen.

### *b) Die »Realpolitik« und ihre Strategien*

In der Politik – so antworten mir manche Politiker – gehe es um Interessenunterschiede, um Auffassungsunterschiede und Machtkonflikte. Subjektivität, also persönlich erlebte Zweifel und Ängste, schränkten die Handlungsfähigkeit ein. Es sei deshalb in diesem »Handwerk« sinnvoll und nötig, auf persönliche Gefühle zu verzichten und sich in seinen Entscheidungen »sachlich« nach den Erfordernissen der Realität zu richten. Utopien seien auf diesem Gebiet gefährlich, ja man mache sich lächerlich, wenn man persönliche Phantasien verfolge, die nicht mehrheitsfähig sind.

Zu den als Erfordernisse der Realität erkannten Tatsachen gehören in der Politik zum Beispiel das Ringen um Mehrheiten beim Volk (eventuell auch gegen die eigene Überzeugung), taktisch möglichst geschickte und harte Verhandlungen mit potentiellen oder tatsächlichen Koalitionspartnern und die »psychologisch geschickte« Diffamierung des politischen Gegners in der Öffentlichkeit. Was von einem moralischen Gesichtspunkt aus als verwerfliche Propaganda zum Zweck des Machterhalts oder Machtgewinns oder sogar als bewußte Irreführung des Volkes oder als Erpressung (z. B. des Koalitionspartners) beurteilt wird, gehört im politischen Geschäft zum normalen Verhalten, was sich die politischen Gegner gegenseitig wiederum oft nur zu Propagandazwecken vorwerfen, letztlich aber nicht verwerflich finden. Sie betreiben ja alle dasselbe »Geschäft« und akzeptieren dessen Unmoral als objektive Notwendigkeit. Anders kann Politik nicht mit Erfolg betrieben werden, so scheint es. Auf andere Weise kann sich auf die Dauer kein Politiker, keine Partei über Wasser halten, so wird gesagt. Das Mehrheitsprinzip als institutionelle Form der Austragung und Regelung von Konflikten in der parlamentarischen Demokratie zwinge zu solchen Verhaltensweisen, die zugegebenermaßen im persönlichen oder familiären Bereich nicht adäquat sein würden. Parteien müßten ihre Ziele über Mehrheiten erreichen, deshalb befänden sie sich naturgemäß immer in einer Beziehung »gegeneinander«. Jede Stimme, die eine Partei oder ein Politiker bekommt, geht den anderen Parteien und Politikern verloren, wird gesagt. Das sei einer der Sachzwänge, die Politiker hart machten und ihnen Eigenschaften und Verhaltensweisen abverlangten, für die sie im persönlichen Bereich nicht geliebt werden oder würden. Die Politik, so sagen viele Politiker, sei eine »Ellenbogengesellschaft«, in der die »sanfte Tour«, wie sie die Psychoanalytiker verfolgen, nicht gefragt sei. Im Gegenteil, die »sanfte Tour« der Psychoanalyse sei in der Politik schon deshalb fehl am Platze, weil sie das Funktionieren des Apparates und seiner Teile, der Politiker, nur stören würde. Gerade bei den Grünen könne man beobachten, daß persönliche Differenzen und allzuviel Rücksicht auf Minderheiten die ganze Partei in ihrer Arbeit und Effektivität lähmen. Ein guter Politiker dürfe sich nicht von persönlichen und moralischen Skrupeln daran hindern lassen, als ein guter Mitstreiter die Linie seiner Partei mitzutragen. Er müsse sich an der ständigen Propagandaarbeit beteiligen, die die eigene Partei in ein gutes, die gegnerische Partei in ein schlechtes Licht rückt. Kein Politiker dürfe mit den Angehörigen einer anderen Fraktion verwechselbar werden. Wenn die andere Partei innere Konflikte zu bewältigen hat, so müsse das öffentlich als Mangel an Geschlossenheit, als Unsicherheit über die eigenen Ziele oder als Führungsschwäche bezeichnet werden. Wenn die eigene Partei uneins sei, dann sei das in der Öffentlichkeit als Lebendigkeit und Kreativität zu bezeichnen. So etwa lautet der Konsens in der »Realpolitik«. Das Resümee der Argumentation gegen die Übertragbarkeit psychoanalytischer Erkenntnisse auf die Politik heißt dann oft: Wenn in dem einen Feld ganz andere Bedingungen und Strukturen herrschen als in dem anderen, dann sind die Konzepte und Strategien zwischen den beiden Feldern nicht übertragbar.

Als Psychoanalytikerin bin ich gewöhnt, gerade »Realitäten«, die mir als unabänderlich und besonders übermächtig dargestellt werden, zu hinterfragen. Ich weiß, daß »Realitäten« immer nur Ausschnitte aus der Wirklichkeit sind, die durch den Ausschluß anderer Inhalte aus der bewußten Wahrnehmung zustande kommen. »Realitäten« beruhen außerdem auf Konventionen von Angehörigen einer Gruppe, die bewußt oder unbewußt miteinander vereinbart haben, bestimmte Dinge für wahr, andere für nicht wahr, bestimmte Dinge für veränderbar, andere für nicht veränderbar zu halten. So erscheinen mir als der Parteipolitik relativ fernstehender Person die eben angedeuteten »Realitäten« der sogenannten Realpolitik nicht so unausweichlich, wie sie mir wohl erscheinen würden, wenn ich selbst ein voll integriertes Mitglied der Gruppe der aktiven Politiker wäre. Es tut jeder Gemeinschaft gut, auch der psychoanalytischen, wenn ab und zu von außen jemand kommt und fragt: Muß denn das wirklich alles so sein? Habt ihr euch nicht vielleicht in »Notwendigkeiten« verrannt, die so notwendig gar nicht sind? Auf diesem Prinzip beruht jede psychoanalytische Therapie, sei es beim einzelnen, bei Paaren, bei Familien oder Gruppen.

Die Reduktion der Politik auf Interessen(gegensätze) entspricht einer Definition des Menschen als eines materialistischen Wesens, das außer Konsumgütern wie Nahrung und Kleidern, Macht und Sicherheit gegen den Feind nichts braucht, insbesondere keine lebendigen und befriedigenden zwischenmenschlichen Kontakte. Obwohl Politik die Bedürfnisse der Menschen und damit die Probleme zwischenmenschlicher Beziehungen im großen und kleinen Rahmen zum Gegenstand hat, ist sie fast ausschließlich zu einer Theorie und Praxis von Machtstrategien verkommen. Anstatt die ganze Kraft dafür zu verwenden, die eigene Beziehung zu den jeweiligen »Feinden« zu verbessern, denken sich die Politiker immer bessere, perfektere Kriegspläne zur psychischen und physischen Zerstörung der »Feinde« aus. Wer die gegnerische Partei in einer Rede am besten »trifft«, ist auch in der eigenen Partei »oben«. Ein Gremium, in dem mitmenschliche Beziehungen auf ein solches Niveau des ausschließlich strategischen Umgangs untereinander reduziert sind, *kann* auch nach außen hin keine wirksame Friedenspolitik leisten.

Natürlich sind nicht nur unser Bundestag oder unsere anderen Volksvertretungen auf dieses strategisch verarmte Niveau zwischenmenschlicher Beziehungen »abgesunken«, wie das viele Kritiker und Enttäuschte gegenwärtig sehen. Der Bundestag repräsentiert tatsächlich nach wie vor das Volk, vor allem im psychischen Sinn. Er repräsentiert die politische Kultur in unserem Land, und das heißt, die Qualität unserer zwischenmenschlichen Beziehungen. Es ist ein Ausdruck unserer allgemeinen Beziehungslosigkeit, wenn in der Politik und in der politischen Wissenschaft kaum Worte und Begriffe für die verschiedenen Qualitäten von Beziehungen existieren, wenn mögliche Schritte zur Verbesserung von Beziehungen im kleinen wie im großen nur als relativ pauschale Schlagworte wie »Sicherheitspartnerschaft« vorkommen. Wenn ich Angst vor den für mich mit einer Verbesserung meiner Beziehungen einhergehenden Risiken habe, dann kann es sein, daß ich doch lieber den Weg solcher riskanten Annäherung gar nicht kennen und untersuchen will. Lieber glaube ich dann an die Aussichtslosigkeit derartiger Bemühungen, als mich in Frage zu stellen.

Obwohl die Erkentnnisse der Psychoanalyse seit bald einem Jahrhundert zur geistigen Verfügung stehen, unterscheiden wir in unseren Alltagsbeziehungen immer noch vorwiegend zwischen »richtigen« und »falschen« Verhaltensweisen. Wir sehen nicht die überall vorhandene Gegenläufigkeit der Gefühle und Wünsche, wir sind blind für die Stellen, an denen wir unsere eigenen guten Absichten unbewußt selbst sabotieren müssen, wir rechnen nicht mit unbewußten Vorgängen bei uns selbst wie bei anderen, deren

Erkenntnis so viel Verhärtung, Gewalt und Krieg verhindern oder auflösen könnte. – Im Laufe dieses Buches werde ich mich noch ausführlich mit den Gründen für diese offensichtliche Blindheit in unseren zwischenmenschlichen Beziehungen beschäftigen. Hier will ich nur noch klarstellen, daß ich nicht der Meinung bin, die Psychoanalyse oder die Psychoanalytiker könnten die Welt »heilen«. Ich will mich vielmehr, vor allem im 2. Kapitel, mit der Frage beschäftigen, warum die Psychoanalytiker selbst das in ihrer eigenen Wissenschaft enthaltene revolutionäre, und das heißt in meinem Verständnis: Beziehungen heilende Potential so wenig nützen. Hier sind meiner Meinung nach dieselben Mechanismen am Werk wie in der übrigen Gesellschaft auch. Es werden mehr oder weniger bewußt »Realitäten« vereinbart, die als unausweichlich gelten, und es werden dementsprechend zum Teil aggressive Strategien resignierend als einzig möglicher Umgang von Menschen mit Menschen angesehen.

### *c) Macht oder Potenz?*

In meinen Gesprächen mit Politikern und Politikwissenschaftlern fiel mir immer wieder auf, daß wir grundsätzlich unterschiedliche Vorstellungen mit dem Begriff »Macht« verbinden, was mir nicht nur auf der zufällig unterschiedlichen Verwendung eines Wortes in zwei verschiedenen Disziplinen zu beruhen scheint. Diese Differenz ist symptomatisch für die unterschiedliche Art zu denken in der Psychoanalyse und in Teilen der Sozialpsychologie einerseits und in der Politik und im wahrscheinlich größten Teil der politischen Wissenschaft andererseits [1].

Bei Politikern fand ich, soweit sie solche Definitionen überhaupt reflektieren, eine Definition von Macht, wie sie schon bei Max Weber zu finden ist. Max Weber schreibt: »Macht bedeutet jede Chance, innerhalb einer sozialen Beziehung den eigenen Willen auch gegen Widerstreben durchzusetzen, gleichviel worauf diese Chance beruht.«[2] In einem Vortrag, den Erhard Eppler (1985) kontrastierend und ergänzend zu meinem als 10. Kapitel hier abgedruckten Referat in München hielt[3], vertrat er die folgende – von mir hier zusammengefaßte – Argumentation:

»Macht bedeutet, etwas bewirken zu können, jemand anderen zu einem gewünschten Verhalten veranlassen zu können. Das Spiel von Macht und Gegenmacht gehört zum Zusammenleben der Menschen. Macht ist deshalb nicht aus dem menschlichen Zusammenleben eliminierbar; es lohnt sich auch nicht, dies zu versuchen. Macht ist nötig für den Staat, der Steuern erheben und dafür sorgen muß, daß die Gesetze eingehalten werden. Macht kann nur durch Gegenmacht eingeschränkt werden. Deshalb ist es sinnvoller, in der Politik einem Konzept von Macht und Gegenmacht zu folgen als den Versuch zu unternehmen, nach dem Vorbild der Psychoanalyse jeder Machtausübung durch Auflösung der entsprechenden psychischen Mechanismen ein Ende zu setzen. Die neuen sozialen Bewegungen bilden eine solche Gegenmacht, und sie sollten das auch wollen.«

In dieser vorwiegend positiven Definition des Begriffes »Macht« sind zwei Grundgedanken enthalten, die in den verschiedensten Bereichen immer wiederkehren: Macht ist naturgegeben, und: Macht ist nötig, um die Ordnung aufrechtzuerhalten. Verhaltensforscher versuchten durch Tierbeobachtung (z. B. der Hackordnung bei Hühnern) nachzuweisen, daß die Erringung von Macht über andere Lebewesen als ein Bedürfnis nach Selbstbestätigung und Selbstbehauptung ein allgemeiner und angeborener Trieb in sozialen Beziehungen sei. Auch in der Philosophie und in der Tiefenpsychologie gab und gibt es ähnliche Vorstellungen (F. Nietzsche, E. Spranger, A. Adler). Der zweite Gedanke, daß Macht zur Aufrechterhaltung von Ordnung nötig ist, stellt Macht und Ordnung dem Chaos gegenüber. Wenn der Staat keine Ordnungsmacht mehr hätte, wenn der Vater keine Erziehungsmacht mehr hätte, dann würde das Chaos ausbrechen: So wird häufig zur Legimitation von staatlicher und patriarchaler Macht argumentiert.

Zu diesen beiden Verständnismöglichkeiten von Macht, als natürlichem Trieb und als notwendig für die Aufrechterhaltung von Ordnung, gehört zumeist auch die dritte Bedeutung: Macht als Gegensatz zu Ohnmacht. Wenn ich nicht die Macht habe, den anderen zu den Verhaltensweisen zu veranlassen, die ich wünsche, dann besteht die Gefahr, daß der andere dasselbe mit mir tut oder es zumindest kann. Und wenn das Zusammenleben der Menschen nur durch Macht und Gegenmacht zu regulieren ist, dann ist eben jeder in diesem Sinne der Feind des anderen. Jeder muß darum kämpfen, nicht der Ohnmächtige zu sein, nicht der ohnmächtigen Partei oder Gruppe anzugehören usw.

Solche Resignation in bezug auf die Unausweichlichkeit des Machtkampfes zwischen den Menschen besteht aber nicht nur bei Politikern. Sie ist auch in allen privaten Beziehungen wirksam, in denen das Risiko einer ungeschützten Annäherung nicht eingegangen werden kann. Sogar manche Psychotherapieformen gehen in ihrer Theorie davon aus, daß zwischenmenschliche Beziehungen nur durch Machtausübung, Erpressung, Bedrohung und raffinierte Manipulationen verändert werden können. Diese Resignation in der Theorie drückt sich dann auch in der Art der therapeutischen Interventionen aus.

Aber nicht nur Resignation ist für mich aus diesem Verständnis zwischenmenschlicher oder politischer Beziehungen erkennbar. Mir scheint, daß es sich auch um eine gefährliche Einengung der Wahrnehmung handelt, wenn die Bedürfnisse des Menschen nur unter dem Gesichtspunkt eines natürlichen Machtstrebens und das soziale Leben des Menschen nur als ständiger Kampf gegen den anderen und gegen die eigene Ohnmacht gesehen werden[4]. Unsere real existierenden Beziehungen sind wohl zumeist in diesem Sinne reduziert; das bedeutet aber noch nicht, daß wir nicht auch andere Wünsche hätten und deswegen prinzipiell auch andere Möglichkeiten des Zusammenlebens. Wo die Lebensinteressen der Menschen nicht mehr wahrgenommen und statt dessen die Machtinteressen als primäre (Trieb-)Wünsche angesehen werden, können die Lebensinteressen ihr veränderndes Potential nicht mehr entwickeln. Es ist ein großer Unterschied, ob ich die Realität beschreibe, so wie ich sie sehe, und die darin enthaltenen Beziehungsstörungen als vorgegebenes Grundmuster von Beziehungen interpretiere oder ob ich die Störungen der real existierenden Beziehungen jeweils als Not-, Kompromiß- oder Ersatzlösungen verstehe, die prinzipiell verändert werden können.

Ein Versuch, die positive Bedeutung des Begriffes »Macht« zu retten, wird oft mit der Gegenüberstellung von Macht und Herrschaft unternommen, wobei Macht dann der positive Gegensatz zu Ohnmacht bleiben kann, während Herrschaft die institutionalisierte, die Freiheit des einzelnen einschränkende Macht der Obrigkeit bedeutet. Dadurch wird der einzelne, auch der einzelne Politiker, von dem Verdacht befreit, er sei neurotisch, wenn er nach Macht strebt. Die Gewalttätigkeit wird durch diese Definition unter dem Begriff »Herrschaft« in den Apparat, in die Institutionen verschoben; dann steht der einzelne nicht als Unterdrücker da, wenn er zum Beispiel nach politischer Macht strebt.

Ich habe mich im Zusammenhang mit der Diskussion von Berührungsmöglichkeiten zwischen Politik und Psychoanalyse ganz besonders mit dem Problem des Machtbegriffes beschäftigt. Dabei kam ich zu dem Ergebnis, daß es sehr wichtig ist, die beiden unterschiedlichen Definitionen von Macht, nämlich die Gleichsetzung von Macht mit Handlungsfähigkeit und die Gleichsetzung von Macht mit Unterdrückung, sorgfältig voneinander zu unterscheiden. Wenn beides unterschieden wird, dann wird es für den einzelnen nötig und möglich, darauf zu achten, was er bei sich und anderen unterdrückt, während er das Gefühl hat, etwas bewirken zu können. Er kann in sich zum Beispiel den Wunsch unterdrücken, eine gute persönliche Beziehung zu seinem Verhandlungspartner zu haben, und statt dessen, aus verhandlungsstrategischen Gründen, diesen vor Alternativen stellen, die alle nicht befriedigend für ihn selbst sein können. Wenn man zwischenmenschliche Beziehungen wie in der Psychoanalyse unter dem Gesichtspunkt betrachtet, was in ihnen verdrängt oder unterdrückt wird, dann wird einem deutlich, daß eine Unterdrückung innerhalb der Person immer korrespondiert mit der Unterdrückung anderer Personen. Freilich hat hier der Begriff »Unterdrückung« eine viel differenziertere, unbewußte Mechanismen einbeziehende Bedeutung als in der politischen Wissenschaft oder auch im allgemeinen in der Soziologie.

Eine Definition von Macht als Unterdrückung von Lebenswünschen in der eigenen Person und korrespondierend damit bei den jeweiligen Bezugspersonen verzichtet auf die undifferenzierte Gleichsetzung von Macht und Einflußnahme. Auch innerhalb der Diskussion zwischen den einzelnen Schulrichtungen der Psychotherapie ist mir die Gleichsetzung von Einflußnahme und

Macht immer wieder verdächtig. Sie öffnet Mystifizierungen jeder Art Tor und Tür. Wenn es einem Psychotherapeuten nur darauf ankommt, auf seinen Patienten Einfluß zu nehmen, zu erreichen, daß dieser sich in dem von ihm, dem Therapeuten, gewünschten Sinne ändert, dann kann er unter dieser Prämisse jede Methode legitimieren, die ihn zu seinem Ziel führt. Weg und Ziel haben dann scheinbar nichts miteinander zu tun. Der Therapeut kann durch die Vorstellung, nur die Verhaltensänderung des Patienten sei wichtig, unreflektiert mit Hilfe der von ihm angewandten Methode seine Patienten unterdrücken, indem er vorgibt und auch selbst zumeist glaubt, sie zu befreien. Der eigentliche Beweggrund des Therapeuten, nämlich der Versuch, selbst nicht ohnmächtig zu werden, wird ihm in den meisten Fällen nicht bewußt.

Dieses Prinzip ist so weit verbreitet, daß man es überall wiederfinden kann, wenn man es einmal kennt. »Ich unterdrücke dich, um dich zu befreien, um dir zu helfen, dich zu retten, dich zu schützen ...«, dieses mehr oder weniger deutliche Angebot gibt es in allen Beziehungen, in persönlichen ebenso wie in politischen. Wenn die Beziehungspartner nicht unterscheiden, ob und wieviel bei der sogenannten Hilfe oder Befreiung bei ihnen selbst oder zwischen ihnen unterdrückt wird, glauben sie beide an die Rettung; sie sehen die Unterdrückung nicht. Sie sehen nicht, welche Kosten im weitesten Sinn die »befreiende« Wirkung des technischen oder wirtschaftlichen Fortschritts hat. Sie sehen nicht, daß der Schutz der Freiheit durch Atomwaffen nur zum Mord der »Schützlinge« führen kann, usw. Wenn bei dem Gefühl, etwas bewirken zu können oder nicht ohnmächtig zu sein, nicht jeweils mitreflektiert wird, was dabei an Unterdrückung eigener und fremder Lebenswünsche beteiligt ist, können mystifizierende Versprechungen von der Art: »Ich will ja nur dein Bestes, dazu muß ich leider ...«, nicht durchschaut werden.

Um das Dilemma begrifflich zu lösen, habe ich gelegentlich versucht, Macht und Potenz einander gegenüberzustellen. Es geht mir dabei weniger um die Terminologie als darum, ein Gefühl dafür zu wecken, daß wir dringend zwischen einer Handlungsfähigkeit unterscheiden müssen, die darauf beruht, daß große Anteile in uns verdrängt werden, und einer Handlungsfähigkeit, die daraus entsteht, daß wir uns mit unseren Gefühlen auf die zwischenmenschlichen Beziehungen, in denen wir leben, einlassen. Die zweite Vorstellung möchte ich als Potenz bezeichnen; ich wähle absichtlich dieses Wort, das Assoziationen zum sexuellen Erleben hervorruft. Auch im sexuellen Erleben kann ich unterscheiden, ob ich mich und damit den Partner vergewaltige, zu irgend etwas zwinge, indem ich meine wirklichen Gefühle und Wünsche unterdrücke und dadurch eine Pseudopotenz gewinne, oder ob ich mich in meinem Verhalten von meinen wirklichen Wünschen und Gefühlen leiten lasse[5]. Potenz in diesem Sinn ist eine Kraft, die aus der Lebendigkeit entspringt, während die Kraft, die aus der Unterdrückung der wahren Gefühle erwächst, nur selbst- und fremdzerstörend sein kann.

Was ich hier unter Macht oder Machtausübung verstehe, geht also immer mit Unterdrückung oder Verdrängung einher, sei es im einzelnen Menschen, in Zweierbeziehungen, sei es in größeren Gruppen oder auch in Institutionen. Die These »Macht beruht auf Unbewußtheit« werde ich im zweiten Teil dieses Buches noch ausführlich darstellen. Unterscheide ich, wie oben angedeutet, zwischen Macht und Potenz, dann kann ich versuchen, der mir entgegentretenden Macht nicht eine in ihrer Qualität ähnliche Gegenmacht symmetrisch gegenüberzustellen, sondern mich auf meine eigene Potenz zu verlassen. Potenz habe ich vorhin als die Kraft beschrieben, die daraus erwächst, daß ich mich mit meinen Gefühlen auf einen möglichst großen Anteil der in der jeweiligen Situation bei mir auftretenden Wünsche und Ängste einlasse. In dem Maße, wie es mir möglich ist, den erstarrten Strukturen, denen ich begegne, nicht eine ebensolche starre Struktur entgegenzusetzen, sondern meine Lebenswünsche, die Wünsche nach Lebendigkeit meiner Beziehungen und meine Ängste vor dem Überwältigtwerden, aber auch vor der eigenen Erstarrung, zu erhalten, werden durch mich die lebenseinschränkenden und lebensbedrohenden Machtstrukturen in Frage gestellt. Nur diese Form der »Gegenmacht« kann aus der ständigen Wiederholung von Feindbildern und Projektionen herausführen. Das ist meine Erfahrung nicht nur in psychotherapeutischen Beziehungen, sondern ebenso in »politischen« Beziehungen, wie etwa bei Machtkämpfen innerhalb von Institutionen, und auch in persönlichen Beziehungen, die nicht unter den in dieser Hinsicht sicher erleichternden Umständen eines therapeutischen Auftrags stattfinden.

Ich möchte weder für therapeutische noch für nichttherapeutische Beziehungen behaupten, Machtstrukturen seien immer oder vollständig auflösbar. Ich will nur immer wieder darauf hinweisen, daß wir unter der resignativen und die eigene Wahrnehmung einschränkenden Vorstellung, Machtstrukturen seien vorgegeben und unveränderlich, auch in der Psychotherapie den Machtkampf, das Zusammenspiel von Rüstung und Nachrüstung mit- und weiterspielen, ohne zu bedenken, daß der Ausstieg, den wir doch auch gerne fänden, an uns selbst und in uns selbst liegt.

Allerdings setzt der Gewinn von Potenz in diesem Sinn immer gleichzeitig den Verzicht auf Macht voraus. Wenn ich mich in der Sexualität auf meine wahren Gefühle einlasse, kann ich nicht gleichzeitig mein Verhalten kontrollieren (und damit auch das Verhalten meines Partners). Dasselbe gilt für alle Bereiche zwischenmenschlicher Beziehungen. Potenz und Macht in dem von mir definierten Sinn schließen sich gegenseitig aus. Dadurch, daß die dritte, die lebendige Möglichkeit der Potenz ins Blickfeld kommt, wird die Aussichtslosigkeit der Alternative von Macht und Ohnmacht deutlich. Beide Positionen beruhen auf Abspaltungen in der eigenen Person: Wenn ich mich einem anderen Menschen, einer Institution, einem Gesetz gegenüber nur noch ohnmächtig fühle, verdränge ich gleichzeitig meinen Zorn, meine Angst und meine Wünsche dieser Person oder Institution gegenüber. Wenn ich mich mächtig im Sinn von übermächtig fühle, verdränge ich vielleicht meine Wünsche nach Nähe und Geborgenheit, um die Realität meiner Abhängigkeit von der Umwelt und von meinen eigenen Triebwünschen nicht wahrzunehmen. Macht und Ohnmacht sind in dieser Perspektive nicht Gegensätze; sie gehören zusammen. Die Alternative zu beiden ist die verändernde Erweiterung des Bewußtseins, eine Besinnung auf die komplexe, vielleicht auch schwierige und konflikthafte Realität der eigenen Person.

### d) *Die Angst – Gefahr oder wichtiges Signal?*

Gelegentlich sieht es so aus, als wäre es für Politiker bedrohlich, wenn sie selbst oder die Bevölkerung unsicher und ängstlich werden, während für Psychoanalytiker die Chance zur Veränderung des Patienten gerade darin zu liegen scheint, daß dieser seine Unsicherheit und Angst erlebt. Politiker, so scheint es, haben von Berufs wegen dafür zu sorgen, daß sie selbst nicht ängstlich erscheinen und daß die Bevölkerung beruhigt und zufrieden sein kann. Psychoanalytiker, so scheint es, haben dagegen dafür zu sorgen, daß unbewußte Ängste beim Patienten ans Tageslicht gebracht, als »neurotisch« erkannt und dadurch aufgelöst werden. Ich bin mit beiden Vorstellungen nicht einverstanden. Beide Vorstellungen gehen davon aus, daß Angst gefährlich und überflüssig ist. In den verschiedensten Bereichen, also auch in der Psychoanalyse, bildet sich immer wieder ein Konsens darüber, daß Angst (bei Politikern, in der Bevölkerung, bei Analytikern und ihren Patienten) etwas Störendes ist, das entweder (so meistens in der Politik) durch Beschwichtigung und Versprechungen beseitigt werden muß oder (so gelegentlich sogar in der Psychoanalyse oder im laienhaften Verständnis von Psychoanalyse) dadurch aufgelöst werden kann und muß, daß der ängstliche und unsichere Mensch versteht, daß seine Angst aus frühen Kindheitstraumen herrührt. Damals, in der Kindheit sei die Angst adäquat gewesen, jetzt aber sei sie nicht mehr angemessen, also ein Irrtum. Dabei wird übersehen, daß schon in der Kindheit Verschiebungen von Angst stattfinden. Auch ein Kind hat »neurotische« Ängste und »Realängste«. Freud unterschied zwischen »neurotischer« und »Signalangst«. Die Signalangst dient nach Freud dem Erkennen realer Gefahren und der Möglichkeit, diesen Gefahren durch ein adäquates Verhalten zu entgehen. Die neurotische Angst spiegelt dem Patienten imaginäre Gefahren vor. Nur sie ist also durch Analyse auflösbar.

Nach meiner Vorstellung, die der Freudschen Theorie entspricht, ist Angst sowohl in der Politik als auch im persönlichen und psychotherapeutischen Rahmen immer dann »neurotisch« bzw. gefährlich, wenn sie verschoben ist, wenn das als angstauslösend erlebte Objekt nur deshalb gefürchtet wird, weil man sich vor ihm scheinbar gefahrloser fürchtet als vor der eigentlichen

Angstquelle. Die eigentliche Angstquelle ist immer die zugrunde liegende Konfliktsituation. Für den (neurotischen) Vorgang der Verschiebung von Angst oder der Projektion von Gefährlichkeit gibt es sowohl in der Politik als auch in der Psychopathologie zahllose Beispiele. Jeder Mensch manipuliert sich in größerem oder kleineren Ausmaß selbst, indem er seine Ängste verschiebt.

Ein Waschzwang zum Beispiel, also der Zwang, nach jeder Berührung von bestimmten Gegenständen wie Türklinken und anderem, die Hände wieder und wieder zu waschen, ist innerhalb der Psychopathologie ein klassisches Beispiel für die Verschiebung von Angst. Ein solcher Patient lebt unbewußt in dem Konflikt zwischen sehr starken Nähe- und Berührungswünschen, die einen drängenden sexuellen Charakter haben, und einer übergroßen Angst davor, daß diese Wünsche in Erfüllung gehen könnten, daß er in eine direkte körperliche Berührung mit anderen Menschen seiner Umgebung kommen könnte. Diesen Konflikt kann er aber zumeist nicht bewußt erleben. Statt dessen fürchtet er sich im Bewußtsein vor Beschmutzung, vor Ansteckung oder Übertragung von Krankheitskeimen oder ähnlichem, wenn er Türklinken oder andere Gegenstände berührt, die von anderen Personen vorher auch berührt wurden. Solange der »Schmutz« in seiner jeweils phantasierten Bedeutung der Feind ist, ist die Angst gerade noch auszuhalten, und zwar deshalb, weil Schmutz durch Waschen kontrollierbar zu sein scheint. Man kann ihn vermeiden oder wegwaschen, während die sexuellen Wünsche nicht so leicht zu kontrollieren sind.

Wir brauchen aber nicht unbedingt in die Psychopathologie zu gehen, um Beispiele für verschobene Ängste und die damit einhergehende zwanghafte Selbstmanipulation oder Selbstunterdrückung von Menschen zu finden. In jeder zwischenmenschlichen Beziehung lassen sich solche Verschiebungen erkennen. Das Grundprinzip dabei ist: »Ich fürchte mich lieber nicht vor meinen eigenen Wünschen, sondern vor deren Ablehnung durch dich, ich fürchte mich also vor dir.« Jedes Paar ist in gewissem Maße so miteinander verbunden, daß jeder der beiden das Gefühl hat: »Es würde mir oder uns besser gehen, wenn du anders wärest. Wenn ich mich bewege, das heißt Wünsche äußere oder mich dir in irgendeiner Weise emotional nähere, dann muß ich fürchten, daß du meine Bewegung boykottierst, indem du dich über mich lustig machst, mich angreifst, dich abwendest usw.« Die innere Dynamik dieses Konflikts wird von beiden Partnern nur teilweise erlebt. In ihrem vollen Umfang sieht sie so aus: Jeder der beiden hat einerseits den Wunsch, sich dem anderen zu nähern, sich auf ihn einzulassen, sich ihm auszuliefern. Andererseits hat er Angst vor diesem Vorgang, denn er riskiert dabei zweierlei: eine emotionale Nähe, die ihm zu dicht werden könnte, wenn der andere als Antwort auf seine Annäherung »ja« sagt, und emotionale Kälte oder Isolierung, wenn der andere »nein« sagt. Diese doppelte Angst wird zumeist auf eine einzige Angst reduziert, auf die Angst vor dem abweisenden oder bestrafenden »Feind«. Wenn mir die Ängste vor meinen eigenen Wünschen und vor dem doppelten Risiko, das mit diesen Wünschen verbunden ist, zu groß werden, dann fürchte ich mich lieber nur vor der Bösartigkeit oder vielleicht auch vor der Unfähigkeit des Partners. Beides, die Bösartigkeit und die Unfähigkeit meines Partners, kann ich durch unbewußte Manipulation aufrechterhalten, so daß ich bei jeder Annäherung den Beweis dafür in Händen habe, daß der andere ja nicht will oder nicht kann, daß es jedenfalls an ihm liegt, wenn unsere Beziehung nicht befriedigend ist.

Dieses Zusammenspiel der Verschiebung beziehungsweise Reduktion von Angst auf ein Objekt, dessen Böswilligkeit oder auch Unfähigkeit immer wieder bewiesen werden kann und muß, findet genauso in Beziehungen statt, die im engeren Sinne als politisch bezeichnet werden. Da jeder einzelne von uns daran gewöhnt ist, daß er sich von übergroßen Ängsten dadurch befreien kann, daß er seine Angst und damit sich selbst manipuliert, ist auch jeder einzelne in seinen privaten und politischen Einstellungen mehr oder weniger dadurch manipulierbar, daß ihm Gefahren oder Feinde gezeigt werden, vor denen er sich (oder »wir uns«) durch gewisse Maßnahmen schützen kann und muß. Jede Propaganda arbeitet mit der Verschiebung von Angst. Es wird eine Gefahr beschrieben und Abhilfe versprochen, nach dem Muster: »Wenn du dieser Gefahr entgehen willst, dann mußt du ... (mich wählen, mit mir zusammen aufrüsten, absolut friedfertig sein, kämpferisch sein usw.).« Jede Manipulation bewußter oder unbewußter Art beruht auf der Verwendung der Angst und der

Abwehrmechanismen des Manipulierten für die Zwecke des Manipulierenden. Dabei wird dann Angst nicht als Signal für eine Gefahr im tatsächlichen Konfliktfeld verstanden, sondern auf einen »Feind« gerichtet und eine Methode versprochen, mit der dieser Feind beseitigt oder unter Kontrolle gehalten werden kann.

Die Verschiebung der Angst ist deswegen gefährlich, weil sie zur Rüstungseskalation führt, sowohl im persönlichen als auch im politischen Zusammenhang. Der oben beschriebene Zwangsneurotiker muß immer raffiniertere Abwehrmaßnahmen ergreifen, um seine sexuellen Wünsche und Ängste unter Kontrolle zu halten. Er zerstört dadurch, ohne es bewußt zu wollen, einen großen Teil seiner Lebensmöglichkeiten. Die zumeist gar nicht als Beziehungsstörung angesehene Schwierigkeit des oben beschriebenen Paares kann zu einer »Rüstungsspirale« eskalieren, wenn auf die Dauer der vollständige Konflikt in den jeweiligen Personen und zwischen ihnen nicht zugelassen werden kann. Statt dessen hat jeder der beiden das Gefühl, wegen der offenkundigen und stets durch Beweis als »objektiv« erhärteten Böswilligkeit des anderen, selbst auch aufrüsten zu müssen. Die Parallelen in der Weltpolitik sind offensichtlich. Über den Ausweg aus solchen lebenseinschränkenden und lebensbedrohenden Verklammerungen streiten sich die Personen und Parteien. Dabei wird jeweils die Angst der anderen als überflüssig, falsch, neurotisch, ja sogar als wahnhaft bezeichnet, während die eigenen Ängste als die richtigen, die »realen« angesehen werden. Die einen halten vor allem den Osten für bedrohlich, die anderen nur den Westen. Nur wenige erleben die Gefährlichkeit des Konflikts und die Gefährlichkeit von Beziehungen, in denen ständig Ängste aus ihrem ursprünglichen Feld auf kontrollierbare und bekämpfbare Feinde verschoben werden.

Angst ist also nicht an sich gefährlich, weder in der Psychoanalyse noch in der Politik. Sie ist auch nicht an sich überflüssig oder neurotisch oder ein Irrtum. Die Welt, in der wir leben, ist nicht »eigentlich« frei von Gefahren. Erst allmählich wird uns bewußt, daß die größten Gefahren von den gestörten Beziehungen der Menschen untereinander und zu ihrer Umwelt ausgehen. Es ist sinnvoll und nötig, diese Gefahren mit Hilfe der Signalangst zu erkennen; es ist gefährlich, die Bedrohung auf »Feinde« zu verschieben und dann in einem Kampf gegen die Feinde beseitigen zu wollen. Wo Angst als Signal in einem vollständig erlebten Konflikt auftritt, dient sie der Erhaltung des Lebens. Eine Angst, die sich auf den Zustand einer Beziehung, z. B. der Ost-West-Beziehung bezieht, führt zur Veränderung dieser Beziehung, zu dem Versuch, die Sprachlosigkeit zwischen den »Feinden« zu überwinden. Auch diese Prinzipien gelten gleichermaßen für den persönlichen und für den politischen Bereich. Wenn ich den Zustand meiner Beziehung zu einem anderen Menschen als gefährlich erlebe, dann fürchte ich mich zum Beispiel davor, daß einer von uns beiden plötzlich losschlagen könnte oder daß die Rüstungseskalation sich so weit verselbständigt, daß wir beide nur noch den Angriff bzw. den »Erstschlag« für die beste oder einzig mögliche Verteidigung halten. Es gibt Zustände von Beziehungen, in denen jeder der beiden Partner nur darauf wartet, daß der andere sich eine Blöße gibt, um zuschlagen zu können. Das liegt dann aber nicht an der grundsätzlichen Bösartigkeit des einen oder des anderen Partners, auch nicht an einem oft vermuteten Gesetz, daß Schwäche immer Aggression beim Gegner provoziert, sondern eben am jeweiligen Zustand der Beziehung. Es ist nicht unrealistisch, bei einem solchen Zustand der Beziehung vor einseitiger Abrüstung zu warnen, aber es ist unrealistisch, *grundsätzlich* davor zu warnen mit der Begründung, daß der Feind immer nur darauf wartet, angreifen zu können, weil er eben so ist oder weil unvollständige Rüstung *immer* einen Angriff provoziert.

Diese aus der Psychoanalyse und Beziehungsanalyse[6] stammenden Überlegungen haben wichtige Konsequenzen für die Politik. Vor dem Hintergrund dieses Verständnisses von Angst als Signal für eine gestörte Beziehung zwischen den Menschen oder zwischen den Menschen und ihrer Umwelt verändert sich der Auftrag von Politikern: Sie müssen nicht mehr Ängste bei sich und in der Bevölkerung vermeiden oder verschieben, sondern gefährliche Beziehungen mit Hilfe ihrer eigenen Angst und der Angst der Bevölkerung als solche erkennen und zu verbessern versuchen. Der Streit darüber, ob der Feind dann angreift, wenn wir abrüsten, oder ob er dann angreift, wenn wir nicht abrüsten, entpuppt sich als eine falsche Alternative. Wir können uns statt dessen darauf verlassen, daß wir uns nicht gegenseitig umzubringen brauchen, wenn wir unsere Beziehungen zueinander verbessern. Eigentlich ist dieser Gedanke eine Selbstverständlichkeit, und doch geht er immer wieder in strategischen Überlegungen gegen den Feind verloren.

### *e) Psychoanalyse des Individuums – Psychoanalyse der Massen?*

Bei Diskussionen darüber, ob psychoanalytische Erkentnisse in der Politik überhaupt anwendbar sind, wird häufig das Argument angeführt, daß für die Erforschung gesellschaftlicher und politischer Prozesse die Soziologie und die Politikwissenschaft zuständig seien, nicht die Psychoanalyse. Die Erkenntnisse der Psychoanalyse seien allenfalls für die intrapsychische Dynamik des kranken Individuums zutreffend, schon für das Verständnis gesunder Individuen reichten sie nicht mehr aus. Am kranken Individuum erworbene Erkenntnisse über pathologische Zustände und therapeutische Maßnahmen seien auf die Psychologie oder Soziologie der Massen auf keinen Fall anwendbar. Schließlich gälten in der Gesellschaft ganz andere Gesetzmäßigkeiten, allein wegen der großen Zahl der betroffenen Individuen. Man könne weder davon ausgehen, daß die Gesellschaft wie ein riesiges krankes Individuum zu verstehen ist, noch davon, daß sie aus lauter kranken Individuen besteht.

Es ist eine alte Streitfrage, ob man Gesellschaft vom einzelnen Individuum her oder als übergeordnete Einheit verstehen soll. Max Weber vertrat die erste Möglichkeit. Er war der Ansicht, daß nur Individuen handeln. Alles, was in Gemeinschaften wie Gruppen, Staat oder Gesellschaft geschieht, müsse auf das Handeln der einzelnen Menschen zurückgeführt werden. Andere Philosophen und Soziologen wie Hegel, Marx, Spencer oder Parsons verstanden die Gesellschaft als einen Organismus, in dem bestimmte Gruppierungen, etwa ökonomisch bedingte Klassen (Marx), die handelnden Einheiten darstellen. Ich möchte auf diese wissenschaftliche Diskussion hier nicht im Detail eingehen[7]. Ich möchte mich lieber mit den psychoanalytischen Aussagen zu diesem Problem beschäftigen. Nach wie vor halte ich Freuds Arbeit

»Massenpsychologie und Ich-Analyse«[8] für eine Fundgrube von Ideen, die eigene Überlegungen zur Verbindung zwischen individuellen und kollektiven psychischen Mechanismen anregen können. Nach meiner Ansicht geht es dabei um drei Themen: um ein psychodynamisches Verständnis des Individuums, um ein psychodynamisches und soziodynamisches Verständnis des Kollektivs und um ein psychodynamisches Verständnis des dialektischen Zusammenhangs zwischen beiden. Im vierten Teil dieses Buches will ich diese Zusammenhänge noch näher diskutieren. Hier geht es mir darum, zu zeigen, daß die voneinander abgehobene Erforschung der individuellen, gesellschaftlichen und politischen Prozesse in drei verschiedenen wissenschaftlichen Disziplinen mit dazu beigetragen hat, daß bei vielen Menschen die Meinung entstehen konnte, die individuellen Vorgänge hätten nichts mit gesellschaftlichen zu tun, und gesellschaftliche Vorgänge seien nicht von den in der Psychoanalyse erforschten Vorgängen der Verdrängung und der Wiederkehr des Verdrängten her zu verstehen.[9] Der einzelne Mensch reagiere in der Masse nicht nach ethischen Maßstäben. Vorgänge wie Verdrängung oder die Wiederkehr des Verdrängten seien für soziologische Beurteilungen nicht relevant. Soziologie könne deshalb auf die Psychologie des Unbewußten verzichten, für sie reichten Einstellungsmessungen und statistische Erhebungen aus, um Trends und Möglichkeiten der Beeinflussung der öffentlichen Meinung ausfindig zu machen.

Gegen diese Art der Soziologie habe ich verschiedene Einwände. Abgesehen davon, daß der Umgang mit den Massen aufgrund von Erkenntnissen, die ausschließlich die *bewußten* Äußerungen (Umfrageergebnisse) von statistisch ausgesuchten Einzelpersonen quantifizierend einbeziehen, zwangsläufig ein manipulativer ist, kann ich mich mit der resignativen Feststellung, daß es im Kollektiv nicht ebenso wie im Individuum um Wünsche und Ängste, um unbewußt bleibende Konflikte und mehr oder weniger befriedigende Konfliktlösungen geht, nicht einverstanden erklären. Nur aus einer psychoanalytisch orientierten Betrachtung von Massenphänomenen und aus der dialektisch verstandenen Verbindung von vertikaler (individueller) und horizontaler (gesellschaftlicher) Sicht ergibt sich für mich eine Hoffnung für den einzelnen, zur Veränderung der gesellschaftlichen Beziehungen beitragen zu können (vgl. Kapitel 9).

Natürlich gelten in zahlenmäßig großen Einheiten von Individuen zum Teil andere Gesetzmäßigkeiten als im Individuum oder in kleinen überschaubaren Gruppen. Je größer die Zahl der Mitglieder in einer Gruppe, desto größer ist der Wunsch nach Führung beim einzelnen, denn die Angst vor dem Chaos wächst mit der abnehmenden Möglichkeit, die Beziehungen zu überschauen. Aber auch die Gefahr der Gewalttätigkeit wächst mit der Größe der Gruppe und mit der Anonymität der Beziehungen. Aus dieser Erkenntnis leitet sich die gegenwärtig immer wieder erhobene Forderung ab, zu kleineren politischen Einheiten zurückzukehren. Das Anwachsen der staatlichen Gebilde hat zu immer mehr Gewalt innerhalb des Staates und zum Anwachsen der nach außen gerichteten Vernichtungspotentiale geführt. Nach außen wie nach innen muß zur Stabilisierung von Macht und Ordnung in einem großen Staat mehr Gewalt ausgeübt werden als in kleinen Einheiten. Das gilt auch für Demokratien. Je größer die Einheit, desto mehr Macht und Verantwortung wird an Volksvertreter delegiert, desto mehr anonyme Distanz entsteht zwischen Regierenden und Regierten. Die Gewalttätigkeit großer, auch demokratischer Strukturen äußert sich zum Beispiel in demokratisch legitimen Mehrheitsentscheidungen, die die jeweils Betroffenen (etwa die direkten Nachbarn von Kernkraftwerken oder Raketenstandorten) ihrer Selbstbestimmung und ihrer Grundrechte auf körperliche Unversehrtheit und Freiheit von Bedrohung berauben. Gemeinnutz geht vor Eigennutz, das ist ein Prinzip, das sehr schnell zum gewalttätigen Grundprinzip in Massenkulturen wird, auch wenn sie sich offiziell zur Demokratie bekennen.

Alle diese Phänomene der Massengesellschaft sind nach meiner Ansicht auch psychoanalytisch zu verstehen. Gewalttätigkeit hat mit Angst und Verunsicherung zu tun, und diese zum Teil auch mit der für den Menschen inadäquaten Größe der politischen Einheiten. Elefantenherden teilen sich, wenn die Herde eine Größe erreicht hat, in der ein optimales Zusammenleben nicht mehr möglich ist. »Menschenherden« teilen sich nicht, sie lassen Distanz und Krieg zwischen Basis und Führung und zwischen den

Völkern entstehen. Die Idee »Gemeinsam sind wir stark und je mehr wir sind, desto besser«, diese Idee entspricht nicht dem menschlichen Bedürfnis, in überschaubaren Gruppen und Zusammenhängen zu leben. Ihr entspricht der Größenwahn, durch gute Organisation oder durch perfekte Schulung und Einsatz der Polizei gesellschaftliche Konflikte unter Kontrolle halten zu können. Als Größenwahn bezeichne ich diese Idee vor allem deshalb, weil in ihr die Angst jedes einzelnen (auch des Führers eines großen Kollektivs) vor der Unüberschaubarkeit der Beziehungen nicht berücksichtigt ist. Auch das Volk ist größtenteils davon überzeugt, daß blindes Vertrauen in die »allwissenden« Repräsentanten die wichtigste Voraussetzung für eine sichere Führung und damit für Vermeidung des Chaos ist. Das Wort »Demokratie« beruhigt viele Ängste und verschleiert gewalttätige Beziehungen zwischen Bürokratie und Bürgern, zwischen Politikern und Bürgern. Die Phantasie, man müsse ja nur die richtigen Vertreter wählen, diejenigen, die ihre Machtposition dann nicht für eigene Zwecke ausnützen, berücksichtigt nicht den kranken Zustand unserer Gesellschaft, in dem immer wieder Machtpotentiale entstehen, die sich verselbständigen – ziemlich unabhängig von den Personen, die die Machtpositionen innehaben. Es genügt nach meiner Ansicht nicht, nur an die Freiheit des Gewissens der Abgeordneten zu appellieren, um das Phänomen zu beseitigen, daß Abgeordnete trotz der vielen Umfragen immer wieder das tun, was das Volk nicht will. Die kranke politische Kultur unserer Gesellschaft entspricht tatsächlich in ihrer Dynamik den aus der Psychopathologie der Psychoanalyse bekannten Mechanismen. Wenn immer nur Symptome zum Feind erklärt und bekämpft werden, wie zum Beispiel bestimmte Personen, die sich einen »Fehler« haben zuschulden kommen lassen und deshalb ausgewechselt werden, so verändert das an der Krankheit selbst ebensowenig, wie wenn man bei einem psychisch Kranken an die Moral appelliert oder ihn für sein Verhalten bestraft. Die Moral der Führer kann die Krankheit der Gesellschaft, an der sie teilhaben, nicht verändern. Nur die Berücksichtigung der Dynamik von Wünschen und Ängsten, die Analyse der Beziehungsstörung im Kollektiv kann die Wiederkehr des unter der Symptomatik liegenden Verdrängten ermöglichen. Zu einer realitätsadäquaten

Analyse gesellschaftlicher Beziehungen gehört auch die Erkenntnis, daß in sehr großen Gruppen die Angst steigt, die Normen sich verschieben und dadurch auch die Gewalttätigkeit in all ihren offenen und verdeckten Formen zunimmt (vgl. Kapitel 7).

Politik spielt sich in großen *und* in kleinen Gruppen ab. Für kleine Einheiten wie Friedensgruppen, Ortsverbände, Fraktionen oder Ministerrunden gelten die Gesetze der von der Psychoanalyse erforschten Gruppendynamik, die wiederum mit den Gesetzmäßigkeiten der individuellen Dynamik korrespondieren. Aber diese kleinen Gruppen leben nicht im luftleeren Raum. Deshalb sind ihre Gesetzmäßigkeiten immer durchsetzt und beeinflußt von den Gesetzmäßigkeiten, die aus der Dynamik der politischen Großgruppen zu verstehen sind. Jedes Individuum ist ein System im System im System ... Die Konfliktlösungen ähneln sich in all diesen Systemen. Gleichzeitig bestehen in all diesen Systemen unterschiedliche äußere Bedingungen für die Konfliktlösungen. Denn jeder Mensch agiert und reagiert entsprechend dem Umfeld, in dem er sich jeweils befindet. Dazu kommen noch die historischen Zusammenhänge, die geschichtliche Gewordenheit von Völkern und Staaten und die damit verbundenen von Generation zu Generation tradierten kollektiven Phantasien über feindliche Völker oder Regierungen. In einer adäquaten Gesamtschau sind alle diese Faktoren zu berücksichtigen. Eine gesellschaftswissenschaftlich und historisch orientierte Psychoanalyse wird das auch tun. Sie hat außerdem sehr präzise Kenntnisse über die Phantasietätigkeit des einzelnen erarbeitet. Wie sich der einzelne in einem konkreten Fall verhält, hängt von seinen Phantasien ab, von der Bedeutung, die bestimmte Ereignisse für ihn persönlich haben. Und diese Muster von Bedeutungen, die der einzelne seiner Umwelt zuschreibt, sein Bild von der Welt, entwickelt jeder Mensch in seiner primären Umwelt, zumeist in der Familie. Natürlich lebt auch die Familie nicht im luftleeren Raum. Auch sie ist beeinflußt von der Kultur, deren Produkt und Produzent sie ebenso ist wie jede Einzelperson. Eine psychoanalytisch-familiendynamische Sichtweise, wie ich sie hier als Ausgangspunkt für das Verständnis politischer Phantasien und Beziehungen mache, hat für mich den Vorteil, Grundstrukturen von psychischen Mechanismen beim Individuum in seinem sozialen

Umfeld zu verstehen und von daher die Dynamik von Verdrängungsvorgängen auf allen Ebenen grundsätzlich aufklären zu können.

Der scheinbare Gegensatz zwischen Psychoanalyse und Politik, nämlich die Behauptung, daß es in der Psychoanalyse um Ängste, in der Politik um Interessen und um Macht geht, löst sich durch diese Sichtweise auf. Machtinteressen werden sowohl in der Familie als auch im großen Kollektiv als Verkleidungen von Ängsten, als (lebenseinschränkende) Kompromißbildungen zwischen Lebensinteressen und Lebensängsten verstanden. Das bedeutet eine grundsätzliche Infragestellung und vielleicht auch Kränkung für manchen Politiker, der glaubt, nur Interessenvertreter zu sein und kein persönlich-individuelles Interesse an der Erhaltung seiner Macht zu haben. Auch Machtinteressen sind als Kompromißbildungen zwischen persönlichen Wünschen und Ängsten zu erkennen, wenn man sie psychoanalytisch betrachtet. Das Politische wird dadurch persönlich, daß jede Entscheidung, jede Ideologie, jede Propaganda, psychoanalytisch betrachtet, auf die Dynamik individueller und kollektiver Kompromißbildungen zwischen Wünschen und Ängsten zurückgeführt wird. Blockbildungen werden in einer oberflächlich politischen Betrachtungsweise als selbstverständlich nötige Vorgehensweisen gesehen. In einer psychoanalytischen Betrachtungsweise sind sie auch als psychische Notwendigkeiten erkennbar, die zur Vermeidung persönlicher Konflikte und Infragestellungen nötig sind. Durch die psychoanalytische Betrachtung »bleibt kein Stein auf dem anderen«, das heißt: Keine Selbstverständlichkeit behält ihre Endgültigkeit. Die Frage »Muß das so sein? Ist das wirklich *nur* so?« läßt die verdrängten Anteile einer Konfliktsituation wiederkehren. Deshalb wird diese Frage oft so sehr gefürchtet und als aggressiver Angriff mißverstanden. In einer verantwortungsbewußten Psychoanalyse dient sie aber nicht der Zerstörung des Gegenübers, sondern der Infragestellung von dessen Notlösungen. Nur dadurch wirkt sie heilsam. Nach meiner Erfahrung ist sie die einzige Frage, die Heilungsprozesse in zwischenmenschlichen Beziehungen in Gang setzen und aufrechterhalten kann. Eine wichtige Bedingung für die Heilsamkeit der psychoanalytischen Frage besteht allerdings darin, daß die Ängste vor der Destabilisierung nicht übergangen werden, sondern die Geschwindigkeit des Veränderungsprozesses ebenso mitbestimmen können wie die Veränderungswünsche. Wenn die Ängste vor der Wiederkehr des Verdrängten nicht berücksichtigt werden, entstehen aus alten nur neue Formen von Gewalt, und das ist dann wirklich gefährlich.

Eine lebendige Veränderung oder Heilung von gestörten Beziehungen besteht in der ständigen Überschreitung von Normen. Es sind unendlich viele Schritte, die in einem solchen lebenslangen Prozeß getan werden. Jeder Schritt besteht in der Erkenntnis des Eingeschränktseins durch bisher gültige Normen (Gesetze, Denkgewohnheiten, intrapsychische Abwehrformen). Der Wunsch, die Einschränkung aufzuheben und die neu zu gewinnende Lebendigkeit trotz der damit verbundenen Destabilisierung zu wagen, bringt die Überschreitung, das Verlassen der alten »Hülle« mit sich. Solche Veränderungen können nicht von oben her vorgeschrieben und auch nicht durch Blockbildung, also durch den Druck von Mehrheiten erreicht werden. Sie können im kleinen wie im großen nur gemeinsam zugelassen werden. Auf dem Kongreß »Das Politische ist persönlich – das Persönliche ist politisch« 1985 in München versuchte eine Kindergruppe, diesen Prozeß zu spielen. Die Kinder gaben sich Spielregeln, die grundsätzlich veränderbar waren, wenn alle sie nicht mehr wollten. Dabei kam es auf jeden einzelnen an, sich an der Beurteilung der bestehenden Normen und an der Suche nach neuen zu beteiligen. Nur *gemeinsam* konnte die Gruppe weiterkommen, indem möglichst viele, auch bei Minderheiten auftretende Wünsche ans Tageslicht kamen. Jeder war verantwortlich für die Veränderung des Ganzen, jeder an seinem Platz. Er konnte sich dabei nicht von der Erreichung eines gemeinsamen Zieles führen lassen, sondern ausschließlich von seinen eigenen Wünschen und Ängsten. Um sich gemeinsam verändern zu können und dabei nicht in Vernichtungskämpfe über den richtigen Weg und das richtige Ziel der Veränderung zu geraten, ist das Bewußtsein nötig, daß das Ganze nicht ohne den einzelnen und der einzelne nicht ohne das Ganze existieren kann. Soweit der einzelne auf Anteile seiner Person, das heißt auf Wünsche und Gefühle irgendwelcher Art, die er wirklich hat, zugunsten des Ganzen verzichtet bzw. sie verdrängt, hat er nicht *seinen* Platz eingenommen und dadurch die Weiterentwicklung des Ganzen behindert.

Dieser von der Psychoanalyse geprägte Ansatz, die Korrespondenz zwischen Individuum und Kollektiv unter Einbeziehung des individuellen und kollektiven Unbewußten zu sehen, ist für viele Politiker, aber auch für viele Nichtpolitiker verunsichernd und kränkend. Es stellt sich nämlich dabei heraus, daß lebendige Veränderungsprozesse, die eine Heilung individueller und kollektiver Beziehungsstörungen mit sich bringen, nicht geplant und gesteuert werden können. Ohnmachtsgefühle und Angst sind oft die Folge dieser Einsicht, daß wir das Leben, daß wir lebendige Entwicklungen nicht *machen* können. Deshalb wird diese Einsicht so häufig nicht zugelassen oder als irreal verworfen. Wir glauben uns sicherer, wenn wir phantasieren, daß die Erhaltung unseres Lebens und des Lebens der Menschheit strategisch gesteuert werden kann. Wir glauben immer wieder, daß der Weg gerade andersherum geht, daß nämlich der einzelne auf seine abweichenden Phantasien Wünsche und Ängste verzichten muß, damit sich das Ganze ungehindert fortbewegen kann. Es ist eine schwere Kränkung für unsere Größenphantasien, wenn wir uns bewußt werden, daß das Leben ein Veränderungsprozeß ist, an dem wir uns zu beteiligen versuchen können, solange wir am Leben teilhaben. Der Versuch, dieses Eingebundensein in die Gemeinschaft und diese Abhängigkeit von kollektiven Prozessen zu verleugnen und Sicherheit gegen den Tod durch individuelle »Stärke« zu gewinnen, führt in den Tod oder auch in schwere psychiche Krankheit. Es sind viele persönliche Entscheidungen von vielen Einzelpersonen, die einen lebendigen Veränderungsprozeß ermöglichen oder verhindern. Die Bewegung des Ganzen ist ebenso von der Bewegung des einzelnen abhängig wie umgekehrt. Jeder kann nur an seiner Stelle dazu beitragen, daß das Ganze sich weiterentwickelt. Soweit er seine Abhängigkeit vom Ganzen dabei verleugnet, wird er die gestörten Strukturen, die er bekämpft, nur wiederholen können.

### *f) Die Krankheit des einzelnen und die Krankheit der Gesellschaft*

Im letzten Abschnitt habe ich immer wieder von der psychischen Krankheit des einzelnen und von einer psychisch kranken Gesellschaft gesprochen. Das kann zu Mißverständnissen führen. Ich verstehe Krankheit grundsätzlich nicht als einen Ausdruck von Minderwertigkeit. Ich verstehe Krankheit als einen Ausdruck psychischer Not. Nur dieses Verständnis von psychischer Krankheit kann eine Veränderung oder Besserung ermöglichen. Ein psychisch Kranker, der am Pranger steht, kann nicht gesund werden. Er kann nur allenfalls die Phantasie entwickeln, daß er sich hätte besser anpassen müssen an die anderen, die »Gesunden«. Solange »Gesunde« und »Kranke« nicht zusammenkommen und die Spaltung zwischen diesen beiden Lagern nicht als ihre gemeinsame Krankheit begreifen, so lange wird diese Krankheit fortbestehen und damit natürlich auch die Krankheit der »Kranken«.

Ich will auch nicht einseitig die Politiker oder die Politik als »krank« bezeichnen. Es geht mir vielmehr darum, bestimmte Beziehungsformen in der Politik nicht einfach als »das ist in der Politik eben so« hinzunehmen. Ich möchte solche reduzierten Beziehungsformen ähnlich wie beim sogenannten Gesunden und beim sogenannten Kranken als Notlösungen ansehen, für die vielleicht bessere Lösungen gefunden werden können. Die Wiederkehr des aus solchen Beziehungen Verdrängten kann dabei behilflich sein. Aus meiner psychoanalytischen Arbeit bin ich es gewöhnt, Symptome als Kompromißbildungen anzusehen. Ich glaube, man kann auch alle gesellschaftlichen »Symptome« als solche Kompromißbildungen ansehen. Als meinen Beitrag zur Auflösung von Symptomen begreife ich sowohl im Rahmen der psychoanalytischen Therapie als auch im Rahmen der politischen Auseinandersetzung die Analyse ihres Doppelcharakters: Jedes Symptom hat sowohl die Funktion, Angst zu vermeiden, als auch die Funktion, Wünsche, die verdrängt sind, auf indirekte Weise zum Ausdruck zu bringen. Nur wenn beide Funktionen eines Symptoms erkannt sind und akzeptiert werden können, kann sich das Symptom auflösen.

Wenn ein Symptom nur bekämpft wird, kommt es entweder zu seiner Fixierung, das heißt es wird »härter« und stabiler, weil die zugrunde liegende Angst übersehen oder übergangen wurde; es wurde in seiner Notwendigkeit zur Angstvermeidung nicht verstanden. Oder es kommt zu einer Symptomverschiebung. Der nicht verstandene und nicht akzeptierte Wunsch muß sich eine andere Ausdrucksmöglichkeit suchen, solange er nicht direkt als Wunsch erlebt werden kann. Auch für diese Vorgänge gibt es Beispiele in der Politik. Eine Revolution, die nicht mit einer Gesundung der gesellschaftlichen Beziehungen einhergeht, sondern nur auf dem Übermächtigwerden der das bisherige Regime (das Symptom) bekämpfenden Massen beruht, kann als Symptomverschiebung verstanden werden. Eine Regierung löst die andere ab, die Repression bleibt die gleiche, weil sie wegen des »kranken« Zustands der jeweiligen Gesellschaft nötig und möglich ist. Der Wechsel des Iran von der Herrschaft des Schah zur Herrschaft des Ayatollah Chomeini ist für mich ein sehr eindrucksvolles Beispiel für diesen Vorgang. Ähnlich verstehe ich auch teilweise den Wechsel vom russischen Feudalismus zur Herrschaft der Sowjets in der russischen Revolution. Vielleicht sind auch manche »undemokratischen« Beziehungen in unserer bundesdeutschen »Demokratie« als Symptomverschiebung zu verstehen.

Eine grundsätzliche Veränderung der politischen Kultur und damit der Politik eines Staates ist nicht durch einen Wechsel in dessen Führung garantiert. Eine solche Veränderung beruht in der Politik wie in der psychoanalytischen Therapie auf einer Bewußtseinsveränderung, deren wichtigstes Kennzeichen die Einbeziehung bisher abgespaltener Anteile und Lebensmöglichkeiten in die zwischenmenschlichen Beziehungen ist. Ich werde an verschiedenen Stellen in diesem Buch Beispiele für solche Veränderungen bringen, die meiner Ansicht nach gegenwärtig in Gang sind. Die Analyse der Abwehrmechanismen in Gesellschaft und Politik ist eine wichtige Voraussetzung zum besseren Verständnis dafür, um welche Wünsche und Ängste es geht[10]. Ich bin außerdem immer auch daran interessiert, den Veränderungsprozeß, in dem sich die Gesellschaft (und damit auch ich selbst) befindet, zu erkennen und ihn mit all seinen Schwierigkeiten und Möglichkeiten zu beschreiben. Aus meiner psychoanalytischen Erfahrung weiß ich, daß ein Bewußtwerden dieses Prozesses, die Freude über möglich gewordene Veränderungsschritte und die Trauer über noch nicht mögliche Veränderungen eine wichtige Hilfe dabei sind, sich einem solchen Prozeß mehr und mehr anzuvertrauen, anstatt nach machbaren Rezepten für die Veränderung der eigenen Person und anderer Personen zu suchen.

Ein typisches Krankheitssymptom einer Gesellschaft ist die aggressive Außenpolitik. Der dieses Symptom tragende Kompromiß besteht in der Spaltung der Gesellschaft in eine schweigende Mehrheit und eine regierende Minderheit. Die regierende Minderheit hat wenig Kontakt zur Basis und zu den eigenen Lebenswünschen; statt dessen kontrolliert sie die schweigende Mehrheit und bekämpft oder bedroht die »Feinde« des Staates nach außen hin. Diese Phänomene sind in demokratischen wie in totalitären Gesellschaften zu erkennen, in den USA und der Bundesrepublik Deutschland genauso wie in der Sowjetunion und der DDR. Wir erkennen sie oft leichter im Lager der zwar demokratisch genannten, uns aber nicht demokratisch erscheinenden Gesellschaften. Wie bei einer psychisch kranken Einzelperson wird der Wunsch, mit Lust im Kontakt mit allen anderen Menschen zusammenzuleben, verdrängt und statt dessen ein kriegerischer Panzer angelegt, ein Panzer, der Angriffe von innen und von außen abwehren bzw. durch die Androhung eines Erstschlags oder eines Vergeltungsschlages verhindern soll. Genau wie in der Psychotherapie gibt es auch in der Politik verschiedene Einstellungen zu diesem Krankheitszustand: Ist man mit dem Abwehrpanzer identifiziert und lebt man psychisch und/oder ökonomisch vorwiegend von dessen Existenz, dann hält man eine Lockerung oder Auflösung dieses Panzers für sinnlos und gefährlich. Ist man mit den Lebenswünschen des »Patienten« identifiziert, dann wird man unter Umständen zum Feind des Panzers und versucht, ihn anzugreifen, was den Panzer dicker und gefährlicher werden läßt. Nur wenn man ein Verständnis für die Lebens- und Kontaktwünsche in dem Panzer hat und *gleichzeitig* die (eigene und die kollektive) Angst vor dem Verlust des Panzers respektiert, kann man zu einer schrittweisen Auflösung der aggressiven und im weitesten Sinn autistischen Symptomatik beitragen. Nur wenn sich ein Bewußtsein dafür entwickelt, daß die eigentliche Krankheit nicht in dem Symptom Rüstung, sondern in der Spaltung der Bevölkerung in eine sprachlose Mehrheit und eine regierende Minderheit besteht, kann sich Grundlegendes an der politischen Kultur und damit auch an deren Symptomatik verändern.

Wie man an der weitverbreiteten Resignation in der Friedensbewegung nach dem erfolglosen Versuch, die Rakentenstationierung zu verhindern, sehen kann, ist jeder Ansatz, der nur die Symptome beseitigen will, und sei er von noch so viel Begeisterung getragen, in diesem Punkt zum Scheitern verurteilt. Weite Teile der Friedensbewegung glauben leider, durch dieses Scheitern sei der Beweis dafür erbracht, daß Widerstand gegen Rüstung und Krieg eben erfolglos ist. Das ist für mein Verständnis ein Irrtum. Die Friedensbewegung hat insofern eine große Veränderung mit sich gebracht, als sich in ihrem Gefolge viel mehr Einzelpersonen als politisch verantwortlich erleben und sich am gesellschaftlichen und politischen Leben aktiv beteiligen. Die schweigende Mehrheit ist kleiner geworden. Diese Veränderung wird im Laufe der Zeit mit Sicherheit zu einer veränderten Außenpolitik beitragen, weil sie die Grunderkrankung der Gesellschaft betrifft. Auch hier geht es um eine allgemeine Bewußtseinsveränderung, die dazu führt, daß immer mehr Menschen die wirkliche Krankheit, an der sie jeweils selbst beteiligt sind, als solche erkennen und vor allem auch Besserungen dieser Krankheit an sich selbst und bei anderen bemerken und für wichtig halten.

Der Kampf der Friedensbewegung gegen die Raketenstationierung zeigt auch noch eine weitere Parallele zwischen individueller und gesellschaftlicher Krankheit: die symmetrische Eskalation der Gewalt. Es gibt sie innerhalb des Individuums, zwischen einzelnen Individuen und zwischen kleinen oder großen Gruppen. Innerhalb des Individuums ist die Verschlimmerung einer seelischen Krankheit daran zu erkennen, daß der Kampf zwischen Triebwünschen und Abwehr- oder Kontrollmaßnahmen sich »aufschaukelt«. Je stärker der Wunsch, desto größer die Angst, desto starrer die Kontrolle. Und umgekehrt: Je rigider und aggressiver die Kontrolle, desto größer die Angst, desto mächtiger und bedrohlicher der andrängende Wunsch. Der Angelpunkt in dieser Eskalation ist die Angst, die Angst vor der Triebstärke und die Angst vor der Unterdrückung der Lebenswünsche. In vielen psychischen Erkrankungen wird das Phänomen sichtbar, daß die

Verleugnung der Wünsche und der entsprechenden Gefühle um so stärker ist, je größer die Wünsche sind. Und die Wünsche werden um so bedrohlicher, aggressiver und explosiver, je stärker sie durch Verdrängungsmaßnahmen »zusammengedrückt« sind. Angst, die nicht mehr als Angst mitgeteilt und in ihrem Bezug zu den Wünschen erlebt werden kann, löst automatisch diese Eskalation von Gewalt aus. Zwei Teile der Person bekriegen sich immer rigider, der Lebensspielraum der ganzen Person wird dadurch zunehmend enger.

Ähnliches spielt sich auch in der Eskalation von Gewalt zwischen zwei Personen oder zwischen Gruppen ab. Eine sich verschlechternde Partnerbeziehung, ein »Kriegszustand« zwischen verschiedenen Gruppen, zwischen Regierungen und Völkern beruht auf der symmetrischen Eskalation der gewalttätigen Phantasien und eventuell auch der gewalttätigen Handlungen. Ist die zutiefst menschliche Möglichkeit zu offenem Austausch von Gefühlen und Wünschen erst einmal verlassen, dann kippt die Beziehung um in einen Machtkampf. (Ich verwende hier absichtlich das Wort »umkippen«, das häufig für einen sehr ähnlichen Vorgang in der Natur benützt wird: den Verlust des ökologischen Gleichgewichts, zum Beispiel in Seen und Meeren.)

Die Folgen will ich an verschiedenen Stellen dieses Buches, besonders aber in dem Kapitel über die Gewalt noch näher beschreiben.

### *g) Widerstände gegen die Verbindung von Psychoanalyse und Politik*

In diesem Zusammenhang möchte ich mich noch einmal mit den Widerständen gegen die Verbindung von Psychoanalyse und Politik beschäftigen und vor allem die Hintergründe dieser Widerstände zu verstehen versuchen.

In Diskussionen werde ich immer wieder gefragt, was denn nun nach Meinung der Psychoanalytiker in unserer Situation zu tun sei. Es wird ein Rezept verlangt, das auch durchführbar ist und zum Erfolg führt; wenn die Psychoanalyse ein solches Rezept nicht liefern könne, dann brauche man sie auf dem Gebiet der Politik auch nicht. Diese Erwartung ist mir aus psychotherapeutischen Beziehungen sehr gut bekannt. Sie entstammt der Hoffnung, daß vielleicht jemand kommen könnte, der einem sagen kann, wie der Weg weitergeht, der einem die persönliche Verantwortung abnimmt und der die Schuld trägt, wenn der empfohlene Weg sich nicht als gangbar erwiesen hat. Diese Hoffnung basiert auf dem Trugschluß, das Problem bestehe in einem Mangel an Information oder an Kenntnissen wie etwa bei einer schwer lösbaren Mathematikaufgabe. In zwischenmenschlichen Beziehungen – und darum handelt es sich in der Politik – bestehen die Probleme aber nicht in ungelösten Rechenaufgaben, sondern in unausgetragenen Konflikten, die nur persönlich ausgetragen werden können. Dieses Austragen oder Durchstehen von Konflikten kann einem kein Ratgeber abnehmen. Ein Psychoanalytiker, der Ratschläge gibt, deckt dadurch den Konflikt, um den es sich handelt, zu. Es kann sein, daß er in einem bestimmten Fall nicht anders handeln kann, weil die Angst vor dem Aufdecken des Konflikts bei seinem Patienten und deshalb auch bei ihm selbst noch zu groß ist. Einen Veränderungsprozeß, der neue, befriedigendere Konfliktlösungen ermöglicht, kann niemand *machen,* auch kein Psychoanalytiker. Er kann ihn nur begleiten, indem er sich auf das einläßt, was er in der Situation spürt, und darauf, welche Phantasien in ihm aufsteigen. Gerade die Angst vor der Wiederkehr der verdrängten Konfliktanteile ist es, die unter anderem die Frage nach dem Rezept stellen läßt. Wenn ich ein Rezept erwarte, kann ich mich darauf einstellen, daß ich tun werde, was ich soll oder was mir geraten wird. Im gleichen Maße brauche ich mich nicht auf meine Gefühle einzulassen und nicht aus diesen meinen subjektiven Gefühlen heraus zu handeln. Ich kann dann den anderen kritisieren, wenn er kein Rezept hat und auch wenn er ein Rezept hat, das nicht funktioniert. So steckt in dieser Frage eigentlich schon die Angst vor der persönlichen Verantwortlichkeit und vor dem Erleben der persönlichen Betroffenheit. Es hat politische Bedeutung, ob diese Frage gestellt und wie sie beantwortet wird.

Allerdings kommt der mit der Phantasie der Machbarkeit verbundene Größenwahn auch innerhalb der Psychoanalyse vor. Die Frage nach der Effektivität von bestimmten Interventionstechniken oder Verhaltensweisen verdrängt auch hier immer wieder das

Erleben von Konflikten und das Erleben der Ohnmachtsgefühle angesichts einer unlösbar erscheinenden Aufgabe. Das Schwanken zwischen Allmachts- und Ohnmachtsgefühlen ist typisch für die narzißtische Problematik, an der wir alle mehr oder weniger leiden. Aus dem Gefühl der Ohnmacht scheint oft nur ein garantiert gangbarer und effektiver Weg herauszuführen. Wenn uns die Konflikte, in denen wir leben, zu viel Angst machen, verdrängen wir die Tatsache des Konflikts. Wir erleben uns lieber ohnmächtig und warten auf einen allmächtigen oder allwissenden »Führer«, anstatt uns selbst auf unseren ganz persönlichen Weg zu machen. Als Wegbegleiter können Psychoanalytiker oft sehr hilfreich sein. Die Begleitung kann allerdings nicht darin bestehen, daß man Wegweiser aufstellt, sondern darin, daß man versucht, die Wünsche zu verstehen, die den oder die Gehenden in Richtung auf ein bestimmtes Ziel in Bewegung bringen, und in gleichem Maße auch die Ängste, die der Betroffene vor dem Gehen und Vorwärtskommen hat.

Nun ist der Psychoanalytiker aber nicht ein Therapeut der Gesellschaft in dem Sinn, daß er ihr gegenüber einen Außenstandpunkt einnehmen könnte. Das kann er nicht einmal in seinen Therapien, aber die Vorstellung von einer analytischen Psychotherapie innerhalb und außerhalb der Psychoanalyse gehen oft dahin, daß er das könnte und müßte. Der Psychoanalytiker ist in jedem Fall Teil des (politischen und therapeutischen) Geschehens. Therapeutisches Handeln ist politisches Handeln. In meiner Vorstellung ist der Psychoanalytiker nicht auf die Rolle dessen beschränkt, der weiß, worum es geht; er ist immer persönlich mitbetroffen und mitbeteiligt. Sein Analysieren ist ein Handeln in Beziehungen. Der Vorwurf »Es genügt nicht, wenn wir wissen, worum es sich handelt, wir müssen wissen, was wir tun sollen!« wird dadurch relativiert. Es gibt keine echte Trennung zwischen Analysieren und Handeln. Jeder Mensch analysiert die Situation, wenn er handelt; darauf gründet sich sein Handeln. Jeder Analytiker handelt, indem er analysiert. Der wirkliche Unterschied liegt meiner Ansicht nach darin, wieviel jeweils von der Situation wahrgenommen und in das Handeln einbezogen wird. Der politische Kampf, die direkte politische Auseinandersetzung wird deshalb durch die besondere Fähigkeit des Psychoanalytikers, unbewußte Anteile bei sich und anderen wahrzunehmen, nicht ausgeschlossen. Im Gegenteil, eine erweiterte Wahrnehmung kann und muß zu einem größeren politischen Engagement führen. Ich weiß gleichzeitig, daß das bei vielen Analytikern nicht der Fall ist. Wie andere Menschen haben auch wir Analytiker Mechanismen, die uns vor allzugroßer Angst und vor Konflikten schützen, die wir nicht durchstehen zu können glauben.

Weltfremd und naiv erscheinen meine Ausführungen manchen Politikern und auch manchen Nichtpolitikern, die es aufgegeben haben, die bestehenden politischen und ökonomischen Strukturen für prinzipiell auflösbar zu halten. Begründet wird diese Einschätzung meiner Haltung damit, daß ich die Realität der Politik und der Politiker eben nur zum Teil oder gar nicht kennte. Meine Sicht der Realität wird aus dieser Position heraus für idealistisch, gelegentlich sogar für gefährlich gehalten. Vor allem Diskutanten aus den marxistischen Gruppen versuchen immer wieder, mir mehr oder weniger freundlich zu sagen, daß ich dem Widerstand gegen die staatliche und ökonomische Gewalt »den Wind aus den Segeln« nähme. Es sei gefährlich, sich einfach hinzustellen und an die Macht des Guten zu glauben, dabei aber die Gewalt des Bösen zu vergessen und so den Kampf gegen diese Gewalt zu versäumen oder zu unterlaufen. In der Politik sei die »harte Tour« nötig, so sagen auch die sogenannten autonomen Gruppen, die sich keine andere Form der Auseinandersetzung vorstellen können als die gewaltsame. Sie sind darin das Spiegelbild ihrer »Feinde«, der staatlichen Gewalt, die sich in Polizeieinsätzen manifestiert.

In solchen, oft sehr harten Auseinandersetzungen habe ich oft das Gefühl, daß sich zwei Realitäten gegenüberstehen, zwei Ausschnitte aus der Welt, die von den jeweiligen persönlichen und beruflichen Erfahrungen der beteiligten Personen geprägt sind. Ich habe in meinem Leben und in meinem Beruf die Erfahrung machen können, daß sich zunächst scheinbar unveränderliche lebensfeindliche Strukturen verändern können, wenn ich es wage, mich in bezug auf sie zu verändern. Andere haben die Erfahrung gemacht, daß ihr ständiges Anrennen gegen übermächtige Mauern aussichtslos war und daß ihnen jetzt nur noch im direkten oder übertragenen Sinn der Griff zum Dynamit bleibt, um diese Mauern zum Einsturz zu bringen. Ich glaube, daß beide Ausschnitte aus der Realität vor dem jeweiligen Erfahrungshintergrund ihre Berechtigung und ihren Sinn haben. Sie brauchen aber deswegen nicht abgegrenzt voneinander oder einander feindlich gegenüberstehen zu bleiben. Eine Begegnung, ein Einander-Kennenlernen, was immer auch ein Voneinander-Lernen-Können beinhaltet, ist zumeist in kurzen Diskussionen nach Vorträgen nicht möglich. In längeren Gesprächen ist eine solche Annäherung oft möglich, aber nur, wenn beide Seiten, also auch ich, die jeweils andere nicht nur als weltfremd und naiv verurteilen.

In solchen Gesprächen erhebt sich die Frage: Was ist die Realität? Was ist Illusion? Ist Politik, wie Max Weber schon meinte, nur ein Machtkampf, unabhängig von jeder Moral, in dem es um ein Augenmaß für das Mögliche, nicht um das moralisch Gebotene geht?[11] Und was ist dann das Mögliche? Was ist moralisch geboten? Oder ist die Realität das, was uns die Hopi-Indianer verkünden[12], nämlich das Verbundensein des Menschen mit seinen Mitmenschen und seiner Umwelt, seine Abhängigkeit und seine Verantwortung für gute Beziehungen in jedem Sinn? Was ist wichtig? Ist es wichtig, die Macht zu behalten oder Macht auszuüben, um das durchzusetzen, was man für richtig hält? Oder ist es wichtig, die menschlichen Beziehungen zu pflegen, die ohne Pflege verkümmern? Kann das »Gute«, das man für richtig hält, denn wirklich »gegen die Bösen« mit Macht durchgesetzt werden, oder braucht eine neue Politik, in der »gute« Entscheidungen möglich sind, nicht vielleicht als Grundlage bessere Beziehungen zwischen den Menschen?

Grundsätzlich bin ich der Meinung, daß die Realität immer aus beidem besteht, aus der Seite, die nein zum Leben sagt (aus Angst vor dem Risiko, das das Leben immer in sich birgt), und aus der anderen Seite, die ja zum Leben sagt. Diese beiden Seiten geraten sehr leicht auseinander und gegeneinander. So kann es sein, daß ich, wenn ich das Ja zum Leben vertrete, von Nein-Sagern angegriffen werde und in der Folge leicht selbst nein sage zu den Nein-Sagern. Damit spalten sich die beiden eigentlich zusammengehörenden Seiten der Realität in verteilte Rollen zwischen den Lagern. Wir behindern uns gegenseitig so lange, bis wir in einem Dialog wieder beide Seiten zusammengefunden haben: Bei den Nein-Sagern muß die Ja-Seite wiederentdeckt werden, bei mir als Ja-Sagerin muß die Nein-Seite, meine eigene Angst und Abwehr des Lebendigen, wieder zugelassen werden können. Nur dann ist die von mir vertretene psychoanalytische Position keine einseitige Ideologie oder Heilslehre, die zu Recht als naiv und weltfremd verurteilt wird. Nur dann wird deutlich, daß ich wahrscheinlich auch keine bessere Politik machen könnte, als es für »die anderen« zur Zeit möglich ist. Der Vorgang der Verständigung zwischen uns, zwischen den Lagern, ist aber schon ein Schritt zu besserer Politik, der seine Folgen haben wird. Davon bin ich überzeugt.

Diese »bessere Politik« ist nicht ohne Angst und Risiko zu haben oder gar zu machen. Hier, so meine ich, wird wirklich oft auch von Psychoanalytikern ein Teil der Realität übersehen oder unterschätzt: die Angst vor der Infragestellung. Wenn das Verdrängte wiederkehrt, stellt sich immer auch die erschreckende Erkenntnis ein: Wenn das *so* ist, dann muß ich mich ja selbst ändern bzw. meine Beziehungen zu anderen. Ich muß heraus aus meiner stumpfen Lethargie, ich muß die Beziehungen zu meinen »Freunden« in Frage stellen, ich muß Kontakt aufnehmen mit meinen »Feinden«. Diese Erkenntnis läuft der allgemeinen Sicherheitsstrategie »Im Zweifel ist Angriff immer die beste Verteidigung« genau entgegen. Sie nimmt uns Sicherheit und macht uns das Risiko lebendiger Beziehungen bewußt.

Von Politikern hörte ich manchmal den Verdacht, ich wollte durch die Politisierung des einzelnen die Ordnung der repräsentativen Demokratie in Frage stellen. Eine unmittelbare Demokratie, also das direkte Mitagieren jedes einzelnen Bürgers in jeder Frage sei aber wegen der mangelnden Fachkompetenz der Bevölkerung und auch wegen der mangelnden Rationalität der Massen nicht möglich. Das Volk würde, direkt befragt, zum Beispiel die Todesstrafe wiedereinführen. Volksentscheide seien emotionalen Strömungen unterworfen. Nur Fachleute könnten jeweils rational entscheiden, auch wenn ihre Entscheidungen gelegentlich dem Willen des Volkes nicht entsprächen.

Aus diesen Ausführungen wird deutlich, wie schwer sich auch viele unserer Politiker eine Veränderung unserer Demokratie vorstellen können, die nicht zu einem gewaltsamen Umsturz oder zu »gefährlichen irrationalen Entscheidungen« führt, sondern ein Kompetenter- und Lebendiger-Werden aller einzelnen Personen zur Grundlage hat. Die Angst vor dem Verlust von Kontrolle und Führung ist groß; entsprechend groß ist auch die Angst vor einer Haltung wie der psychoanalytischen, die die Spaltung zwischen Regierenden und Regierten in Frage stellt. Schon Freud schrieb: »Weil wir Illusionen zerstören, wirft man uns vor, daß wir die Ideale in Gefahr bringen.«[13] Die Sehergabe der Kassandra wird für sie selbst zum Fluch und zur Gefahr, wenn sie ihre Prophezeiungen ausspricht, ohne dabei die Angst vor diesen Prophezeiungen und die Angst vor den Veränderungen, die die Prophezeiungen fordern, zu berücksichtigen. Das Aufdecken unbewußter Inhalte und Zusammenhänge wird immer mit gemischten Gefühlen aufgenommen: Einerseits hofft man darauf, weil die Möglichkeit, mehr von sich selbst und anderen wahrzunehmen, mehr Bewegungsspielraum mit sich bringt, andererseits macht es Angst, weil bisher sichere Bastionen und Strukturen aufgegeben werden müssen. Wenn man eine der beiden Seiten aus dem Auge verliert, erleidet man Schiffbruch mit seinen Prophezeiungen. Sieht man den Wunsch nach Aufklärung nicht, dann gibt man es unter Umständen von vornherein auf, etwas zu sagen, oder man schreit die »Wahrheit« gegen eine (phantasierte) Wand, die durch diese Phantasie und durch diese Art des Schreiens erst wirklich zur Wand wird. Sieht man die Angst nicht mehr, dann verkündet man »naiv« den Untergang der Welt bzw. irgendeine »einzige Möglichkeit zur Rettung«, in dem Wahn, daß die anderen nur auf diese Botschaft gewartet haben. Man braucht sich nicht zu wundern, wenn man dann als verrückt, abergläubisch, als Phantast oder als Panikmacher abgelehnt wird.

Die Angst vor den Psychoanalytikern hat oft auch mit diesen selbst zu tun. Wenn ich als Psychoanalytikerin meine Angst vor dem Konflikt mit anderen durch eine Größenphantasie abfange, bin ich tatsächlich bedrohlich für potentielle Patienten oder selbst für Nichtpatienten. Ich meine die Größenphantasie, die darin besteht, daß ich die Welt dadurch verändern will, daß ich *andere* analysiere. Die dabei postulierte Unfehlbarkeit und Unangreifbarkeit muß zumindest in nichttherapeutischen Beziehungen zur Zielscheibe von Ablehnung und Spott werden. Der oder die derart Analysierten erleben sich zu Recht auf einen Seziertisch gelegt, von dem aus sie keine Möglichkeit haben, selbst ins Gespräch zu kommen, sich zu wehren, und wenn nötig, auch zum Gegenangriff überzugehen. Das Ohnmachtsgefühl einem »übermächtigen« Analytiker gegenüber, der glaubt, den Stein der Weisen gefunden zu haben, führt zu der diffamierenden Kritik, der die Psychoanalyse und die Psychoanalytiker oft ausgesetzt sind – und an deren Zustandekommen sie nicht immer ganz unbeteiligt sind. Nicht alles, was da über die persönlichen Neurosen von Psychoanalytikern geschrieben wird, ist reine Phantasie aufgrund persönlicher Ängste der Schreiber. Diese müßten solche Angriffe vielleicht nicht in einer so polemischen und vernichtenden Weise ausführen, wenn sie glauben könnten, sich mit Psychoanalytikern persönlich auseinandersetzen zu können.

Nach meiner Erfahrung fällt es mir leichter, mich als Psychoanalytikerin öffentlich und in politischen Zusammenhängen zu äußern, wenn ich dabei nicht in der eben beschriebenen Größenphantasie befangen bin, sondern versuche, deutlich zu sehen, daß es sich bei allen lebendigen Veränderungen immer um einen gemeinsamen Prozeß handelt, in dem auch ich die Chance habe, zu lernen und mich zu verändern. Der Seziertisch ist dann nicht mehr nötig, und ich bin auch weniger in Gefahr, selbst auf einen solchen Tisch gelegt zu werden. Trotzdem bleibt einem in der Rolle des Sehenden und Aufklärenden das Erschrecken nicht erspart, wenn man plötzlich sieht, *wie* krank unsere »normale« Gesellschaft ist. Die doppelte Angst, vor dem dann unvermeidlich erscheinenden kollektiven Selbstmord einerseits und vor der unausweichlichen Notwendigkeit, davon zu sprechen andererseits, ist oft schwer auszuhalten. Sagt man nichts, dann kann man im konformistischen Lager bleiben und heimlich Beweise für das Nichteintreten oder das Noch-Nicht-Eintreten der Katastrophe sammeln, Beweise, die das Gewissen beruhigen. Sagt man etwas, dann gerät man in Gefahr, in das Lager der »Revolutionäre« abgeschoben und von diesem Lager aufgesogen zu werden. Hier findet man sich aber wieder in derselben Situation: Kritisiere ich die in diesem Lager herrschende Ideologie, dann werde ich auch hier als Konformist ausgestoßen, kritisiere ich, wie die meisten dort, nur die »herrschende Gesellschaft«, dann hat mich diese neue Subkultur vereinnahmt und so meine kritische Stimme zum

Schweigen gebracht. In diesem vielfältigen Zwiespalt ist es nicht erstaunlich, daß Psychoanalytiker selbst oft ihr Wissen und Können als nur für therapeutische Beziehungen zutreffend und wichtig ansehen, daß sie selbst die Verbindung zwischen Psychoanalyse und Politik nicht sehen können oder wollen.

Bei dieser Verbindung handelt es sich nicht um eine einfache Übertragung von Erkenntnissen aus einem Bereich auf den anderen. Es geht um mehr. Es geht um ein politisches Verständnis der Psychoanalyse und um ein psychoanalytisches Verständnis der Politik. Beide Disziplinen verändern sich durch ein derart verändertes Verständnis. Die Veränderung der Psychoanalyse habe ich im 2. Kapitel dieses Buches und an verschiedenen anderen Orten[14] beschrieben. Hier möchte ich mich mit der Frage beschäftigen, wie sich die Politik verändert bzw. wie sie sich nicht verändert. Eine Zusammenschau von Psychoanalyse und Politik muß sich nicht darauf beschränken, die individuelle Psychodynamik der in der Politik handelnden Personen zu analysieren. Es geht immer auch um ein Verständnis dieser Personen und ihres Verhaltens vor dem Hintergrund der Soziodynamik des diese Personen umgebenden Umfeldes. Die politische Sicht wird auch nicht falsch durch die psychoanalytische, sie wird durch sie ergänzt. Auf beiden Gebieten wird der Prozeß des Unbewußtmachens von ängstigenden Inhalten und die Chance des Wiedereintritts dieser Inhalte in das individuelle und kollektive Bewußtsein gesehen. Dabei geht es auch nicht um einfache Analogieschlüsse, so etwa die Behauptung, daß sich Regierungen und Völker zueinander verhalten wie Eltern und Kinder. In einem psychoanalytischen Verständnis gesellschaftlicher Zusammenhänge wird vielmehr die Gegenseitigkeit von Abhängigkeiten, die Psycho- und Soziodynamik individueller Phantasien untersucht. Die psychoanalytische Betrachtungsweise bringt die Gegenläufigkeit des Unbewußten auch im kollektiven Unbewußten zum Vorschein. Sie stellt grundsätzlich feste Rollenverteilungen in Frage und sucht nach deren Umkehrung im Unbewußten. Dieses Buch enthält viele Beispiele für diesen Vorgang.

### h) *Die Chancen einer psychoanalytisch verstandenen Politik*

Am Ende dieses Kapitels möchte ich mich noch mit den Vorteilen der Zusammenschau von Psychoanalyse und Politik befassen, und hier vor allem mit den Vorteilen für ein verändertes Politikverständnis. Ich glaube bisher deutlich gemacht zu haben, daß ein wichtiger Faktor des psychoanalytischen Verständnisses von Politik darin besteht, daß die »festen Strukturen« in Ökonomie und Bürokratie, und vor allem im Umgang der Menschen miteinander, nicht einfach als gegeben und unveränderlich hingenommen werden. Sie können durch die Brille der Psychoanalyse in ihrem Gewordensein als Produkte von kollektiver Verdrängung verstanden werden. Verdrängungen sind grundsätzlich, wenn auch nicht immer, rückgängig zu machen, wenn die Verdrängenden unter ihnen zu leiden beginnen und wenn sie die Verdrängungen als solche erkennen. Politik *ist* also nicht unmenschlich, sie ist unmenschlich *geworden*. Wir können uns mit dem sich ständig wiederholenden Vorgang dieses Unmenschlich-Werdens beschäftigen und auch mit den Möglichkeiten, wie Politik wieder oder vielleicht auch erstmals menschlich werden kann. Aus der Forschung zu psychosomatischen Vorgängen und Erkrankungen hat die Psychoanalyse die Erfahrung, daß manchmal, nicht immer, körperlich gewordene Konfliktlösungen rückgängig gemacht werden können, wenn man die ihnen zugrundeliegenden Konflikte versteht und durchsteht. Allerdings muß dabei die These aufgegeben werden, daß körperliche Erkrankungen mit psychischen Konflikten nichts zu tun haben, und entsprechend in der Politik: daß wirtschaftliche, militärische und bürokratische Gewalt mit den Wünschen und Gefühlen der sie Ausübenden und der von ihr Betroffenen nichts zu tun hat. Die Verselbständigung der Gewalt in körperlichen, materiellen und bürokratischen Ausdrucksformen muß rückgängig gemacht werden. Dadurch wird die verlorene Verbindung von Psyche und Körper, von Erleben und Verhalten, von Menschen und ihren Produkten wiederhergestellt.

Freud schreibt über die durch Psychoanalyse mögliche Veränderung der Einstellung des Kranken zu seiner Krankheit: »Vor allem bringt es schon die Einleitung der Behandlung mit sich, daß der Kranke seine bewußte Einstellung zur Krankheit ändere. Er hat sich gewöhnlich damit begnügt, sie zu bejammern, sie als Unsinn zu verachten, in ihrer Bedeutung zu unterschätzen, hat aber sonst das verdrängende Verhalten, die Vogel-Strauß-Politik, die er gegen ihre Ursprünge übte, auf ihre Äußerungen fortgesetzt ... er muß den Mut erwerben, seine Aufmerksamkeit mit den Erscheinungen seiner Krankheit zu beschäftigen. Die Krankheit selbst darf ihm nichts Verächtliches mehr sein, vielmehr ein würdiger Gegner werden, ein Stück seines Wesens, das sich auf gute Motive stützt, aus dem es Wertvolles für sein späteres Leben zu holen gilt. Die Versöhnung mit dem Verdrängten, welches sich in den Symptomen äußert, wird so von Anfang an vorbereitet, aber es wird auch eine gewisse Toleranz fürs Kranksein eingeräumt.«[15] Dem kann ich eigentlich in bezug auf die Einstellung zu unserer gesellschaftlichen Krankheit nichts hinzufügen.

Die gesellschaftliche Krankheit, ich sagte es schon, besteht zu einem großen Teil in der Trennung zwischen Politischem und Persönlichem (vgl. Kap. 10). Das Persönliche, das Private, das Psychische gilt zumeist nicht als gesellschaftlich und politisch bedeutsam. Schon als Kinder lernen wir, daß Subjektivität und Emotionalität etwas Minderwertiges sind gegenüber der Objektivität und Rationalität der Erwachsenenwelt. Die Psychoanalyse bringt den »subjektiven Faktor«[16] wieder in das Blickfeld der als objektiv und rational angesehenen Politik. Eine beziehungsanalytisch verstandene Psychoanalyse begreift die Konfliktdynamik innerhalb der Person nach demselben Modell wie zwischen den Personen und zwischen Personengruppen. Dadurch wird die persönliche Verantwortlichkeit und Bedeutung jedes einzelnen Bürgers für die Politik des Ganzen deutlich, und auch die Notwendigkeit, daß jeder *seinen* Weg sucht und findet, auf dem er glaubt, Veränderungen herbeiführen zu können und zu müssen (vgl. Kap. 9). Das schließt unter Umständen harte Auseinandersetzungen zwischen den verschiedenen Richtungen nicht aus; es fördert aber den Dialog und damit die »Demokratisierung der Demokratie«, die wir so sehr brauchen, um die Destruktivität in allen ihren Bereichen zu vermindern.

Wir leben in einem »Zeitalter der Wende«, wie das so oft von verschiedener Seite und mit unterschiedlicher Bedeutung gesagt wird. Allmählich scheint sich ein Bewußtsein dafür zu entwikkeln, daß rettende Veränderungen nicht mehr nur mit Gewalt durchgesetzt werden können. Die Alternative ist ein bewußtes Sich-Einstellen auf den Prozeß der heilenden Veränderung in uns selbst und in der uns umgebenden Gesellschaft. Wenn die Grundlage der uns heute bedrohenden Gefahren in schweren Störungen unserer privaten, gesellschaftlichen und politischen Beziehungen zu finden ist, dann ist es wichtig, die Aufmerksamkeit auf die Möglichkeiten eines gemeinsamen Gesundungsprozesses zu richten.

Lebendige Politik ist ein ständiger Veränderungsprozeß. Wenn das nicht verstanden wird, kommen Äußerungen zustande wie etwa diese: »Die heutigen Alternativen dürfen sich nicht die Demokraten des Hambacher Fests zum Vorbild nehmen. Unsere Regierung ist der Nachfolger dieser Demokraten. Heute geht es um die Verteidigung der von den damaligen Aufständigen erkämpften demokratischen Rechte.« Die ständige und immer wieder nötige Revolution läßt sich nicht als ein feststehendes Ergebnis in eine Regierung einbauen. Das war in der UdSSR nicht möglich, ebensowenig wie in der DDR und im Iran. »Aus der Geschichte lernen« heißt nicht, sich als Nachfolger einer erfolgreichen oder auch nicht erfolgreichen (20. Juli) Revolution zu etablieren und diese Revolution zu verwalten. In Gedenkreden wird »aus der Geschichte lernen« oft so verstanden, daß man gelernt hat, daß »die Bösen« nicht wieder zum Zug kommen dürfen. Die jeweiligen Feinde werden als Nachfolger der damaligen »Bösen«, als Faschisten oder Kommunisten bezeichnet. Daß sich die Szenen wiederholen und daß es immer wieder verhärtete Staatsapparate und verhärtete Gegner dieser Staatsapparate geben wird, das wird zumeist nicht aus der Geschichte gelernt. »Revolution« und »Konterrevolution« stehen sich immer wieder gegenüber. Wir brauchen ein Verständnis für szenische Wiederholungen, unabhängig davon, welche Rolle wir selbst in der jeweiligen Wiederholung spielen. Wir brauchen ein zunehmendes Bewußtsein dafür, wie man die Wiederholung von verhärteten Fronten verhindern kann. Das wäre mit Hilfe der Psychoanalyse aus der Geschichte zu lernen.

Je irrationaler die Politik, desto mehr brauchen wir die Psychologie des Unbewußten, um sie zu verstehen und zu verändern – und uns mit ihr. Vor diesem Hintergrund begreife ich das gegenwärtig zu erkennende große Interesse in der Bevölkerung an einem psychoanalytischen Verständnis der Politik.

## 2. Geht das revolutionäre Potential der Psychoanalyse verloren?

Die Psychoanalyse war von Anfang an sowohl eine revolutionäre Theorie als auch eine Theorie der Revolution. Von Anfang an hatte sie aber auch Probleme mit ihrem revolutionären Gedankengut, mit dessen Konsequenzen für die Theorie der Psychotherapie und für das Selbstverständnis der Psychoanalytiker in der Gesellschaft. Diese Probleme bestehen, wie ich meine, heute noch. Sie manifestieren sich in Differenzen und Unklarheiten über die Genese psychischer Störungen, über das Veränderungsprinzip der analytischen Psychotherapie und über das Selbstverständnis des Psychoanalytikers in der politischen Auseinandersetzung. Deshalb möchte ich versuchen, zunächst einige Aspekte der Problemgeschichte der Psychoanalyse nachzuzeichnen, um in ihr einerseits die Wurzeln und Vorläufer unserer heutigen theoretischen und gesellschaftlichen Situation erkennbar zu machen, aber auch, um anschließend zu zeigen, wie sich die gesellschaftliche und politische Situation seit der Jahrhundertwende verändert hat und welche Konsequenzen diese Veränderung für das psychoanalytische Verständnis von Revolution und Emanzipation haben könnte.

*a) Revolutionäre Anstöße der Psychoanalyse in der Zeit um die Jahrhundertwende*

»Die Psychologie des Unbewußten ist die Philosophie der Revolution ..., sie ist berufen, zur Freiheit innerlich fähig zu machen, berufen als die *Vorarbeit* der Revolution ... Es ist jetzt möglich geworden, sich selbst zu erkennen. Damit ist eine neue Ethik geboten, die auf dem sittlichen Imperativ zum wirklichen Wissen um sich und um den Nächsten beruhen wird.« Das sind Worte von Otto Groß[1], einem Schüler Freuds, der sich sehr früh mit den politischen Konsequenzen der Psychoanalyse beschäftigte und aus verschiedenen Gründen von Freud selbst und von seinen Analytiker-Kollegen »totgeschwiegen« wurde[2]. Diese Worte enthalten für mein Verständnis die einzige unabdingbare Aussage der Psychoanalyse, aus der sich alle weiteren Erkenntnisse ableiten, nämlich das emanzipatorische Prinzip der Veränderung: Wenn unbewußte oder abgewehrte Bedürfnisse, Gefühle und Ängste wieder zugelassen werden, löst sich die persönlichkeits- und beziehungseinschränkende Ideologie oder Abwehrstruktur emanzipatorisch auf.

Um die Jahrhundertwende richtete sich diese Aussage revolutionär gegen die bürgerliche Gesellschaft mit ihren spezifischen Zwängen, die zur Isolierung des einzelnen führten. Der Kampf gegen die traditionelle patriarchalische Gesellschaftsordnung personalisierte sich z. B. im Kampf gegen den Vater, wie bei Otto Groß, Franz Kafka und vielen anderen. Im Gegensatz dazu fand Sigmund Freud auf seinem Weg der Selbstanalyse eine Möglichkeit, die herkömmlichen Strukturen und damit den Vater nicht nur zu vernichten, sondern statt dessen die psychischen Deformationen des einzelnen in seinen Beziehungen aufzudecken. Dieser revolutionäre Schritt, sich auf das Unbewußte einzulassen und möglichst unkontrolliert Phantasien, Gefühle und Ängste zuzulassen, brachte für Freud nicht nur die Erkenntnis der Gesetzmäßigkeiten des Unbewußten, sondern vor allem die Erkenntnis der Bedeutung der Sexualität in allen zwischenmenschlichen Beziehungen mit sich. Seine an sich selbst und an seinen Patienten gemachten Entdeckungen über die zentrale Rolle der Sexualität lösten viel Angst und die entsprechenden Abwehrmechanismen aus. Freud bezahlte sein Festhalten an diesen Erkenntnissen mit dem Verlust der Freundschaft zu Breuer und Fließ; auch seine Schüler Adler, Jung und Rank verließen ihn aus diesem Grund. Noch heute scheiden sich die Geister auch innerhalb der Psychoanalyse an der Bedeutung der Sexualität, z. B. in der Diskussion über die Relevanz der Triebtheorie.

Die große Hoffnung auf die Befreiung von der übermächtig gewordenen Moral durch eine Liberalisierung der Sexualität fand um die Jahrhundertwende und in den ersten Jahrzehnten danach ihren Ausdruck in verschiedenen Bewegungen, die direkt oder indirekt mit der Psychoanalyse zu tun hatten. So verkündete Otto Groß den »Sexualimmoralismus« als Möglichkeit, den Zwang zur ausschließlichen Zweierbeziehung in der Ehe aufzuheben. Er hoffte damit auch die Frauen zu befreien, die nach der Aufhebung der traditionellen Sexualmoral ihre Sexualität nicht mehr im Tausch gegen soziale Sicherheit an den Mann verkaufen müßten und auf diese Weise sexuell genußfähig werden können[3]. Ähnliche Gedanken wie Otto Groß verfolgte bekanntlich auch Wilhelm Reich, der die Befreiung der Sexualität als Grundlage jeder politischen Befreiung propagierte (Sexpol-Bewegung) und so wie schon Groß eine Verbindung zwischen der psychoanalytischen Theorie und anarchistischen und marxistischen Ideen herstellte. Reich schreibt: »Der Gesunde hat praktisch keine Moral mehr in sich, aber auch keine Impulse, die eine moralische Hemmung erfordern würden.«[4] Wie die Sexpol-Bewegung, so versuchten auch Otto Groß und seine anarchistischen Freunde direkt zur Bewußtseinsveränderung und dadurch zum politischen Umsturz beizutragen. Groß hatte die Absicht, in Ascona eine freie Hochschule zu gründen, von der aus er die westliche Zivilisation angreifen wollte[5]. Aber weder Reich noch Groß fanden Rückhalt bei den psychoanalytischen Kollegen für ihre aus der Psychoanalyse abgeleiteten gesellschaftspolitischen Ideen. Auf dem internationalen Kongreß der Psychoanalytiker 1908 soll Freud Groß auf seinen Vortrag über »Kulturelle Perspektiven der Wissenschaft« entgegnet haben: »Wir sind Ärzte, und Ärzte wollen wir bleiben!«[6]

Die beiden »Revolutionäre« unter den Psychoanalytikern, Otto Groß und Wilhelm Reich, saßen wegen ihrer Versuche, psychoanalytische und marxistische Gedanken zu verbinden und zur Grundlage einer gesellschaftlichen Revolution zu machen, zwischen den Stühlen. Ihre konsequente Kritik an der bürgerlichen Sexualmoral verhallte ebenso wie ihre Kritik am Kommunismus. Von den Sozialisten wurde die Psychoanalyse als »Sexismus« und als verbrecherische Methode der »Einschleichung in fremde Gemüter« verdammt[7], von Freud wurde die These der gesellschaftlichen Verursachung psychischer Konflikte, wie sie Groß und Reich vertraten, nicht akzeptiert. So scheiterten beide, Groß und Reich, beide wurden psychotisch bzw. von Kollegen für psychotisch erklärt, und es taucht die provokative Frage auf, ob diese Entwicklung die unvermeidliche Folge ist, wenn man sich als Psychoanalytiker mit Gesellschaftskritik befaßt und politisch engagiert. Konnte sich Freud selbst vielleicht, trotz aller Kritik, die auch an ihm geübt wurde, nur dadurch einigermaßen durchsetzen und anerkannt werden, daß er auf die radikalen politischen Konsequenzen seiner Theorie verzichtete und seine Schüler, die diesen Verzicht nicht leisteten, ausstoßen bzw. »totschweigen« ließ?

### *b) Anpassungsversuche der Psychoanalytiker, damals und heute*

Ich glaube, daß man diese wichtige Frage am besten unter dem Gesichtspunkt der verschiedenen Anpassungsversuche untersucht, die den damaligen Psychoanalytikern, so wie uns heute auch noch, halfen, die Angst vor den eigenen Erkenntnismöglichkeiten und ihren Konsequenzen in für uns und andere erträglichen Grenzen zu halten.

Die Freiheitsbewegung zu Beginn unseres Jahrhunderts, die sich in den Ideen der sexuellen Revolution, der Gesellschaftskritik und des marxistischen Klassenkampfes ausdrückte, rief Angst vor dem Chaos hervor, das bei Auflösung der bisherigen Ordnungen zu entstehen drohte. So setzte gleichzeitig mit dem Auftreten der revolutionären Ereignisse auch die Reaktion ein. Chaos und Hunger trieben die Menschen in Deutschland, Rußland und Italien sehr bald in neue totalitäre bzw. faschistische Ideologien und Staatsformen, die von Individualität und Sexualität nichts mehr wissen wollten. Es ist deshalb nicht zu verwundern, daß die Psychoanalyse ähnlich wie der Marxismus in dieser Zeit viel von ihrer ursprünglichen Kraft verlor und sich zum Teil in die kollektive Angstbewältigung einfügte.

Psychoanalyse und Marxismus hatten beide der bisherigen idealistischen Ethik eine materialistische Ethik gegenübergestellt, eine Ethik, die von den unterdrückten Bedürfnissen des Individuums bzw. von den Bedürfnissen der unterdrückten Klasse ausging. Beide Theorien konnten und können trotz ihrer ursprünglich emanzipatorischen Impulse selbst wieder zur Repression dienen, wenn sie zur Ideologie erstarren. Und so entschieden wohl auch die Angst und die Notwendigkeit der Angstbewältigung der Psychoanalytiker damals wie heute darüber, ob und wie weit sie es wagten, die psychoanalytische Theorie in ihrer gesellschaftskritischen Bedeutung zu sehen, ob sie wie Reich und Groß aus der Psychoanalyse eine Gegenideologie entwickelten, die die herrschende Ideologie stürzen sollte, oder ob sie wie Adler und Jung die psychoanalytische Theorie »entschärften« und dadurch ungefährlicher machten.

Beim Studium der Lebensgeschichten und der Werke von Otto Groß und Wilhelm Reich wurde mir deutlich, wie man durch die Entwicklung einer Gegenideologie trotz aller emanzipatorischen Bemühungen die angestrebte Befreiung gerade verhindern kann. Beide, Groß und Reich, haben meiner Ansicht nach wichtige gesellschaftspolitische Konsequenzen der psychoanalytischen Erkenntnisse gesehen, die zum Teil über das hinausgingen, was Freud selbst zu sehen wagte. Aber beide haben die Konsequenzen in revolutionäre *Handlungsanweisungen* verwandelt, die es der Umgebung leicht machten, sie für verrückt zu halten und damit auch ihre fruchtbaren Gedanken abzulehnen bzw. nicht zur Kenntnis zu nehmen. In dieser Lage kann man dann zwar noch, wie es zum Teil auch Freud getan hat, die Tatsache des Verfolgtseins als Beweis für die eigene Gefährlichkeit und damit für die Richtigkeit der eigenen Theorie verwenden; man kann auch die Märtyrerrolle als narzißtische Ersatzbefriedigung für den ausgebliebenen Erfolg und vor allem für den ausgebliebenen Kontakt einsetzen. Das alles ändert jedoch nichts daran, daß man seinen eigenen Ausbruchsversuch vereiteln muß, indem man durch die

Wahl des Weges (Stiftung einer Ideologie) die Erreichung des Zieles (Befreiung von Ideologien) unmöglich macht.

Andere Anpassungsversuche waren deutlicher konformistischer Natur als die mißglückten Revolutionsversuche von Groß und Reich. So beschloß die Wiener Psychoanalytische Vereinigung im Jahr 1935, keine Patienten in Analyse zu nehmen, die sich an illegalen politischen Aktivitäten beteiligten – gemeint waren insbesondere Antifaschisten[8]. Auch der Ausschluß von Wilhelm Reich im Jahr 1934 hing wohl unter anderem damit zusammen, daß die Psychoanalytiker wußten, daß sie keine Überlebenschancen hatten, wenn sie für Kommunisten gehalten werden konnten. Schon im Jahr 1908 hatte Freud Jung angeboten, ihn zum »Vollender meiner Arbeit einzusetzen ..., wozu Sie als starke, unabhängige Persönlichkeit, als Germane, der leichter die Sympathien der Mitwelt kommandiert, mir besser zu taugen scheinen als irgendein anderer, den ich kenne«[9]. Und schließlich nahm Freud auch die Umwandlung des Berliner Instituts in ein »Deutsches Institut für psychologische Forschung und Psychotherapie« unter Leitung eines Verwandten von Hermann Göring hin, womit auch der Ausschluß aller jüdischen Mitglieder verbunden war[10]. Das alles waren Anpassungsversuche, die ein Überleben der Psychoanalyse in Deutschland sichern sollten, aber zum Teil wesentliche Positionen der Psychoanalyse aufgaben und diese in Deutschland während des Dritten Reiches zu einer konformistischen und mechanistischen Psychotherapie (Schultz-Hencke) schrumpfen ließen, die nur noch sehr wenig mit den ursprünglichen, revolutionären Gedanken der Psychoanalyse zu tun hatte.

Der Ausspruch von Freud »Wir sind Ärzte, und Ärzte wollen wir bleiben« ist sicherlich nicht typisch für seine Einstellung zur Medizinalisierung der Psychoanalyse. An anderen Stellen[11] betonte er wiederholt die Notwendigkeit der Verbindung von Forschen und Heilen, ja, er stellte immer wieder den Vorrang der Psychologie, Philosophie und Anthropologie vor der Medizin als Grundlagenwissenschaft der Psychoanalyse heraus. Vor allem für die USA sah er die Gefahr, daß die Psychoanalyse zur »Hilfswissenschaft der Psychiatrie« degenerieren könnte[12]. Auch heute wird der Prozeß der Medizinalisierung der Psychoanalyse kritisch diskutiert[13]. Parin schreibt, die Psychoanalyse »hat mit Hilfe der Medizinalisierung den Status einer unbotmäßig-kritischen Randgruppe überwunden und den Anschluß an eine mächtige, integrierte und konforme Schicht des Dienstleistungssektors gefunden«[14]. Ich möchte hier die verschiedenen Argumente dieser Diskussion nicht wiederholen, sondern darauf hinweisen, daß die Medizinalisierung der Psychoanalyse, also ihre Reduktion auf eine psychotherapeutische Technik neben anderen psychotherapeutischen oder medizinischen Techniken, leicht dazu führen kann, daß das kreative bzw. emanzipatorische Potential zugunsten des Effektivitätsdenkens im Sinne der Symptombeseitigung aufgegeben wird. Dadurch läßt sich zwar die Außenseiterrolle der Psychoanalytiker beseitigen, diese Anpassung bedeutet aber gleichzeitig (sowohl für die Weiterentwicklung der psychoanalytischen Theorie als auch für die therapeutische Beziehung in der Psychoanalyse und für das Selbstverständnis des Psychoanalytikers) eine Beschränkung der Befriedigungsmöglichkeiten emanzipatorischer Bedürfnisse. Andererseits ist die Erhaltung des kritischen Potentials der Psychoanalyse auch nicht dadurch garantiert, daß die Psychoanalytiker wenige sind, keine Kassenpraxis haben und am Rande der Gesellschaft stehen, sondern allein durch eine Haltung der Psychoanalytiker, wie Otto Groß sie beschrieben hat: »Das ganze Leiden dieser ganzen Menschheit an sich selber und alle Hoffnung, daß es anders werde: das ist unsere Klinik.«[15] In dieser Haltung überschreitet der Psychoanalytiker den engen Bereich der Heilbehandlung, er fühlt sich sowohl in der Heilbehandlung als auch darüber hinaus von kulturellen, ethischen, soziologischen und im engeren Sinn politischen Fragen betroffen und auf seine Weise dafür zuständig.

Ein weiterer wichtiger Anpassungsversuch, der vor allem von H. E. Richter immer wieder angeprangert wird, ist der Rückzug in die Innenwelt[16]. Richter beklagt die Tendenz der einzelnen Psychoanalytiker und der psychoanalytischen Institutionen, die Bedeutung der sozialen Realität zugunsten einer ungefährlichen »Innenschau« zu vernachlässigen. Auch dieser Mechanismus ist schon sehr früh in der Geschichte der Psychoanalyse erkennbar. Freud schreibt zum Beispiel in »Das Unbehagen in der Kultur«[17]: »Die zu lösende Aufgabe ist, die Triebziele solcherart zu verlegen, daß sie von der Versagung der Außenwelt nicht getroffen werden können. Die Sublimierung der Triebe leiht dazu ihre Hilfe. Am meisten erreicht man, wenn man den Lustgewinn aus den Quellen psychischer und intellektueller Arbeit genügend zu erhöhen versteht. Das Schicksal kann einem dann wenig anhaben.« Freud beschrieb hier wohl seinen eigenen Versuch, äußere Konflikte durch Rückzug in die Innerlichkeit intrapsychisch zu bewältigen, einen Versuch, den er unter dem Begriff der Triebsublimierung zur Maxime erhob. Dieses subjektivistische Selbstmißverständnis liegt uns allen allerdings sehr nahe, da wir Psychoanalytiker – wie andere Menschen auch – aus unseren besten Fähigkeiten und Abwehrmechanismen unsern Beruf machen. Die Fähigkeit, die Innenwelt zu erforschen, geht aber häufig mit der Tendenz einher, sich bei drohenden Konflikten mit der Außenwelt auf die ausschließliche Betrachtung innerer Probleme zurückzuziehen. Entsprechend neigen wir dazu, Rebellion in erster Linie als ein pathologisches Problem zu sehen. Und wenn wir es selbst nicht wagen, zu rebellieren und Konflikte durchzustehen, neigen wir dazu, psychosoziale Konflikte unserer Patienten oder Ausbildungskandidaten (oder auch solche, die wir selbst erleben) als personenspezifische zu deuten, wodurch notwendige und mögliche zwischenmenschliche Auseinandersetzungen vermieden werden.

### *c) Anpassungsversuche in der psychoanalytischen Theorie*

Eine Konsequenz dieser Vermeidung für die psychoanalytische Theorie ist die künstliche Trennung zwischen intrapsychischen und interpsychischen Konflikten, wobei sich der Psychoanalytiker dann für die intrapsychischen Konflikte zuständig fühlt und dazu tendiert, kollektive Ängste, wie z. B. gegenwärtig die Atomkriegsgefahr, auf die Bedeutung in der Lebensgeschichte des einzelnen Patienten zu reduzieren[18]. Auf diese Weise kann der Psychoanalytiker zum »Anpassungsgehilfen« werden. Er versteht sich als jemand, der die Patienten von der Angst befreit, vielleicht aber auch von einer Angst, deren Wahrnehmung für die Veränderung und das Weiterbestehen unserer Gesellschaft nötig wäre. Auch dieser Anpassungsversuch ist meiner Ansicht nach nicht dadurch aufzuheben, daß man nun ins andere Extrem verfällt und nur noch die soziale Realität betrachtet. Der Rückzug in die Innenwelt wird nur dadurch überflüssig, daß wir ein Verständnis dafür entwickeln, wie intrapsychische und interpsychische Konflikte zusammenhängen und Hand in Hand gehen. Aus dieser Erkenntnis könnte sich vielleicht auch ein erweitertes Selbstverständnis des Psychoanalytikers ergeben. Vielleicht würden wir dann erkennen, daß wir in unseren Praxen nicht wirklich emanzipatorisch tätig sein können, wenn wir uns gleichzeitig aus den Konflikten in und mit der Umwelt zurückziehen.

Die psychoanalytische Theorie enthielt von Anfang an Anteile, die man als Anpassungsversuche verstehen kann. Ich möchte hier nur einige dieser Aspekte nennen, um zu zeigen, daß es sinnvoll wäre, sowohl die Geschichte der psychoanalytischen Theorie als auch die gegenwärtigen Strömungen unter dem Gesichtspunkt des revolutionären Grundprinzips und seiner Zurücknahme genauer zu untersuchen. Einer der am häufigsten kritisierten Punkte bei Freud selbst ist seine Kulturtheorie[19]. Die kulturellen Normen als Triebsublimierung und Triebverzicht zu verstehen impliziert leicht den Gedanken, daß psychische Erkrankung als Abweichung von der Norm oder als Nichterfüllung einer erforderlichen Anpassungsleistung an die Gesellschaft zu definieren ist. Sowohl Otto Groß als auch Wilhelm Reich[20] kritisierten diese theoretischen Annahmen als »Kulturanpassungslehre«, ihre Kritik wurde aber kaum gehört. Ganz im Sinn dieser Anpassungstheorie entwickelte sich die Psychoanalyse in den USA als Ichpsychologie weiter. Sie verzichtete dort immer mehr auf das Verständnis der psychischen Erkrankung als Konflikt und Konfliktlösung zugunsten eines Defektverständnisses, das sich der klassischen Psychiatrie wieder annäherte[21].

Die Tatsache, daß Freud selbst es oft nicht wagte, seine Erkenntnisse auch als sozialwissenschaftliche zu sehen, wird immer wieder kritisiert[22]. Ich meine, daß die Beschränkung der Psychoanalyse auf eine naturwissenschaftliche Disziplin, von Habermas als »szientistisches Selbstmißverständnis« kritisiert, in ihrem Abwehr- und Anpassungscharakter große Ähnlichkeit mit der Medizinalisierung der Psychoanalyse hat. Ein Psychoanalytiker, der im naturwissenschaftlichen Sinn psychische Störungen als defekte Anpassungsleistung behandelt und die Wiederherstellung der Gesundheit im Erreichen psychischer und sozialer Unauffälligkeit des Patienten sieht oder der den Krieg biologistisch als Ausdruck eines Todestriebes versteht[23], ist selbst an der Unterdrückung der nach Befreiung und Veränderung drängenden Wünsche und Ängste beteiligt. Durch die Reduktion auf ein biologistisches und damit technisches »Selbstmißverständnis« löst er zwar weniger Angst aus und ist deswegen selbst weniger der Kritik und Ablehnung ausgesetzt, aber er muß dafür auch für die eigene Person auf die Befriedigung seiner dialektisch-emanzipatorischen Bedürfnisse verzichten[24]. Allerdings ist dieser Verzicht in unserer Gesellschaft so üblich, daß er als Verzicht kaum mehr erlebt wird.

Die Gretchenfrage an die Psychoanalyse sollte immer wieder lauten: Wie hält sie's mit der Sexualität? Sieht sie die Betonung der Sexualität in der Ätiologie der psychischen Störungen als eine zeitbedingte Erscheinung, die mit der kollektiven Doppelmoral in Wien um die Jahrhundertwende zusammenhängt, oder vielleicht nur als eine fixe Idee von Freud selbst, dessen eigene sexuelle Verklemmtheit und entsprechende sexuelle Präokkupation in der Theorie zum Ausdruck kommt? Oder sind wir der Meinung, daß die heutigen Störungen viel weniger als zu Freuds Zeiten auf sexuelle Probleme zurückzuführen sind, daß es sich in unserer Zeit vielmehr um Störungen der Ichfunktionen und des Selbstwertgefühls handelt, die mit den Triebbedürfnissen und dem ödipalen Konflikt nichts oder nur sehr wenig zu tun haben, weil sie auf Fixierungen beruhen, in denen der ödipale Konflikt noch gar nicht erreicht ist? Eine Bejahung all dieser Fragen würde bedeuten, daß wir uns zum großen Teil in Widerspruch zu Freuds Auffassung befinden, der schrieb: »Die Annahme unbewußter seelischer Vorgänge, die Anerkennung der Lehre vom Widerstand und der Verdrängung, die Einschätzung der Sexualität und des Ödipuskomplexes sind die Hauptinhalte der Psychoanalyse und die Grundlagen ihrer Theorie, und wer sie nicht alle gutzuheißen vermag, sollte sich nicht zu den Psychoanalytikern zählen.«[25]. Ich bin der Meinung, daß mit der Entwicklung der durch diese Fragen angedeuteten Theorien tatsächlich wesentliche Positionen der ursprünglichen Psychoanalyse aufgegeben wurden und werden. Wenn man bedenkt, daß nach Freuds Verständnis die Sexualität als Ausdruck von zwischenmenschlichen (körperlichen und seelischen) Bedürfnissen schlechthin gemeint war, daß dieses Verständnis die Erkenntnisse über das Unbewußte, die Verdrängung, den Widerstand und den ödipalen Konflikt ermöglichte, dann bedeutet das Verlassen der Freudschen Position in bezug auf die Sexualität einen großen Verlust. Sehe ich den Menschen nur noch als ein Wesen, das entweder der Norm entsprechend oder von ihr abweichend funktioniert (vgl. die neuere amerikanische Ichpsychologie), oder als ein Wesen, dessen Selbstwertgefühl ausschließlich von der Bewunderung durch die Umwelt abhängt (vgl. manche Richtungen der neueren Narzißmustheorien), dann muß ich als Therapeut zwangsläufig die psychoanalytische Grundhaltung verlassen, nämlich unbewußte Konflikte in Form von Wünschen und Ängsten wiederauftauchen zu lassen und durchzuarbeiten, und dazu übergehen, defiziente Funktionen zu üben, Frustrationen aus der Kindheit wettzumachen und Befriedigungen und Bestätigungen nachzuholen[26]. Dann kann ich Symptome auch nicht mehr dynamisch als Konfliktlösungen bzw. Kompromißbildungen verstehen; die therapeutische Veränderung besteht dann nicht mehr in emanzipatorischen Schritten, sondern in Schritten der Anpassung und der scheinbaren Befriedigung.

Tendenzen, die Sexualität von ihrem zentralen Platz in der psychoanalytischen Theorie zu verdrängen und die Psychoanalyse dadurch politisch weniger brisant, weil weniger emanzipatorisch werden zu lassen, sind in der bisherigen Geschichte der Psychoanalyse immer wieder zu finden. Die ersten Schüler Freuds, die die zentrale Bedeutung der Sexualität für die psychoanalytische Theorie aufgaben, waren Adler und Jung. Adler verzichtete auch noch auf die Vorstellung von der Verdrängung und führte dafür die Kompensation von Minderwertigkeit als zentrales, nichtsexuelles Bedürfnis ein. (Ich sehe hierin gewisse Parallelen zur Kohutschen Narzißmustheorie.) Eine weitgehend unkritische und mechanistische Therapiekonzeption war die Folge. Auch Jung lehnte die Sexualität als wesentliches Moment in der Entstehung der Neurosen ab. Er vergeistigte und idealisierte die Psychoanalyse zu einer im politischen Sinn reaktionären Psychotherapieform[27]. Da Freud selbst die Bedeutung der Sexualität nie aufgab, mußten sich Adler und Jung von ihm trennen. Auch Schultz-Hencke geriet in bezug auf die klassische Psychoanalyse ins Abseits, als er die zentrale Position des Ödipuskonflikts und des Unbewußten fallen ließ. Für die Machthaber des Dritten Reiches wurde er dadurch akzeptabel, daß er auf das grundsätzlich anarchistische Gedankengut verzichtete, das untrennbar mit den Vorstellungen über die sexuelle Triebdynamik, die Verdrängung und das Unbewußte zusammenhängt.

Wie eben schon angedeutet leisteten die nach Amerika emigrierten Psychoanalytiker eine besondere Form der Anpassung. Sie reduzierten die Psychoanalyse nicht nur auf Heilkunde, was Freud selbst noch heftig kritisierte[28], sie veränderten auch die von Freud dynamisch verstandene Ichpsychologie allmählich immer mehr zu einer Psychologie der Ichdefekte, mit allen Konsequenzen einer biologistischen oder szientistischen Wissenschaft vom Menschen[29]. Horn schreibt dazu meines Erachtens sehr treffend: »Vor allem die amerikanischen Psychoanalytiker haben sich von naturwissenschaftlich orientierten Psychologen einen Überrock schneidern lassen, der sie so aussehen läßt, als wären sie auf dem Weg zur einzig anständigen Art von Wissenschaft.«[30]

Ganz ähnlich, als eine Zurücknahme von als gefährlich erlebten Bedürfnissen und als Vermeidung von Konflikten, verstehe ich auch viele Aspekte der Narzißmustheorien, die in den letzten Jahren die Szene der psychoanalytischen Theorie weitgehend beherrschten. Auch hier ging meines Erachtens der ödipale Konflikt und damit die familiendynamische Perspektive der »Triebschicksale«[31] zugunsten einer Konzentration auf die »richtige« Haltung der Mutter verloren. Der Vater, die Beziehung der Eltern zueinander, und die Position des Kindes in dieser Beziehung blieb weitgehend unbekannt und unbeachtet.

### *d) Die Revolutionstheorie der Psychoanalyse*

»Flectere si nequeo superos, acheronta movebo« – wenn ich die Oberen nicht beugen kann, werde ich die Unterwelt bewegen. Dieses Motto von Freuds »Traumdeutung«[32] könnte meiner Ansicht nach ein Motto für die gesamte Psychoanalyse sein. Es wäre dann allerdings wichtig zu wissen, wie dieses Motto verstanden wird. Man kann es so verstehen, daß die Unterwelt zum Sturz der Oberen aufgerufen wird, aber auch so, daß die Unteren anfangen, sich zu bewegen, weil die Oberen es riskieren, diese Bewegung zuzulassen. In diesen beiden Interpretationen sind zwei Revolutionstheorien enthalten: die Revolution als Umkehrung des Herr-Knecht-Verhältnisses und die Revolution als Erkennen und Auflösen der eigenen Beteiligung an der Unterdrückung.

## Revolution als Umkehrung des Herr-Knecht-Verhältnisses

Die hier von mir wiederholt angeführten frühen Revolutionäre der Psychoanalyse, Otto Groß und Wilhelm Reich, vertraten zum Teil *diese* Revolutionstheorie. Sie erhofften sich von der Psychoanalyse die theoretische Grundlage für einen politischen und gesellschaftlichen Umsturz in dem Sinn, daß die bisher unterdrückten Triebbedürfnisse frei würden, und das hieß für sie vor allem: frei ausgelebt werden könnten. Freuds erste Angsttheorie und die Theorie über die Entstehung und Behandlung der Aktualneurosen[33] enthielt im psychotherapeutischen Bereich einen ähnlichen Grundgedanken: die Befreiung der unterdrückten bzw. gestauten Triebwünsche durch kathartisches Abreagieren oder Ausleben, wodurch die durch den Stau entstandene Angst verschwinden sollte. Bei Otto Groß spezifizierte sich diese Theorie (seiner persönlichen Problematik entsprechend) zu der These, daß psychische Krankheit mit der Unterdrückung durch den Vater gleichzusetzen sei und daß Gesundheit darin bestünde, sich von der Autorität des Vaters zu befreien, entsprechend auch von der Sexualmoral und von der Herrschaft aller Institutionen (Anarchismus)[34]. Auch Wilhelm Reich hing einige Jahre lang dem kommunistischen Revolutionsgedanken einer Diktatur des Proletariats an. Obwohl sich um die Jahrhundertwende die Anhänger der sexuellen Revolution und die Anhänger der marxistischen Revolution sehr befehdeten, scheint mir doch in beiden Befreiungsphantasien das gleiche Revolutionskonzept enthalten zu sein.

Viele derartige Revolutionen haben im Lauf der Geschichte stattgefunden. Abgesehen von den politischen Revolutionen, die so oft nicht in die Freiheit, sondern in eine neue Form der Unterdrückung führten, ist hier wohl auch die von H. E. Richter[35] dargestellte Machtergreifung des vormals ohnmächtigen Menschen über die Natur mit Hilfe der Entwicklung der Technik einzuordnen. Die Naturwissenschaft hat den Menschen zum Herrn der Welt gemacht. Freilich sehen wir gegenwärtig, daß diese »Befreiung« ihm nicht wirklich Freiheit und Sicherheit brachte, sondern in eine viel größere Gefährdung führte, als sie vor dem technischen Zeitalter für ihn bestand. Die naturwissenschaftliche Revolution hat den »strategischen Menschen« geboren, der sein Erleben und sein Verhalten voneinander trennen muß, um die Umwelt in den Griff zu bekommen. Ähnlich wie die Befreiung der Sexualität in Gestalt der sogenannten »repressiven Entsublimierung«[36] wieder zur Unterdrückung diente, diesmal durch die Norm »freie Sexualität«, so denaturierten auch unsere Bedürfnisse, uns zu ernähren und zu kleiden, zum Konsumzwang, der diese Bedürfnisse zum neuen Diktator werden ließ.

Psychoanalytisch gedacht, stellt diese erste Revolutionstheorie einer Umkehrung des Herr-Knecht-Verhältnisses eine charakteristische Position im ödipalen Konflikt dar. Es geht bei dieser Form der Konfliktlösung darum, den Vater bzw. die Mutter umzubringen, was, wenn es gelingt, nicht die Freiheit, sondern den eigenen Untergang mit sich bringt, wie die Sage von Ödipus beschreibt. Verfolgt man die Versuche von Otto Groß und seinen Freunden, die Sexualmoral aufzuheben, so sieht man sie in sexueller Freizügigkeit »wild agieren«, aber auch die ödipalen Gefühle der Eifersucht und des Neides verleugnen[37]. In diesem Zustand der Verklammerung mit den Eltern, die als personifiziertes Überich und absolutes Hindernis auf dem Weg ins Leben und in die Freiheit erlebt werden, entsteht unsägliches Leid und Verzweiflung, weil eine wirkliche Befreiung nicht gelingen kann.

Charakteristisch für das Verstricktsein in diese Revolutionstheorie scheinen mir bestimmte Haltungen oder Überzeugungen zu sein: die Schuld- und Traumatheorie, das Bündnis mit dem Schwachen gegen den Starken und die Überwertigkeit der Moral.

Die Schuld- und Traumatheorie besagt, daß psychische Störungen darauf beruhen, daß ein Unterdrücker ein Opfer ausgebeutet hat oder noch ausbeutet. Daraus folgt für den Autor oder Anhänger dieser Theorie, daß er sich, um moralisch gut zu sein, mit dem Schwachen gegen den Starken verbünden muß. Ist er selbst das »Opfer«, dann muß er versuchen, sich von seinem Unterdrücker zu befreien; wenn kein Ausweichen aus der Beziehung möglich ist, ist das nur möglich durch Unterdrückung des Unterdrückers. Es handelt sich in jedem Fall um eine dualistische Beziehung (entweder du oder ich), die so lange in diesem aussichtslosen Machtkampf steckenbleibt, bis sie in eine dialektische Beziehung (ich und du) übergehen kann[38].

## Revolution als Erkennen und Auflösen der eigenen Beteiligung an der Unterdrückung

Das dialektisch-emanzipatorische Prinzip der Veränderung habe ich für die Psychoanalyse und für die psychoanalytische Familientherapie in meinem Buch »Beziehungsanalyse«[39] beschrieben. Die Bewegung der »Unterwelt« kann danach in dem Maße zugelassen werden, in dem die Angst und das Risiko, die damit verbunden sind, nicht abgewehrt werden müssen. In der dualistischen Revolutionsphantasie wird diese Angst durch Feindbildung bewältigt: Du bist böse, weil du mich unterdrückst. Die Feindbildung verhindert durch die Projektion des »Bösen« und »Gefährlichen« in die Außenwelt im Individuum das Überschwemmtwerden von Angst. Zwischen den Individuen verhindert sie das Erleben der Konflikte im »eigenen Lager«. Die Existenz eines »Feindes« ist für das Individuum oft weniger bedrohlich als das Erleben des Konflikts (also der Wünsche und Ängste) in der eigenen Person. Für eine Gruppe von Personen ermöglicht die Schaffung eines gemeinsamen Feindes Geschlossenheit, scheinbare Nähe und innere Sicherheit. Alle leben in der gemeinsamen Erlösungsphantasie, daß nur der Feind oder die Bedrohung durch den Feind beseitigt werden muß, um paradiesische Zustände herzustellen. Damit das Feindbild aufrechterhalten werden kann, ist es wichtig, daß dem Feind kein Erleben von Angst zugestanden wird – vor allem keine ähnliche Angst vor einem selber, wie man sie vor ihm hat. Die Feindbildung entspricht auch dem von der Psychoanalyse erkannten Prinzip der intrapsychischen Abwehr: Wenn die Angst im Ich nicht mehr ausgehalten werden kann, muß *gegen* irgend etwas gekämpft werden, gegen die auftauchenden Wünsche, gegen deren Kontrolle, gegen den Analytiker, gegen den Patienten und dessen Abwehr. Wenn der Patient es nicht mehr wagt, unbewußte Wünsche und Ängste aufsteigen zu lassen, werden diese Wünsche und Ängste ihm zum Feind (er vertritt dann eine idealistische Ethik, d. h. die Ethik des Überich), oder die Moral wird ihm zum Feind (d. h. er vertritt eine materialistische oder anarchistische Ethik im dualistischen Sinn).

Auf all diese durch die Feindbildung gegebenen Sicherheiten muß man verzichten, wenn man versucht, im Sinn der zweiten, der dialektischen Revolutionstheorie Veränderungen zuzulassen. Ob die Angst durch Feindbildung oder durch Erkennen und Auflösen der eigenen Beteiligung an der gemeinsamen Unterdrükkung oder Angstabwehr bewältigt wird, entscheidet sich in jedem Moment jeder zwischenmenschlichen Beziehung. Man könnte für die zweite Revolutionstheorie das Motto der »Traumdeutung« vielleicht so umformulieren: Ich brauche die Oberen, die »Feinde«, nicht zu beugen, wenn ich es zulassen kann, daß sich meine Unterwelt bewegt.

Das Erkennen und Zulassen der eigenen Wünsche und Ängste geht auf einem Weg vor sich, der in umgekehrter Richtung verläuft wie der Weg, den die naturwissenschaftliche und behavioristische Machtergreifung genommen hat: Der verlorene Bezug zwischen Verhalten und Erleben wird wiedergefunden. Die oben beschriebene strategische Haltung wird zugunsten des Risikos einer eventuell konflikthaften und ängstigenden Beziehung aufgegeben. Allerdings tritt dabei die Angst wieder auf, die vorher durch Machtergreifung und Feindbildung gebunden war. Die für die Psychoanalyse charakteristische Wiederherstellung des Bezugs zwischen Verhalten und Erleben oder zwischen Verhalten und Person *(argumentum ad hominem)* wird wissenschaftstheoretisch oft als Spekulation verurteilt, da die einem bestimmten Verhalten zugrundeliegenden Gefühle nicht objektiv nachprüfbar, sondern nur intuitiv erfahrbar sind. Wendet ein Psychoanalytiker dieses Prinzip außerhalb des Rahmens seiner therapeutischen Tätigkeit an, indem er versucht, etwa in irgendwelchen Verhandlungen, in wissenschaftlichen Diskussionen oder auch im Kollegenkreis ein bestimmtes Verhalten auf die Konfliktlage der sich verhaltenden Person zu beziehen, d. h. die Person – vielleicht sich selber – hinter dem Verhalten wiedererkennbar zu machen, dann trifft ihn oft der Vorwurf des Psychologisierens. Dieser Vorwurf und die dahinterstehende Angst machen deutlich, wie bedrohlich intrapsychisch und interpsychisch das Erkennen von Konflikten als Grundlage von Verhalten ist. Ich glaube, daß dieses Gefühl von Bedrohlichkeit daraus resultiert, daß wir gewohnt sind, jemanden als in irgendeiner Weise krank oder »verrückt« auszustoßen, der aus seiner persönlichen Konfliktlage heraus handelt. Obwohl wir Psychoanalytiker gleichzeitig wissen, daß kein Mensch jemals nicht aus dieser Lage heraus handelt, haben wir doch leicht das Gefühl, einen »Neurotiker« (Feind) vor uns zu haben oder selber einer zu sein, wenn der Bezug zwischen unseren Gefühlen und unserem Verhalten erkennbar wird.

Diese Problematik spielt auch für die Frage des politischen Engagements im engeren Sinn eine große Rolle. Hier bewegen sich die Schuld- und Traumatheorien zwischen der These »Die Gesellschaft ist an allem schuld« und der anderen »Es ist das Problem des einzelnen, wenn er mit der Gesellschaft in Konflikt gerät.« Ich möchte mit meiner Theorie vom Erkennen und Auflösen der eigenen Beteiligung an der gemeinsamen Unterdrückung nicht so mißverstanden werden, als wollte ich damit sagen: Jeder suche die Schuld bei sich anstatt beim anderen. Mir geht es vielmehr darum, daß die Schuldzuschreibung aufhören kann, sobald nicht mehr entschieden werden muß, wer »krank« oder »schuldig« ist, der Patient oder die Umwelt, das Individuum oder die Gesellschaft. Dazu könnte gesehen werden, daß bei einem zwischenmenschlichen Konflikt bei allen Beteiligten Wünsche und Ängste und entsprechende gemeinsame oder korrespondierende Abwehrmechanismen bestehen. Solange jeder nur darauf wartet, daß die anderen die Waffen ablegen, weil er seine eigene Bewaffnung nicht sieht oder erst als zweiter aufgeben will, bleiben alle durch Ideologie und Gegenideologie aneinander gebunden. Wenn die eigene Ideologie nicht als Kompromißbildung zwischen Wünschen und Ängsten erkannt und aufgegeben werden kann, bleibt nur die Feindbildung, d. h. die Etikettierung von »defekten« Personen (Patienten) oder die Bildung einer Gegenideologie als Schutz gegen die Angst.

Der wesentliche Unterschied zwischen den beiden Revolutionstheorien besteht im Umgang mit der Angst. Im ersten Fall wird versucht, Angst und Ohnmacht in Macht zu verwandeln, wodurch die »Aufrüstung« eskaliert, im zweiten Fall wird Angst als solche erkannt und eventuell mitgeteilt, was zur Möglichkeit des Kontakts als Alternative zur Feind- und Ideologiebildung führt. Jeder Mensch schwankt zwischen den beiden Formen der Angstbewältigung hin und her, je nachdem, ob er eine Chance sieht, seine Angst zuzulassen und mitzuteilen oder nicht. Uns Analytikern geht es nicht anders. Trotzdem haben wir, so meine ich, eine besondere Verantwortung, nicht für andere, sondern für uns selbst und die Art unserer Beziehungen. Wir sind durch unsere Ausbildung Experten in einer Wissenschaft, die eine Theorie der friedlichen Revolution entwickelt hat, einer Revolution, die zwar allen Beteiligten das Erleben der Angst nicht erspart, die aber doch einen echten Befreiungsweg darstellt.

Diesem meinem Plädoyer für die Auflösung von Feindbildern im weitesten, auch politischen Sinn wird oft kritisch entgegengehalten, ich übersähe naiv psychologisierend die gesellschaftlichen Machtverhältnisse und die politischen und ökonomischen Interessen, die hinter diesen Machtverhältnissen stehen. Mir wird dann ein primitiver Optimismus in bezug auf die Erreichbarkeit harmonischer zwischenmenschlicher Beziehungen unterstellt, der die eigensüchtigen und machthungrigen Interessen einzelner Individuen und ganzer Bevölkerungsgruppen verleugne. Der von mir aufgezeigte Weg der Auflösung von Machtstrukturen sei vielleicht in einer gelingenden psychoanalytischen Paartherapie möglich, im politischen Bereich gälten aber ganz andere Regeln, die darauf beruhten, daß ein echter Leidensdruck, wie er in psychoanalytischen Therapien möglich und nötig ist, nicht zugelassen werden kann. Es sei auch naiv und unrealistisch, anzunehmen, daß in allen Fällen von Unterdrückung die Unterdrückten – so zum Beispiel die Gefangenen in Konzentrationslagern – an ihrer Unterdrückung mitbeteiligt seien.

Ich glaube, daß an dieser Kritik vor allem zwei Mißverständnisse beteiligt sind: einmal die Vorstellung, daß das Verständnis für die Motive des »Feindes« ein Hinnehmen von dessen Handlungen zur Folge haben müsse, also Lähmung und damit Ausgeliefertsein mit sich bringt; zum anderen die meist unbewußte Phantasie, daß die Stabilität, die mit der Auflösung des Feindbildes verlorengeht, durch eine gleichwertige Sicherheit – möglichst einen garantiert sicheren Weg zum Frieden – ersetzt werden kann und muß.

Doch ich sehe nicht nur Machtverhältnisse im Bereich therapeutischer Beziehungen, sondern ich sehe auch die »handfesten« Interessen von einzelnen und Gruppen, die scheinbar nichts anderes anstreben, als sich auf Kosten anderer zu bereichern, oder die in der »Tödlichen Utopie der Sicherheit«[40] durch Rüstung leben. Ich meine allerdings, daß es die *Phantasie* von der objektiven Gegebenheit und Überlegenheit solcher Interessen und Abwehrhaltungen ist, die zur Resignation und damit zur Lähmung und Untätigkeit führt, und nicht das aufdeckende Verständnis der Psychodynamik von Ängsten und Wünschen der Mächtigen und der Ohnmächtigen. Das Aufdecken und Durchstehen von Konflikten bringt zunächst mehr Angst und Risiko mit sich, als sie in der durch Feindbilder und Rüstung gewährleisteten Scheinsicherheit erlebt werden. Freilich gibt es viele Situationen, in denen die Angst so groß und die Verteilung struktureller, materieller, physischer oder psychischer Macht so einseitig ist, daß es der Unterdrückte nicht mehr wagen kann, sich aufzulehnen, und der Unterdrücker keine Veranlassung sieht, auf die Ausübung seiner Macht zu verzichten. Solche Situationen sind nicht nur in Konzentrationslagern oder in den Beziehungen zwischen Entwicklungsländern und Industrienationen gegeben, sondern der Möglichkeit nach in allen zwischenmenschlichen Beziehungen. Die Existenz solcher »aussichtsloser« oder starrer Machtbeziehungen muß uns aber meiner Meinung nach nicht davon abhalten, auch hier die Verteilung von Macht und Ohnmacht oder Macht und Angst zwischen Menschen oder Menschengruppen zu sehen und neben den »handfesten« politischen und ökonomischen Interessen auch das vielleicht nicht weniger »handfeste« Interesse der Unterdrückten und Bedrohten am Überleben zu beachten – wodurch der Konflikt in seiner ganzen Schärfe zum Vorschein kommt.

### *e) Die Angst der Psychoanalytiker, sich politisch zu engagieren*

Versteht sich nun der Psychoanalytiker grundsätzlich als einer, der Ideologien dadurch aufhebt, daß er sie als Konfliktlösungen zwischen Wünschen und Ängsten bzw. zwischen Wünschen und Sicherheitsbedürfnissen begreift, dann erfüllt er meiner Ansicht nach in all seinen Tätigkeitsbereichen eine wichtige emanzipatorische und damit im weitesten Sinn politische Funktion[41]. Er fühlt sich dann dafür zuständig, daß immer wieder die Tatsache aufgedeckt wird, daß Ideologien (Unterdrückungs- und Abwehrmechanismen) durch Gegenideologien (Feindbildung) beantwortet werden und dadurch der Dialog abzureißen droht. Anstelle des Umkippens der Herr-Knecht-Beziehung (erste Revolutionstheorie) kann durch das Eingreifen des Psychoanalytikers (das Erkennen der eigenen Beteiligung an der Szene) die Möglichkeit einer Solidarisierung oder Verständigung ohne Feindbildung treten, weil die abgespaltenen Konfliktanteile wieder ins Bewußtsein gelassen werden (zweite Revolutionstheorie).

Diese Veränderung ist nicht ohne die Erkenntnis der eigenen Beteiligung an der gemeinsamen Abwehr und ohne den damit verbundenen Schritt in die Unsicherheit möglich. Die Alternative zu diesem Prozeß ist das Verharren in mörderischen und selbstmörderischen Machtbeziehungen, die wir uns in unserer gegenwärtigen politischen und gesellschaftlichen Situation nicht länger leisten können.

Für mich ist dieses Grundprinzip der Auflösung von Machtbeziehungen in jeder Form von psychoanalytischer Therapie von zentraler Bedeutung. Für die psychoanalytische Therapeut-Patient-Beziehung in der Einzeltherapie und in der Familientherapie habe ich den Prozeß der Machtauflösung und die damit verbundenen Ängste bei Patienten und Therapeuten ausführlich beschrieben[42]. Ich glaube auch, daß ein dialektisch-emanzipatorisches Verständis der therapeutischen Beziehung es den Psychoanalytikern zunehmend ermöglichen wird, ihre Erfahrungen auf außertherapeutische Beziehungen zu übertragen, wie z. B. auf die Beziehungen im Kollegenkreis der psychoanalytischen Institute und Vereinigungen und auf die Haltung zu politischen Fragen überhaupt.

Die Ängste bei der Auflösung hierarchischer Beziehungsstrukturen werden im Kollegenkreis besonders deutlich. Die oben beschriebenen Abwehr- und Anpassungsmechanismen der Psychoanalytiker sind hier genauso wirksam, obwohl manch einer glauben mag, daß die Psychoanalytiker als »durchanalysierte« Menschen solche Mechanismen nicht mehr nötig hätten.

In der Berufspolitik sind die psychoanalytischen Vereinigungen anderen gesellschaftlichen und politischen Organisationen ähnlich. Wenige »Funktionäre« sind beauftragt, Politik zu machen, die anderen glauben und hoffen, ihre diesbezügliche Verantwortung an jene delegieren zu können. Die wenigen haben den Auftrag, möglichst viel für die Existenzsicherung ihrer Berufskollegen zu tun, sie haben keinen Auftrag, Machtstrukturen emanzipatorisch in Frage zu stellen. Weil »zu Hause«, in den Instituten, sich so viele der kritischen Reflexion ihrer Identität entziehen, weil dort kein »Nest« ist, in dem direkte Auseinandersetzungen gewagt werden, weil innerhalb der Institute so wenig emanzipatorische Identität erworben werden kann, deshalb bleiben die wenigen Funktionäre darauf angewiesen, sich an die allgemeinen Machtstrategien unserer politischen Öffentlichkeit anzupassen. Sie haben keinen Rückhalt unter den Kollegen, der es ihnen ermöglichen würde, in dem Sinn politisch wirksam zu werden, daß sie selbst auf Machtstrategien verzichten und dadurch im Kollektiv Machtstrategien in Frage stellen[43].

Diese Delegation von Verantwortung an wenige führte in den psychoanalytischen Instituten und Fachgesellschaften genau wie in der übrigen Gesellschaft zur Bildung von hierarchischen Strukturen, denn wer die Verantwortung für andere trägt, hat auch Macht über sie. Eine Auflösung dieser Machtstrukturen von Infantilisierung und Parentifizierung zwischen Kollegen würde allen Beteiligten Angst machen. Allzu leicht wird aus dieser Angst heraus jemand, der die traditionellen Strukturen durch den

Wunsch nach Rückgabe delegierter Verantwortung in Frage stellt, als Neurotiker etikettiert, denn das Abweichungsetikett ist schnell bei der Hand, wenn wir uns vor der direkten Auseinandersetzung fürchten.

Auf die Gefahren des Dogmatismus und der Sektenbildung in den psychoanalytischen Ausbildungsinstituten haben insbesondere Parin[44] und Cremerius[45] hingewiesen[46]. Parin zeigt auf, wie oft die soziale Realität der psychoanalytischen Ausbildungsinstitute den Erkenntnissen der Psychoanalyse widerspricht. Und H. E. Richter schreibt: »Der Narzißmus, seit einiger Zeit Hauptthema der psychoanalytischen Forschung, ist längst zu einem Syndrom der einschlägigen Fachgesellschaften selbst geworden«[47]. Ich meine, daß wir diese verhärteten Strukturen nicht dadurch auflösen können, daß wir sie als »Feind« brandmarken, sondern nur dadurch, daß wir unsere eigene Beteiligung daran erkennen und aufgeben. Man kann kein System in Frage stellen, solange man sich von ihm in der eigenen Existenz gehalten fühlt.

Ich verstehe den vielerorts in den Instituten zu beobachtenden Dogmatismus und die entsprechende indoktrinierende Ausbildung nicht nur als die hartnäckige Verteidigung einer Überzeugung, sondern ich sehe diese erstarrten Beziehungsformen vor allem als Ausdruck von Angst und der daraus folgenden Unfähigkeit, die vertretenen Ansichten auf die Person dessen zu beziehen, der diese Angst hat. Weil der Bezug zur Person nicht erkannt wurde und die entsprechende Auseinandersetzung zwischen den Personen nicht möglich war, mußten immer wieder »Abweichler« aus der psychoanalytischen Gesellschaft ausgeschlossen werden. Freud selbst fühlte sich von den abweichenden »Söhnen« bedroht, da der in der Abweichung auch enthaltene Versuch, den Vater zu entthronen, nicht analytisch aufgelöst werden konnte. Die psychoanalytische Theorie nahm durch solche Ausschlüsse insofern Schaden, als die Verabsolutierung einer Lehre diese der weiteren Diskussion entzieht und damit die den jeweiligen historischen und gesellschaftlichen Gegebenheiten entsprechenden Veränderungen erschwert. Eine erstarrte Lehre aber ist unfähig, starre gesellschaftliche Verhältnisse kritisch zu hinterfragen. Nur eine lebendige, selbstkritische (auf die Person der jeweiligen Autoren beziehbare) Theorie kann auch nach außen hin Anstöße zur Veränderung geben.

Um nicht mißverstanden zu werden: Ich möchte nicht dazu anregen, Abweichungen in der Theorie auf persönliche Pathologie zu reduzieren. Ich möchte vielmehr darauf aufmerksam machen, daß niemand aus einer anderen Persönlichkeitsstruktur heraus argumentiert als aus der eigenen. Wenn wir uns das jeweils selbst und untereinander zugestehen, wird unsere Theorie und unsere Ausbildungstätigkeit aus der Starre des Dogmatismus herausfinden. Obwohl solche Veränderungen sehr schwierig und riskant sind und viel Angst auslösen, halte ich es doch für sinnvoll, wenn wir uns gemeinsam auf unsere dialektischen Möglichkeiten besinnen und versuchen, soweit es unsere Angst zuläßt, diese auch im Kollegenkreis wirksam werden zu lassen. Ich halte diesen Versuch für einen wichtigen Schritt im politischen Engagement der Psychoanalytiker.

Das Problem des direkten Eingreifens in politische Auseinandersetzungen durch Psychoanalytiker wurde schon von mehreren Autoren reflektiert. Parin spricht wohl aus eigener Erfahrung, wenn er schreibt, daß der Psychoanalytiker »riskiert, die Achtung und Unterstützung seiner Gruppe zu verlieren, wenn er zu brennenden Zeitfragen Stellung nimmt«[48]. Er beschreibt auch, wie ein solches Engagement häufig von Kollegen beurteilt wird, nämlich als Versuch, persönliche Konflikte zu lösen[49]. Ich glaube, daß die Gefahr, unter den Kollegen durch politisches Engagement ins Abseits zu geraten, mit der Zunahme des allgemeinen Bewußtseins davon, daß die anstehende politischen Probleme jedermann angehen, abnimmt. Insofern ist die Isolationsgefahr als Grund für das geringe politische Engagement der Psychoanalytiker heute wohl nicht mehr so ausschlaggebend wie zu der Zeit, als Parin diese Zeilen schrieb.

Bei der Durchsicht der entsprechenden Literatur ging es mir auch darum, herauszufinden, wie sich Psychoanalytiker ein politisches Engagement vorstellen. Hier gehen die Meinungen weit auseinander. Als ersten Schritt zur Aufhebung des »unpolitischen« Individualismus (der Patient muß lernen, besser mit der Realität umzugehen) sehe ich Parins Position, die den Einfluß der objektiven oder äußeren Realität auf das Individuum wieder hervorhebt. Seine »Gesellschaftskritik im Deutungsprozeß«[50] besteht darin, »daß der Analytiker erkennen muß, welche Einflüsse die Makrosozietät eines Volkes, einer Klasse, einer sozialen Schicht auf einen Analysanden ausgeübt hat und noch ausübt«[51], und »weil die gesellschaftliche Gegenwart nicht wahrgenommen wird, fällt dem Analytiker die Aufgabe zu, sie so weit zu klären, bis das Ich imstande ist, die gegenwärtige Lage den unbewußten Erwartungen und Befürchtungen gegenüberzustellen«[52]. Parin versucht auf diese Weise, die Identifikationen mit sozialen Rollen in den Deutungsprozeß einzubeziehen und dadurch aufzulösen. Dazu müsse der Analytiker von der dialektisch-materialistischen Gesellschaftstheorie mehr wissen, als er im allgemeinen weiß, und dürfe die Produktions- und Machtverhältnisse nicht für unveränderbar halten. Soweit es sich bei dieser Art von Deutungen nicht um Indoktrination und Suggestion handelt – und Parin sieht diese Gefahr –, kann ich mir vorstellen, daß es sich bei der von Parin vorgeschlagenen Einbeziehung gesellschaftlicher Konflikte in den psychoanalytischen Prozeß um mögliche emanzipatorische Schritte handelt. Gefährlich finde ich jedoch die Haltung mancher »linker« Psychoanalytiker, die versuchen, ihre Patienten durch intellektuelle Aufklärung zu politisieren, wobei deutlich wird, daß sie anstatt auf den »natürlichen Auftrieb des Unbewußten« zu vertrauen, Macht ausüben und den Patienten ihre Ideologie suggerieren[53]. Sie folgen damit der alten Vorstellung, daß politisches Engagement in der Psychoanalyse im Gegensatz zum subjektivistischen Selbstmißverständnis darin bestehe, psychische Störungen nicht auf intrapsychische Konflikte, sondern – ebenso einseitig – auf gesellschaftliche Probleme zurückzuführen und die Patienten entsprechend aufzuklären. Ein Psychoanalytiker, der in seiner Ideologie zum Schutzengel der Bedrückten wird, ist als Person selbst nicht erlebbar. Er reduziert sich auf die Funktion des »Guten« und kann deswegen nicht angegriffen werden. So stellt sich diese Haltung trotz ihres politischen Anspruchs als unpolitisch, d. h. als systemimmanent heraus.

Eine andere Vorstellung von der politischen Bedeutung der Psychoanalyse hat Fürstenau. Er ist der Meinung, daß die Psychoanalyse »eine ausgesprochen *unpolitische* wissenschaftliche Kompetenz darstellt«[54]. »Trotz ihrer umfassenden Perspektive auf die gesellschaftlich-geschichtliche Welt des Menschen ist die Psychoanalyse nicht politisch anwendbar im Sinne einer Verwertung für kollektive Neunormierungen menschlicher Lebensverhältnisse«[55]. Füchtner[56] vertritt meiner Meinung nach zu Recht die Auffassung, daß Fürstenau selbst in der von ihm beschriebenen psychoanalytischen Institutionsberatung politisch tätig ist, nämlich indem er pädagogisch und manipulativ arbeitet und dadurch die bestehenden Verhältnisse aufrechterhält. Es ist ja grundsätzlich zu fragen, ob überhaupt irgendeine Haltung politisch irrelevant sein kann. Ich meine, daß auch die politische Passivität und die Anpassung an die gegebenen Machtstrukturen politisch bedeutsam sind und persönlich verantwortet werden müssen. Deshalb stellt sich vielleicht gar nicht die Frage, *ob* man sich politisch engagiert, sondern vielmehr die Frage, welche politische Bedeutung die eigene Haltung in Beziehungen jeder Art hat.

Damit wäre aber auch politisches Engagement nicht mehr als ein bestimmtes *Verhalten* zu verstehen. Es geht vielmehr darum, ob man sich in einer emanzipatorischen *Beziehung* zur Umwelt befindet oder nicht. Diese emanzipatorische Beziehung ist nach meiner Ansicht das zentrale Moment der Psychoanalyse. Sie impliziert eine Haltung, die darin besteht, Beziehungen, in denen wir leben, bewußt oder relevant werden zu lassen bzw. uns selbst als einen Teil dieser Beziehungen zu erleben. Das in dieser Haltung liegende Prinzip der Aufklärung oder der Ideologiekritik ist grundsätzlich antiutopisch, es stellt die jeweils geltende Ordnung in Frage und führt den Menschen durch Entmystifizierung seiner Beziehungen an den Punkt, an dem er sich entscheiden muß. Gleichzeitig bleibt jeder frei, sich der eigenen Angst und Abwehrnotwendigkeit entsprechend zu entscheiden. In dieser dialektisch-emanzipatorischen Haltung sieht der Psychoanalytiker seine eigenen Konflikte und Konfliktlösungen parallel zu denen seiner Patienten, seiner Kollegen, anderer Beziehungspartner und auch zu den gesamtgesellschaftlichen Konfliktlösungen. Er läßt sich auf das Erleben der die jeweiligen Abwehrsysteme bedingenden Konfliktlösungen ein und versucht, die darunter liegenden Wünsche und Ängste bei sich selbst und anderen wieder zuzulassen. Sobald er oder seine Beziehungspartner neue Konfliktlösungen zugelassen haben, werden sie automatisch kritischer und damit auch politisch engagierter.

Horn schreibt: »Kern des Widerstandes gegen Psychoanalyse scheint mir ... unverändert ... Angst vor Selbstbestimmung zu sein!«[57] Ich meine, daß dieser Satz nicht nur außerhalb der Psychoanalyse gilt. Die Angst vor der Individuation, vor dem Erkanntwerden als der, der man ist, hindert wohl auch uns Psychoanalytiker am meisten daran, in dem oben beschriebenen Sinn politisch aktiv und bemerkbar zu werden. Freuds revolutionärer Ausbruch begann mit der Selbstanalyse. Er bestand wesentlich in dem Versuch, so ehrlich wie möglich für sich selbst und andere erkennbar zu werden, woraus er die analytische Grundregel für Patienten und Analytiker entwickelte: Alles, auch das, was unangenehm und überflüssig erschien, sollte ans Licht kommen und das bestehende System verändern helfen. In unserer Zeit hängt das Weiterbestehen der Menschheit davon ab, ob der Wunsch zu leben und die Angst vor der realen Bedrohung im kollektiven Bewußtsein und im Bewußtsein jedes einzelnen so deutlich zugelassen werden kann, daß entsprechende lebenserhaltende Maßnahmen noch rechtzeitig möglich werden. Es geht um die Entmystifizierung der Feindbilder und der Ideologie der Sicherheit durch Stärke. Es geht darum, daß Psychoanalytiker ihr Wissen um die Irrelevanz kurzfristiger Symptombeseitigung (Krisenmanagement) in die öffentliche Diskussion einbringen. Wir wissen, daß Rückfälle in Machtstrukturen so lange zu befürchten sind, wie noch keine veränderten Beziehungsstrukturen entwickelt werden konnten. Wir wissen, daß die Kriegsgefahr nicht durch erhöhten Druck und größere Angst der Gegner beseitigt werden kann, sondern nur durch Bewußtseinsveränderung im eigenen Lager. Aus diesem Wissen heraus sind wir der vorschnellen Beruhigung durch Täuschungsmanöver der Propaganda vielleicht etwas weniger ausgeliefert als andere. Dieses kritische Bewußtsein gilt es zu erhalten und weiterzuvermitteln.

Reich hoffte noch, »daß die Weltkatastrophe ein Stadium erreichen wird, in dem die Menschenmassen gezwungen sein werden, sich selbst in ihrem gesellschaftlichen Verhalten zu durchschauen, sich selbst umzuwandeln und die schwere Bürde der gesellschaftlichen Verantwortung selbst zu übernehmen«[58]. Da wir keine

Wahl haben, bleibt uns nichts anderes übrig, als die aktuelle Bedrohung zum Anlaß zu nehmen, uns auf die dialektische Befreiungstheorie zu besinnen, die in der Psychoanalyse enthalten ist. Wir müssen aufhören, nur strategisch zu denken, ständig Ohnmachtsgefühle in Macht verwandeln zu suchen und uns in unseren Größenphantasien über unsere tatsächliche Ohnmacht hinwegzutäuschen. Leben können wir nicht machen; was wir machen können, ist höchstens der Tod. Wir können nur versuchen, Leben nicht zu zerstören – auch und vor allem in uns selbst.

## 3. Der Traum als Hüter des Schlafes – ein politisches Thema

Viele Teile der Freudschen Theorie wurden seit der Zeit ihrer Entstehung durch neue Erkenntnisse und Weiterentwicklungen überholt. Die naturwissenschaftliche Forschung widerlegte manche von Freuds Annahmen, vor allem auf neurologischem Gebiet, die geschichtliche Entwicklung seit Freud brachte neue Einsichten in die Mechanismen gesellschaftlicher und politischer Zusammenhänge, die Freud noch nicht hatte und noch nicht haben konnte.

Einige wichtige Teile der Freudschen Theorie sind jedoch wegen ihrer Grundsätzlichkeit nicht überholt. Wenn man sie im Freudschen Sinn weiterentwickelt, veralten sie auch nicht, im Gegenteil, die immense Kreativität von Freuds Auf-der-Suche-Sein und seine Bereitschaft, Theorien als Bilder von der Wirklichkeit zu verstehen, die sich verändern können und müssen, regen den Leser, der in ähnlicher Weise auf der Suche ist, immer wieder zu eigener Kreativität, zu eigenen Entdeckungen, und damit zur eigenen persönlichen Weiterentwicklung an.

Für mich hat das emanzipatorische Element des Freudschen Denkens ganz besonderen Wert. Ich sehe darin ein Grundprinzip befriedigender Lebendigkeit; damit meine ich, daß verfestigte Strukturen im Individuum und zwischen Individuen immer wieder relativiert und gelockert werden können durch die Frage: Bin ich, sind wir so zufrieden, wie wir leben, oder fühlen wir uns durch Konventionen eingeschränkt, die sich verselbständigt haben? Ich sehe in Freuds emanzipatorischem Ansatz eine Revolutionstheorie, die nicht – wie das so oft bei Revolutionen der Fall ist – den bisher »Unteren« zur Herrschaft über die bisher »Oberen« verhilft, sondern eine ständige Infragestellung und Veränderung verfestigter Herrschaftsstrukturen anstrebt[1]. Eine solche Revolutionstheorie, so scheint mir, ist uns heute nötiger denn je, da wir uns wegen der Gefährlichkeit unserer Waffen keinerlei kriegerische Machtwechsel mehr leisten können.

Ich möchte hier das Freudsche Bild vom Traum als Hüter des Schlafes zum Anlaß nehmen, über unsere gegenwärtige politische und gesellschaftliche Situation nachzudenken, die Abwehrmechanismen zu untersuchen, die wir bewußt oder unbewußt einsetzen, um unsere Angst in erträglichen Grenzen zu halten, und mir Gedanken darüber machen, was es bedeutet, das Veränderungspotential von Träumen bzw. den »natürlichen Auftrieb des Unbewußten«[2] in unserer heutigen politischen Situation wirksam werden zu lassen. Ich meine, daß sich aus solchen Überlegungen eine ganz besondere politische Verantwortung der Psychoanalytiker im gegenwärtigen Veränderungsprozeß ergibt, die ich ebenfalls beschreiben möchte.

Um Mißverständnissen vorzubeugen: Dies ist kein Vortrag über die »objektive« Funktion des Traumes oder des Schlafes, wie man sie naturwissenschaftlich erforschen kann. Dies ist ein Versuch, Freuds Bildersprache, die wegen ihres revolutionären Gehalts so anregend und aufregend ist, zum Ausgangspunkt für die Betrachtung unserer individuellen und kollektiven Veränderungsmöglichkeiten zu machen. Die Beschäftigung mit dem Traum bedeutete für Freud die erste und zeitlebens die wichtigste Form der Annäherung an ein Verständnis des individuellen Unbewußten, der Abwehrmechanismen, der Symptombildung, ja der Psychodynamik überhaupt[3]. Inzwischen hat sich die Psychoanalyse weiterentwickelt; das Forschungsinteresse hat sich von der Psychodynamik des Individuums auf die Psychodynamik des Kollektivs erweitert[4]. Wir können deshalb auch bei der Untersuchung soziodynamischer Prozesse der »via regia zum Unbewußten«, dem Traum, folgen, um zu verstehen, was uns in unsere gefährliche politische Lage gebracht hat, und was uns vielleicht daraus wieder befreien könnte[5].

### *a) Der Schlaf als Rückzug aus der Außenwelt*

Freud schrieb 1916 über den Schlaf: »Der Schlaf ist ein Zustand, in welchem ich nichts von der Außenwelt wissen will, mein Interesse von ihr abgezogen habe ... Beim Einschlafen sage ich also zur Außenwelt: Laß mich in Ruhe, denn ich will schlafen ... Wir ziehen uns ... zeitweise in den vorweltlichen Zustand zurück, in die Mutterleibsexistenz also.«[6] Im Zusammenhang mit der Darstellung der Narzißmustheorie beschrieb er den Schlaf als einen »Zustand ..., in welchem alle Objektbesetzungen ... aufgegeben und ins Ich zurückgezogen werden«[7]. Er verglich diesen Rückzug mit dem Rückzug der Pseudopodien von Amöben[8], und so entstand das Urbild der Freudschen Narzißmustheorie: Das Individuum will nichts mehr von der unangenehmen Umwelt wissen, und zieht sich in den geborgenen Zustand der »seligen Isolierung im Intrauterinleben«[9] zurück.

Aber: »Die reizlose Ruhe, welche der Schlafzustand herstellen möchte, wird von drei Seiten bedroht, in mehr zufälliger Weise von äußeren Reizen während des Schlafs und von Tagesinteressen, die sich nicht abbrechen lassen, in unvermeidlicher Weise von den ungesättigten verdrängten Triebregungen, die auf die Gelegenheit zur Äußerung lauern.«[10]

Was Freud hier für den Schlaf und für die Störfaktoren des Schlafes beschreibt, ist, so meine ich, gleichzeitig die Beschreibung eines Zustands, in dem wir uns alle mehr oder weniger ständig befinden. Wir möchten uns zurückziehen, nichts mehr wissen von der Umwelt, nicht angefordert werden, nicht schuldig sein, nicht in Konflikte geraten. Wir möchten die (narzißtische) Größe haben, von unserer Umwelt, von unseren Mitmenschen nicht abhängig zu sein, nicht betroffen von den politischen und gesellschaftlichen Ereignissen und Gefahren, nicht beteiligt an der Situation, in der wir uns zusammen mit allen anderen Menschen und Lebewesen dieser Welt befinden. Wir phantasieren uns gleichzeitig die totale Ohnmacht und die totale Allmacht, nur um nicht die »Pseudopodien«, unsere fühlenden und eingreifenden Arme ausstrecken zu müssen. Lieber halten wir uns dem äußeren Geschehen gegenüber für ohnmächtig, als eingreifen zu können und zu müssen. Lieber halten wir uns für allmächtig, geborgen in einer Nische, in der wir vor allen Gefahren dieser Welt verschont bleiben können, als daß wir die Not und die Angst erleben, die uns befallen, wenn wir uns fühlend auf die Realität unserer Beziehungen zu unseren Mitmenschen, zu unserer Umwelt und auf die Realität unserer politischen Situation einlassen. Wo immer uns die Angst vor der Berührung mit der Umwelt zu groß wird, versuchen wir, die Arme zurückzuziehen, um nichts zu spüren und nicht schuldig zu werden.

Wie die äußeren Reize und die Tagesreste, die immer wieder versuchen, unseren Schlaf zu stören, so versuchen die abgewehrten Abhängigkeiten, Ängste und Nöte unseren narzißtischen Rückzug zu stören. Unsere Paradiesphantasie von der vollständigen und selbstverständlichen Versorgung, von der Freiheit von Bedrohung, Schuld und Anstrengung wird immer wieder durch die Realität gestört. Wie Adam und Eva können wir unsere Triebwünsche nicht auf die Dauer unterdrücken, wir *müssen* »sündigen«, wir können es uns nicht wirklich ersparen, in Konflikte zu geraten, und unser Leben *ist nicht* frei von Bedrohung, auch wenn wir das alles lieber anders hätten.

### *b) Der Traum als Hüter des Schlafes – Über die Stabilisierungsfunktion und die Gefährlichkeit der Abwehrmechanismen*

Um sich die Psychodynamik des Traumes zu erklären, stellte sich Freud vor, daß der Traum als Hüter des Schlafes über diesen wacht und so den Schlafenden, so weit es in den Kräften dieses »Nachtwächters« steht, vor unerwünschten Störungen bewahrt. Freud schreibt: »In gewissem Sinne sind alle Träume – *Bequemlichkeitsträume*; sie dienen der Absicht, den Schlaf fortzusetzen, anstatt zu erwachen. *Der Traum ist der Wächter des Schlafes, nicht sein Störer* ... Die Seele kümmert sich überhaupt nicht um die Anlässe zu Sensationen während des Schlafens ...; oder sie verwendet den Traum dazu, diese Reize in Abrede zu stellen, oder drittens, wenn sie dieselben anerkennen muß, so sucht sie jene Deutung derselben auf, welche die aktuelle Sensation als einen Tatbestand einer gewünschten und mit dem Schlafen verträglichen Situation hinstellt. Die aktuelle Sensation wird in einen Traum verflochten, *um ihr die Realität zu rauben.*«[11] Als Beispiel einer solchen »Umdeutung« bringt Freud an anderer Stelle Träume, in denen das Läuten des Weckers in den Traum eingebaut wird, etwa als Glockentöne oder als herunterfallendes Geschirr[12].

Alle diese Mechanismen kennen wir in Zusammenhang mit der Wahrnehmung oder Nichtwahrnehmung unserer politischen Realität: Wir versuchen, uns überhaupt nicht um die unangenehmen Wahrnehmungen aus unserer Umwelt und aus unserer Innenwelt zu kümmern, oder wir verwenden unsere Träume und Phantasien dazu, diese Reize in Abrede zu stellen, oder drittens, wenn wir die Realität solcher Reize anerkennen müssen, so versuchen wir sie so umzudeuten, daß sie als ein Tatbestand erscheinen, der mit dem »Weiterschlafen« verträglich ist. »Die aktuelle Sensation wird in einen Traum verflochten, *um ihr die Realität zu rauben.*«[13] So versuchen wir, die Tatsache, daß immer mehr Tier- und Pflanzenarten endgültig aussterben, einfach nicht zur Kenntnis zu nehmen, oder wir phantasieren, daß der Wald schon auf irgendeine Art und Weise wieder nachwachsen wird, oder wir interpretieren die riesigen Atomwaffenarsenale auf deutschem Boden als Sicherheitsfaktoren, woraus sich dann ergibt, daß wir beruhigt »weiterschlafen« können.

In seinen Ausführungen zur Psychodynamik des Traumes setzt Freud den Traum der Symptombildung gleich, das heißt, er beschreibt am Bild des Traumes die Stabilisierungsfunktion der Abwehrmechanismen und ihr Zustandekommen als Kompromißbildungen zwischen Triebwünschen und der Notwendigkeit, den Schläfer zu beruhigen bzw. nicht aufzuwecken: »Der Traum ... ist bereits eine Kompromißbildung; er hat eine doppelte Funktion, er ist einerseits ichgerecht, indem er durch die Erledigung der schlafstörenden Reize dem Schlafwunsch dient, anderseits gestattet er einer verdrängten Triebregung die unter diesen Verhältnissen mögliche Befriedigung in der Form einer halluzinatorischen Wunscherfüllung. Der ganze vom schlafenden Ich zugelassene Prozeß der Traumbildung steht aber unter der Bedingung der Zensur, die von dem Rest der aufrechterhaltenen Verdrängung ausgeübt wird.«[14]

Vielleicht ist es zulässig, diese Ausführungen Freuds heute so zu verstehen, daß in den Träumen die am Tage noch vollständiger als in der Nacht unterdrückten Wahrnehmungen aus der Innen- und aus der Außenwelt wieder ins Bewußtsein drängen, daß diese Inhalte aber gleichzeitig eine Bearbeitung erfahren, von Freud Traumentstellung genannt, die es dem Schläfer möglich macht, keine direkten Konsequenzen aus seinen Wahrnehmungen zu ziehen. Mit dieser Interpretation kann man auch die Mechanismen genauer untersuchen, die es uns im direkten oder im übertragenen Sinn ermöglichen »weiterzuschlafen«. Unser Seelenleben beruht auf der Fähigkeit, Reize, die unsere psychischen Funktionen stören würden, aus dem Bewußtsein auszuschalten. Ohne diese Fähigkeit könnten wir nicht existieren. Ich halte es für wichtig, diese Notwendigkeit der Abwehr als Auswahl von wichtigen und gleichzeitig erträglichen Reizen zu verstehen. Man gerät sonst leicht in die Gefahr, Abwehrmechanismen von vornherein als etwas Schlechtes oder Pathologisches anzusehen und sie dementsprechend in der Therapie oder auch in der theoretischen Vorstellung zum »Feind« zu erklären, den man bekämpfen muß[15].

Wenn ich nun unter dieser Voraussetzung die Mechanismen der »Traumarbeit« oder der »Traumentstellung«[16] betrachte, dann drängt sich mir die Vorstellung auf, daß wir alle in einem kollektiven Traumvorgang befangen sind, der es uns trotz erheblicher Störungen von innen und von außen ermöglicht, immer wieder scheinbar beruhigt weiterzuschlafen. Diese Abwehr von Wahrnehmungen, die wir nicht aushalten und auch nicht ändern können, hat einerseits einen lebenserhaltenden Sinn. Ohne sie würden wir von Ängsten überflutet und wären außerstande, uns Schritt für Schritt auf den katastrophalen Zustand unserer Innenwelt und unserer Beziehungen zur Außenwelt einzulassen und diese dadurch zu verändern. Auch im Lauf eines psychoanalytischen Prozesses haben die Abwehrmechanismen die Funktion, die Kontrolle aufrechtzuerhalten, solange dies nötig ist. Sie können nur schrittweise mit der Zunahme von Kontakt und Vertrauen aufgegeben werden, wodurch sich eine grundsätzliche Veränderung in den Beziehungen zur Innenwelt, aber auch zur Außenwelt ergibt.

Andererseits ist die Abwehr dort gefährlich, wo sie so weit geht, daß direkt drohende Gefahren nicht mehr mit Hilfe des Angstsignals wahrgenommen werden und wir blindlings in die Gefahr hineinlaufen, ohne Anstrengungen zur Erhaltung unserer Lebensbedingungen zu unternehmen. Diese Psychodynamik kennen wir eigentlich nur bei bewußt oder unbewußt suizidalen Patienten: Sie ersparen sich die Angst vor dem Leben und vor den mit dem Leben verbundenen Konflikten durch Abwehrformen, die den Lebenswunsch in einen Todeswunsch verkehren. Sind wir vielleicht als Kollektiv suizidal, um uns nicht den Konflikten stellen zu müssen, die ein Erwachen unserer Lebenswünsche mit sich brächte?

Die Abwehrnotwendigkeit hat aber noch eine andere gefährliche Seite: Nichts Bedeutsames läßt sich wirklich endgültig beseitigen. Das Verdrängte wirkt in der Gestalt von Symptomen immer in unser Leben und Erleben hinein. Wo sehr viel Verdrängtes unter Kontrolle gehalten werden muß, entsteht wegen dieser Kontrollnotwendigkeit immer mehr Starrheit innerhalb der Person und zwischen den Personen. Diese Situation kennen wir für das Individuum, bei Paarbeziehungen, in Familien, in kleinen und großen und sehr großen Gruppen wie zum Beispiel eines ganzen Kulturkreises. Die Kontrolle des Verdrängten bringt dann für »selbstverständlich« gehaltene Konventionen oder Gesetze oder rigide Abwehrmechanismen hervor, die unser Leben im Extremfall so weit einschränken, daß wir bewußt oder unbewußt beschließen, daß es so nicht mehr lebenswert ist, daß es sich nicht mehr lohnt, sich auf die Lust im Leben und am Leben einzulassen, da diese ja doch nicht zu erreichen ist oder nur kurz wäre oder sofort wieder eingeschränkt würde. Der Zwang der Ideologien, der Machtverhältnisse und anderer kollektiver Abwehrmechanismen bedrückt uns so sehr, daß wir schließlich glauben, nicht mehr leben zu können und zu wollen, nichts mehr verändern zu können und zu wollen, weil ja doch alles keinen Sinn hat. In diesem schwer depressiven Zustand, meine ich, befinden wir uns alle mehr oder weniger, und wir versuchen, ihn zu verleugnen, um überhaupt noch einigermaßen funktionieren zu können. Es soll uns und anderen nicht auffallen, wie sehr wir letztlich schon resigniert haben, wie verzweifelt wir schon sind.

Damit wir diesen Zustand nicht wahrnehmen müssen, bieten sich verschiedene Mechanismen an. Einen davon habe ich schon beschrieben: Wir erklären uns die alarmierenden Signale aus der Umwelt und unsere alarmierende Angst, aber auch die eigentlich alarmierende Starre unserer politischen Beziehungen einfach als »selbstverständlich«, als ganz normal – so als würden wir das Läuten des Weckers als Geläute friedlicher Glocken umdeuten oder für nebensächlich erklären, damit wir uns von ihm nicht in Bewegung setzen lassen müssen. Die schwersten pathologischen Erscheinungen werden unauffällig, wenn wir ihnen den Mantel der Normalität umhängen.

Ein anderer kollektiver Abwehrmechanismus besteht in dem Versuch, die eigene Angst und Verzweiflung dadurch nicht wahrzunehmen, daß man weiterhin und verstärkt mit allen Kräften hinter dem technischen Fortschritt herläuft. In dieser Weise verstehe ich zum Beispiel den gegenwärtig aktuellen Versuch der US-Regierung und im Gefolge auch unserer Regierung, mit ungeheuren finanziellen Mitteln ein Raketenabwehrsystem im Weltraum zu errichten, das bezeichnenderweise »Antigone« genannt wurde.

Die typischen narzißtischen Träume, immer höher zu fliegen, um dem Absturz, der Beschämung zu entgehen, oder schließlich der Versuch, den Absturz in Form des Selbstmords selbst herbeizuführen, um nicht von der Beschämung überrascht zu werden[17], die Träume von Macht und Anerkennung in der Gemeinschaft, wer kennt sie nicht? Und wem dienen sie nicht auch zur Aufrechterhaltung seines »Schlafes«, seiner Phantasie von der Möglichkeit, von all dem Schrecklichen und Bedrohlichen in uns und um uns herum nicht betroffen zu sein?

Und wenn der Traum als »Nachtwächter« versagt, wenn wir aus unseren Angstträumen erwachen, weil die Umdeutung und Verharmlosung nicht mehr gelingt? Auch diese Situation hat Freud psychodynamisch zu verstehen versucht. Er schrieb: »Wir finden zwar, wir hätten besser geschlafen, wenn nicht der Traum gewesen wäre, aber wir haben unrecht; in Wirklichkeit hätten wir ohne die Hilfe des Traumes überhaupt nicht geschlafen. Es ist sein Verdienst, uns etwas zu stören, so wie der Nachtwächter oft nicht umhin kann, einigen Lärm zu machen, während er die Ruhestörer verjagt, die uns durch den Lärm wecken wollen.«[18] Und an anderer Stelle: »Auch der Nachtwächter kommt in die Lage, die Schlafenden zu wecken, wenn er sich nämlich zu schwach fühlt, die Störung oder Gefahr allein zu verscheuchen. Dennoch gelingt es uns machmal, den Schlaf festzuhalten, selbst wenn der Traum bedenklich zu werden und sich zur Angst zu verwandeln beginnt. Wir sagen uns im Schlaf: Es ist doch nur ein Traum und schlafen weiter.«[19]

»Es ist ja nur ein Traum«, so sagen wir uns auch im Wachen oft, wenn wir direkt mit den erschreckenden Alarmzeichen unserer Zeit konfrontiert sind. Das darf und kann doch nur ein Traum sein, der sich als unrealistische Phantasie von wenigen Angstneurotikern in der Friedensbewegung erweisen wird, sobald wir nur richtig aufwachen und die Dinge wieder nüchtern und realistisch betrachten. So kann sogar das Erwachen aus dem Traum wieder die Funktion bekommen, in der sogenannten realistischen Einschätzung der Gegebenheiten und Möglichkeiten »weiterzuschlafen«. Der »Schlaf« der sogenannten »Realpolitiker« oder auch der »Realisten« in der Bevölkerung beruht zum großen Teil auf der Abspaltung des Affekts von der Vorstellung. Zwar sind die bedrohlichen Daten alle verfügbar und bewußt, aber sie lösen keine Angst mehr aus. Sie dürfen keine Angst mehr auslösen, weil Angst die Funktionsfähigkeit stören könnte. Und weil wir uns nur für sicher halten, wenn wir glauben, »alles im Griff« zu haben, auch wenn diese Phantasie nur ein mehr oder weniger frommer Selbstbetrug ist.

Die Beurteilung der Abwehrmechanismen als stabilisierend oder als einschränkend, als lebensrettend oder als bedrohlich, hängt ausschließlich von der Perspektive ab, unter der man sie betrachtet. Im Grund sind immer beide Funktionen in der Abwehr enthalten. Nähert man sich den Abwehrmechanismen unter der Prämisse, daß Angst gefährlich ist, dann erscheinen sie als sinnvolle Sicherheitsvorkehrungen; setzt man aber voraus, daß der Verlust an Lebendigkeit gefährlich ist, dann erscheinen sie wie bedrohliche, gegen das Leben gerichtete Gewalt.

*c) Das Veränderungspotential des Unbewußten in den Träumen*

Das ist ja *nur* ein Traum. Gerade dieses »Nur« stellte Freud mit seinem Lebenswerk in Frage. Träume waren in der wissenschaftlichen Welt seiner Zeit unwichtige, nicht erwähnenswerte Erscheinungen, die man bestenfalls mit den Mitteln der »exakten« Wissenschaft als Ausdruck neurologischer Phänomene erklären konnte. Das ist in der Zwischenzeit auch reichlich geschehen. Wir wissen viel über die REM-Phasen, ja sogar über die physiologische Notwendigkeit des Traumes für einen erholsamen Schlaf. Aber was es bedeutet, den Traum und damit das Unbewußte als Ausgangspotential für Bewußtseinsveränderungen zu verstehen und zu nützen, das kann uns kein neurologisches Experiment erklären, diese Erkenntnis geht noch immer auf Freuds Entdeckung der Abwehrmechanismen und ihrer Psychodynamik zurück.

In den letzten Jahren entstanden einige Arbeiten, die sich mit der Entstehungsgeschichte und der Zusammensetzung der oben beschriebenen »Träume«, Phantasien, Symptome und Herschaftsstrukturen beschäftigen. Johan Galtung[20] hat diese Mechanismen für den gesellschaftlichen Bereich unter dem Begriff »strukturelle Gewalt« beschrieben, Mario Erdheim (1982) beschrieb »die gesellschaftliche Produktion von Unbewußtheit«, und ich selbst bin der Entstehung und der Auflösung von Machtstrukturen in Familien und in der Gesellschaft nachgegangen[21]. In diesen Arbeiten geht es darum, daß alles, was uns in unserer Stabilität als selbstsichere Individuen, was die Stabilität unserer Gesellschaft bedrohen könnte, automatisch aus unserem Wachbewußtsein, aus unseren zwischenmenschlichen oder gesellschaftlichen Beziehungen ausgeschlossen wird. Alles: Das sind Wahrnehmungen, Wünsche, Phantasien, Gefühle von »innen« und »außen«. Nach Freuds Bild vom narzißtischen Zustand des Menschen stehen wir alle mit mehr oder weniger »zurückgezogenen Armen« da, mit einer Schutzmauer um uns herum, lebendig begraben wie Antigone, ängstlich wachend über unser positives Bild von uns selbst und gekränkt, eventuell auch kriegerisch reagierend, wenn dieses Bild in Frage gestellt wird. Viele Unterdrückungsmechanismen sind für die Aufrechterhaltung dieses Zustands nötig; wir müssen in uns einen großen Teil unserer Lebenswünsche, unserer Wünsche nach Kontakt mit anderen, auch mit unseren »Feinden« unterdrücken; wir müssen dafür sorgen, daß unsere Feinde unsere Feinde bleiben, damit wir weiterhin alle unsere Abwehr- und Angriffsmanöver als notwendige Reaktionen auf deren Aggressivität interpretieren können und nicht als Ausdruck des Abwehrkampfes gegen unsere eigenen Lebenswünsche begreifen müssen.

Dies ist nämlich eine der wichtigsten Erkenntnisse Freuds, die schon zu seiner Zeit und auch heute immer wieder vergessen oder für unsinnig erklärt wurde und wird: Wir kämpfen nicht nur gegen unsere Feinde, sondern auch gegen unsere eigenen, in uns andrängenden Wünsche. In der heutigen Zeit mag dieser Satz noch unrealistischer klingen als damals. Er wird mir auch immer wieder als falsch, theoretisch, oder sogar als schädlich vorgeworfen. Und doch führt auch nach meiner Vorstellung kein anderer Weg aus der feindselig-narzißtischen Verklammerung als der, auf dem man seine verdrängten Lebenswünsche an den anderen wiederentdeckt und die eigenen Abwehrmechanismen als sinnvolle und nötige Schutzmechanismen *gegen die eigenen Wünsche* versteht.

In Diskussionen wird mir häufig vorgehalten, ich nähme der Friedensbewegung den Wind aus den Segeln, ich würde in altbekannter psychoanalytischer Manier die sozialen und politischen Probleme auf das Individuum zurückverschieben und dieses dadurch unfähig machen, sich politisch zu engagieren. Dieser Punkt, an dem es darum geht, ob man Macht und Mächtigkeit *gegen* den Feind zum Leben und Überleben braucht oder ob lebendige Potenz darin besteht, daß man die Beziehung, die man zu seinen Mitmenschen hat, möglichst vollständig erlebt und sich dementsprechend verhält, dieser Punkt ist wirklich in jeder analytischen Therapie und in jeder zwischenmenschlichen Beziehung ein sehr kritischer Punkt. Es ist der eigentliche Wendepunkt, an dem sich immer wieder entscheidet, ob eine grundsätzliche Veränderung der Beziehungen nach innen und außen möglich wird oder nicht. Müssen wir, die »Guten«, uns zusammenschließen gegen die »Bösen«, um uns und die Welt zu retten, oder müssen wir als Teile des Ganzen, an unserer jeweiligen Stelle im Ganzen, unsere Wünsche an die Umwelt und an bisherige

»Freunde« und »Feinde« wiederentdecken und dafür sorgen, daß diese unsere Wünsche und Bedürfnisse befriedigt werden?

Wenn Freud schreibt: »Der Traum ist eine Wunscherfüllung«[22] und hartnäckig gegen alle Kritik und auch gegen eigene Zweifel an diesem Satz festhält, dann deswegen, weil er erkannt hat, daß eine emanzipatorische Veränderung nur auf der Basis des Wiederauftauchens von Wünschen möglich ist, die vorher abgespalten oder verdrängt waren. Deshalb hält er auch mit großer Zähigkeit daran fest, jedes Symptom, also auch den Traum als Kompromiß aus Wünschen und Abwehrnotwendigkeiten zu verstehen. Die Befreiung der Wünsche durch die Lockerung der Zensur in der Traumdeutung, im Verständnis dieses Kompromisses, ist die Basis für jede grundsätzliche Veränderung. Wir sind, um leben zu können, auf die ständige Wiederkehr des Verdrängten angewiesen, sonst verfallen wir dem »Abwehrtod«.

Wie tröstlich ist es da, bei Freud zu lesen: »Sollte der Traum sich nicht vielmehr fortwährend erneuern, gerade wie die störende Fliege es liebt, immer wieder nach ihrer Vertreibung zurückzukehren? ... Es ist ganz richtig, daß die unbewußten Wünsche immer rege bleiben, sie stellen Wege dar, die immer gangbar sind ... Es ist sogar eine hervorragende Besonderheit unbewußter Vorgänge, daß sie unzerstörbar bleiben.«[23]

Jetzt haben wir die wunscherfüllende, potentiell bewußtseinsverändernde Seite des Traums vor uns, die uns allerdings absurd, falsch, illusorisch, ja gefährlich erscheint, wenn wir uns in dem oben beschriebenen depressiven Zustand befinden, in dem wir glauben, nichts mehr verändern zu können und zu wollen, nicht mehr leben zu können und zu wollen. Die Gewißheit der Psychoanalyse, daß Verdrängtes nicht verlorengeht, hat nicht nur einen bedrohlichen, sondern auch einen emanzipatorischen Aspekt, weil in dieser Perspektive prinzipiell jederzeit die Möglichkeit besteht, Verdrängungen und damit verhärtete kriegerische Strukturen aufzuheben, soweit man es riskieren kann und will, sich auf die eigenen und die fremden Lebenswünsche zu verlassen, und nicht auf die Sicherheit durch Macht und Stärke[24].

Dieses emanzipatorische Verständnis von Träumen, Symptomen, von individuellen und kollektiven Abwehrstrukturen hat nichts mit der in der systemischen Psychotherapie geübten Umdeutung der Symptome als positive Fähigkeiten zu tun. Dort wird gesagt: »Es ist ja nicht so schlimm, wie du denkst, im Gegenteil, dein Symptom ist sehr günstig, weil es dir die Aufrechterhaltung deiner Sicherheit und der Sicherheit deiner Umwelt ermöglicht, also behalte es.« Hier, im psychoanalytischen Verständnis der Symptomatik wird gesagt: »So schlimm und vielleicht noch viel schlimmer, als wir beide jetzt wahrnehmen können, ist das alles; und so große Bedürfnisse an das Leben und an unsere Mitmenschen sind in der Symptomatik enthalten, daß wir sie kaum zulassen können.« Es geht im psychoanalytischen Ansatz nicht darum, die Not und das Leiden durch Umdeutung oder Verleugnung zu beseitigen, im Gegenteil, es geht um die Entdeckung der Not und der Gefahr, die vorher verdeckt waren, und in dieser Entdeckung des Leidens geht es um das Auffinden der Veränderungswünsche, die wir Leidensdruck nennen.

Das Unbewußte als der bildlich vorgestellte Ort, der all diese verdrängten Veränderungswünsche enthält, ist deshalb ein schier unerschöpfliches Reservoir an verändernder Kreativität und damit im weitesten Sinn auch an politischer Potenz. Die Erkenntnis, daß unter dem manifesten Kampf gegen den Feind oder unter der manifesten Resignation, sozusagen ein Stockwerk tiefer, der innerpsychische Kampf darum geht, die eigenen Veränderungswünsche im Zaum zu halten, damit man nicht mit der Außenwelt in Konflikt kommt, ist eine zutiefst politisch-revolutionäre Erkenntnis. Sie hat nichts mit individualistischen Rückzugstendenzen in einen psychoanalytischen Elfenbeinturm zu tun, wenn ich auch sehe, daß Freud innerhalb und außerhalb der Psychoanalyse oft so (miß-)verstanden wird.

Freuds theoretische Phantasie vom Seelenleben war die vom Es als Pferd mit dem kontrollierenden Ich als Reiter, »der die überlegene Kraft des Pferdes zügeln soll ... Wie dem Reiter, will er sich nicht vom Pferd trennen, oft nichts anderes übrig bleibt, als es dahin zu führen, wohin es gehen will, so pflegt auch das Ich den Willen des Es in Handlung umzusetzen, als ob es der eigene wäre.«[25] Wenngleich Freud in seiner Kulturtheorie häufig auf der Seite des Ich, also des Reiters, stand und die Meinung vertrat, daß die notwendige Kulturleistung darin besteht, daß der Reiter das

Pferd unter Kontrolle hält, so schrieb er doch auch: ... »das Unbewußte aber, sonst unser Gegner, leistet uns Hilfe, denn es hat einen natürlichen ›Auftrieb‹, es verlangt nichts so sehr, als über die ihm gesetzten Grenzen ins Ich und bis zum Bewußtsein vorzudringen«[26].

Dieser natürliche Auftrieb ist leider allzuoft unser Feind. Da er die Auflösung von Sicherheit und Ordnung bietenden Strukturen mit sich bringt, bedeutet dieser Auftrieb Gefahr und Rettung zugleich. Aber eine Rettung ohne das Risiko der Veränderung gibt es nicht. Unser verzweifelter, suizidaler Allgemeinzustand beruht nur im manifesten Erleben auf der Ohnmacht gegenüber den »Feinden«, auf der Übermacht der Regierungen und der Wirtschaftsimperien. Ein Stockwerk tiefer beruht er, wie jeder Zustand dieser Art, auf Resignation, die die Angst vor der Veränderung und vor dem Wiederauftreten unserer Lebenswünsche in Schach hält. Wir resignieren lieber, als uns protestierend und fordernd zu engagieren. Wegen der weitgehenden Erstarrung unserer Gesellschaft in autoritären Machtstrukturen innerer und äußerer Art brächte das Wiederauftreten der wahren Wünsche und Ängste für jeden von uns sehr bedrohliche Konflikte in der Umwelt mit sich.

Das Chaos als Gefahr oder als Rettung? Sieht man die Auflösung von Machtstrukturen vom Standpunkt der Macht aus, dann bedeutet das sich daraus ergebende Chaos die größte Gefahr. Sicherheitspolitik, Aufrüstung und Abwehr scheinen dann die einzige Rettung gegen das Chaos, gegen die Niederlage zu sein. Der Mächtige ist nur durch Stärke sicher, nicht durch Kontakt und Vertrauen. In seinem Mächtig-werden-Müssen hat er Kontakt und Vertrauen verloren. Wenn die Beherrschten anfangen, ihre eigenen Interessen zu bemerken und zu vertreten, dann nimmt ihre Regierbarkeit ab. Dann weiß das Volk selbst, was es braucht, dann hört es nicht mehr auf die Reden seiner Regierung: »Wir wissen schon am besten, was für euch gut ist« und: »Wir wollen ja nur euer Bestes, deshalb müßt ihr euch folgsam von uns regieren lassen.«

Die Alternative, auf die sich jeder von uns nur mit Angst einlassen kann, ist eine neue Lebendigkeit, die durch das Aufbrechen der starren Strukturen entsteht. Hier orientieren sich die Individuen nicht an den Regeln der »strukturellen Gewalt«, also der expliziten und impliziten repressiven Ordnung einer Gesellschaft, sondern an den Wünschen und Ängsten der einzelnen, in dem jeweiligen Kollektiv miteinander verbundenen Personen. Wenn die Grundvoraussetzung nicht mehr heißt, daß jeder nur *gegen* die anderen überleben kann, entstehen zwar immer noch Konflikte, aber sie sind austragbar, daß heißt zur Zufriedenheit der Partner zu lösen. Wenn das Grundprinzip des Zusammenlebens heißt: Was ich bekomme, geht dir verloren, und was du bekommst, geht mir verloren, dann muß das Auftreten oder Wiederauftreten von Wünschen existentielle Ängste vor Umverteilung hervorrufen.

Wir Psychoanalytiker wissen am besten, wieviel Angst in den starren Formen einer suizidalen Abwehrstruktur gebunden ist. Wir könnten auch wissen, daß in einem solchen System keine Bewegung eintritt, solange das Ausmaß der Angst, das die Auflösung einer solchen Abwehrstruktur mit sich bringt, nicht respektiert und ausgehalten werden kann. Aus diesem Wissen heraus, so meine ich, haben wir die besondere Verantwortung, dafür zu sorgen, daß die Angst vor der Veränderung erkannt und respektiert wird. Im gleichen Maße, wie diese Angst nicht der Unbewußtheit verfällt, sondern verstanden wird, kann das Individuum aufhören, gegen einen Feind anzurennen, der gleichzeitig als solcher immer wieder bewiesen werden muß. Wir können mit unserem Wissen und mit unseren Erfahrungen dazu beitragen, daß sich allmählich die in diesem Vorgang enthaltenen Formen der Selbstsabotage in allen Lagern vermindern. Damit nehmen auch die Erfahrungen von Mißerfolgen ab, die so häufig wieder zur Bestätigung der Aussichtslosigkeit des politischen Engagements verwendet, aber auch herbeigeführt werden.

Den Psychoanalytikern ist bekannt, daß Verhalten und eben auch politisches Verhalten von unbewußten Phantasien bestimmt wird und nicht von »Sachzwängen«, die oft als rationale Begründung angegeben werden. Wenn sie sich ausbreitet, kann diese Erkenntnis dazu beitragen, daß immer mehr Menschen verstehen, daß ihr eigenes Verhalten und das ihrer »Gegner« nur veränderbar ist, wenn sich in unseren Beziehungen Bewußtseinsveränderungen ergeben. Dies ist die einzige Alternative zur gewaltsamen Veränderung durch Moral, Ideologie, Erpressung oder Krieg. Ein Bewußtsein, das große Teile von sich selbst nicht versteht, ist zwangsläufig manipulativ und auch manipulierbar. Es läßt sich unterdrücken und ist im gleichen Maß auf die Unterdrückung anderer angewiesen.

Eine Bewußtseinsveränderung im Sinne der Freudschen Traumdeutung bedeutet ein zunehmendes Verständnis für Schwierigkeiten, für die Angst, für die Symmetrie der narzißtischen Verklammerungen, für eigene Abhängigkeiten. Mit der Zunahme dieser Erkenntnisse verlieren wir freilich an »Höhe«; wir bekommen es mit der Realität der menschlichen und zwischenmenschlichen Wünsche und Ängste zu tun. Alles, was uns vorher überflüssig, nebensächlich oder lästig erschien, wird dann bedeutungsvoll, wichtig und sogar hilfreich. Hilfreich in dem Sinn, daß weniger (unbewußte) Realität verleugnet und dafür die Gefahr des Absturzes aus großer Höhe, die Gefahr von Mord und Selbstmord verringert wird.

Eine Erfolgsgarantie kann es auf diesem Weg nicht geben, weil man vorher nicht genau wissen kann, wohin der Weg führt. In dem Bewußtsein, daß der Weg selber das Ziel ist, kann man aber jeden Schritt, den man tut, als einen Schritt vorwärts erkennen und muß deswegen weniger verzweifeln, als wenn man die Schwierigkeit des Vorankommens immer nur an der Bösartigkeit eines Feindes festmacht – auch wenn manche Schritte einem selbst sehr schwerfallen.

Eine große Chance für uns alle sehe ich in dem sich doch allmählich immer weiter ausbreitenden Krisenbewußtsein. Ein Mensch, der sich in einer aktuen Krise erlebt, hat eine größere Fähigkeit und Bereitschaft, seine Wahrnehmung zu verändern, als ein Mensch, der sich sicher fühlt. Diese Krise macht uns allen auch deutlich, wie sehr wir aufeinander angewiesen sind und daß wir uns nur noch in einer breiten Bewegung *mit*einander retten können. Im Gegensatz zu früheren Revolutionen muß unser gegenwärtiger Veränderungsprozeß auf Uniformität verzichten. Da es darum geht, daß jeder einzelne seinen Platz in der Gesellschaft als politischen erkennt, kann niemand für den anderen bestimmen, welches Verhalten richtig oder allgemeingültig ist. Den

Zugang zum kollektiven Unbewußten findet jeder nur in sich selbst, und doch ist die Bewegung, um die es geht und die auch gegenwärtig an vielen Stellen zu beobachten ist, eine gemeinsame, ein schrittweises Erwachen aus Träumen und Phantasien, die uns bisher einen gefährlichen Schlaf ermöglicht haben.

# B. Macht beruht auf Unbewußtheit

Zu allen Zeiten und in allen Kulturen gab es Seher oder Propheten, die die Aufgabe hatten, auf das Unbewußte ihrer jeweiligen Gesellschaft hinzuweisen. Sie deckten auf, *daß* in ihrer Gesellschaft bestimmte Anteile, nämlich Wünsche, Ängste, Möglichkeiten usw. nicht bewußt und doch wirksam waren. Sie sprachen auch davon, *was* unbewußt war und was ins gemeinsame Bewußtsein zurückgeholt werden mußte, wenn Veränderungen möglich werden sollten. Dafür wurden sie zu allen Zeiten entweder hoch verehrt oder auch als Hexen, Zauberer oder Häretiker verfolgt. Oft hatte die Verehrung einen ähnlichen Sinn wie die Verfolgung, nämlich das Unschädlichmachen der in diesen Menschen aus dem kollektiven Unbewußten aufgetauchten Erkenntnisse und Inhalte.

Eine andere Möglichkeit, die Botschaft der Seher unschädlich oder ungefährlich zu machen, war und ist der Versuch, sie nur als Vorhersager zukünftiger Ereignisse im positivistischen Sinne zu verstehen. An dem Eintreten oder Nichteintreten dieser Ereignisse wird dann abgelesen, ob sie wahre oder falsche Propheten sind. Dadurch geraten sie in die schwierige Lage, den Eintritt des von ihnen vorhergesehenen Unheils um ihrer eigenen Bestätigung willen wünschen zu müssen und dadurch gleichzeitig den Sinn ihres Sehens selbst zu sabotieren. Dieser Sinn besteht darin, durch Aufklärung über die verdrängten Inhalte die Veränderung herbeizuführen und so das Unheil abzuwenden. Ihre Funktion als »Heiler«, als Warner vor der kollektiven Einengung des Bewußtseins, wird dann nicht verstanden.

In neuerer Zeit traten unter den Wissenschaftlern hervorragende Persönlichkeiten auf, die ihre Aufgabe als Wissenschaftler nicht im positivistischen Sinne mißverstanden, sondern sich als Aufklärer in diesem guten, die Gesellschaft warnenden und verändernden Sinn begriffen. Sie verstanden ihre Funktion als Wissenschaftler nicht so, daß sie helfen sollten, die Natur und die Menschheit immer besser unter Kontrolle zu bringen, immer bessere Methoden der Ausbeutung und der Unterdrückung zu entwickeln; sie machten Vorhersagen zum Zweck der Veränderung, Vorhersagen, die sich *nicht* bestätigen sollten. Der Gegenstand ihrer Forschung war und ist: die Tatsache der Verdrängung und die verdrängten Inhalte. Auch diese Wissenschaftler wurden teils hoch verehrt, teils verleumdet und verfolgt bzw. für unwissenschaftlich erklärt, da sie sich nicht an dem Eintreten oder Nichteintreten ihrer Vorhersagen beurteilen lassen wollten. Ich nenne hier nur einige von ihnen, deren Arbeiten mir besonders dabei halfen, mich mit dem Vorgang der Verdrängung und mit den jeweils verdrängten Inhalten vertraut zu machen: S. Freud, Th. W. Adorno, M. Horkheimer, H. Marcuse, N. Elias, P. Parin und M. Erdheim[1]. Sie alle wiesen darauf hin, daß Macht und Unterdrückung durch die Produktion von Unbewußtheit im Individuum und im Kollektiv entstehen und aufrechterhalten werden. Freud beschäftigte sich zunächst mit den Unterdrückungs- oder Abwehrmechanismen im Individuum, die die Herrschaft der Person über sich selbst bzw. über ihre Triebwünsche sicherstellen. Er selbst, vor allem aber auch die anderen genannten Autoren übertrugen diese Vorstellungen auf Verdrängungsvorgänge in der Gesellschaft, die die entsprechenden Vorgänge im Individuum unterstützen oder bedingen.

Die Arbeiten dieser Autoren fanden und finden in der öffentlichen Diskussion viel zuwenig Beachtung. Das mag einerseits daran liegen, daß sie in einer Sprache abgefaßt sind, die für Laien schwer zu lesen ist, andererseits aber auch daran, daß Hinweise auf Verdrängtes innerhalb und außerhalb der Universitäten nicht gerne verstanden und aufgenommen werden.

Ich selbst habe mich in den vergangenen fünfzehn Jahren vor allem mit Verdrängungsvorgängen in Familien beschäftigt[2]. Ich versuchte zu verstehen, wie die Abspaltung des »Bösen« in kleinen Gruppen, bei Paaren und Familien vor sich geht, wie und weshalb das in der Familie aufwachsende Kind diese Produktion von Unbewußtheit vom Beginn seines Lebens an mitmacht und wie psychische und somatische Erkrankungen aus dieser individuellen und kollektiven Psychodynamik zu verstehen sind. Das Schwergewicht meiner Forschung lag nicht nur auf dem Prozeß der *Entstehung*, sondern vor allem auch auf dem der *Auflösung* von Machtbeziehungen. Als praktisch psychotherapeutisch tätige Psychoanalytikerin war es mir immer wichtig, Theorie und Praxis miteinander zu verbinden. Meine theoretischen Konzepte stammen aus der ständigen Erfahrung in der Praxis und werden dadurch – hoffentlich auch für Laien – anschaulich. Dieser zweite Teil des Buches über die Unbewußtheit als Grundlage der Macht und über die Auflösung von Machtbeziehungen durch Aufklärung über Unbewußtheit untersucht vor allem die politische Bedeutung intrapsychischer und interpsychischer Abwehrmechanismen.

# 4. Die Aufhebung von Unbewußtheit – ein politisch bedeutsamer Vorgang

### *a) Unbewußte Abhängigkeiten*

Wenn die Angst vor Teilen der äußeren Realität oder vor inneren Triebwünschen zu groß wird, wird sie unbewußt und mit ihr die ängstigenden Realitäten innerhalb und außerhalb der Person. Durch diesen Vorgang gelingt es uns, aus dem Zustand von Angst und Ohnmacht in einen Zustand von Macht und Überlegenheit zu gelangen. Dieser Prozeß ist nicht an sich pathologisch oder schädlich. Im Gegenteil, er ist zunächst einmal ebenso natürlich, notwendig und nützlich wie die entsprechende Reaktion unseres Körpers auf unerträglich starke Schmerzen: die körperliche Ohnmacht. Aber wie der Name »Ohnmacht« schon sagt, bedeuten Angstfreiheit und Schmerzlosigkeit nicht nur Macht, sondern auch Ohnmacht. Von Ängsten und Schmerzen, die wir nicht ertragen könnten, sind wir in diesem Zustand zwar frei und unabhängig; unser Leben ist dadurch jedoch noch nicht gerettet. Wir geraten vielmehr in neue Abhängigkeiten, die durch Unbewußtheit und Bewußtlosigkeit erst entstehen. Und diese neuen Abhängigkeiten sind uns in diesem Zustand nicht bewußt, weshalb wir ihnen auch hilflos ausgeliefert sind. Wir wissen nicht mehr, *daß* wir bewußtlos sind, *daß* wir wichtige Teile der Realität verdrängen, und wir wissen auch nicht mehr, *welche* Anteile der Realität unserer Wahrnehmung in diesem Zustand entgehen.

Ich will mich im ersten Teil dieses Kapitels mit der »Unbewußtheit der Unbewußtheit« befassen, also mit dem Phänomen, daß wir es nicht bemerken, wenn wir nur die für uns erträglichen Ausschnitte der Realität wahrnehmen. Danach geht es mir um die unbewußt gewordenen Inhalte, um »das unbekannte Böse«, das unsere (sekundären) Abhängigkeiten bestimmt. Und schließlich versuche ich darzustellen, wie aus primären gegenseitigen Abhängigkeiten in unserer kollektiven Phantasie einseitige Abhängigkeiten wurden und welche ökologischen und sozialen Folgen ein solches einseitiges Verständnis von Abhängigkeit hat.

Die Tatsache, *daß* wir den Verdrängungsvorgang nicht bewußt bemerken, wurde von Freud theoretisch in folgendem Bild beschrieben: Nicht nur das Es, also der Bereich der Triebe und des Verdrängten, sondern auch Teile des Ichs, nämlich die Abwehrmechanismen, sind unbewußt. Die Abwehrmechanismen gewährleisten den Schutz der Person vor unerträglicher Angst. Mit ihrer Hilfe werden Triebwünsche in der Person und allzusehr ängstigende Anteile der äußeren Realität abgespalten und unbewußt gemacht. Sie sind inneren Normen vergleichbar, nach denen das Individuum unbewußt entscheidet, was für das Bewußtsein zulässig und was unzulässig ist [1]. Das Ergebnis ist eine relativ angstfreie Wahrnehmung der eigenen Person und der Umwelt bzw. eine Verschiebung der Angst auf kontrollierbare Angstobjekte. Diese Wahrnehmung von Teilen der Realität wird vom Subjekt für absolut, objektiv oder vollständig gehalten. Die Beschränkung des Wahrgenommenen ist nicht bewußt. Die Abwehrmechanismen sind »Selbstverständlichkeiten«, die als Beschränkung der Wahrnehmung nur auffallen, wenn sie durch einen analytisch aufklärenden Vorgang erkannt und aufgelöst werden.

In jeder Gesellschaft und in jeder Gruppe bestehen unzählige solcher unbewußter Normen und Selbstverständlichkeiten, die zumeist in ihrer wahrnehmungseinschränkenden Funktion nicht verstanden werden. Sie dienen als Grundlage der Verständigung und des geregelten Zusammenlebens und sind in diesem Sinne ebensowenig von vornherein pathologisch wie der oben beschriebene Vorgang des In-Ohnmacht-Fallens. Erst wenn in pathologischen Zuständen die Herrschaft der inneren und äußeren Normen gegenüber den Trieb- oder Lebensbedürfnissen so weit zugenommen hat, daß diese ernsthaft bedroht sind, kommt uns gelegentlich die Existenz dieser Normen als Ursache der Erkrankung mit allen ihren Symptomen wie neurotischen oder psychotischen Zuständen, körperlichen Symptomen oder auch Selbstmordgefahr ins Bewußtsein. Oft genug wird aber auch bei solchen Zuständen nicht die *Abspaltung* unbewußt gewordener Anteile als Grundlage der Krankheit verstanden und statt dessen der *Ausdruck* dieser Persönlichkeits- oder Beziehungsstörung, die Symptomatik, für die Krankheit gehalten und bekämpft. Dieser Vorgang ist im Bereich der Psychotherapie ebenso zu beobachten wie im gesellschaftlichen und politischen Bereich.

Weshalb bleiben aber die lebenseinschränkenden Normen so lange unentdeckt? Weshalb überhören wir, was unsere »guten Propheten« sagen, weshalb nehmen wir ihre Botschaft nicht an, die uns darauf hinweist, daß die Ursache unserer Erkrankung, unserer Gefährdung und Ohnmacht die Verdrängung ist, an der wir uns alle beteiligen? Weshalb nützen wir unsere jeweiligen persönlichen prophetischen Fähigkeiten nicht besser, um uns selbst und anderen aus der Unbewußtheit und Ohnmacht herauszuhelfen? Ich weiß auf alle diese Fragen nur eine Antwort: Solange die Angst vor der Veränderung größer ist als der durch die Veränderung erhoffte Gewinn, wird die Unbewußtheit aufrechterhalten. Die Spaltung zwischen Gut und Böse, zwischen richtig und falsch, zwischen Freund und Feind bleibt genau so lange bestehen, wie die Alternative zu dieser Spaltung, die Zunahme an menschlicher Nähe, an Konflikt- und Kontaktfähigkeit, nicht attraktiver ist als die Aufrechterhaltung des Status quo. An dieser Stelle pflegen Patienten oft zu widersprechen: Ich irrte mich, sie wollten ja gerade die menschliche Nähe, die Symptomfreiheit und ein glückliches Miteinander. Was sie daran hindere, seien nicht sie selbst, sondern die anderen. – Nicht nur Patienten, jeder einzelne von uns tendiert dazu, die eigene Unfähigkeit zu leben, die eigene innere Gespaltenheit zu übersehen und die Ursache des Leidens und der Ohnmacht nur in den äußeren Umständen zu suchen. Wenn sehr viele einzelne, ja eigentlich jeder Mensch in einer Gesellschaft diesem Prinzip des Unbewußtmachens der eigenen Unbewußtheit folgt, dann ergibt sich daraus ein System starrer interindividueller Abhängigkeiten, das wiederum den Verleugnungsvorgang beim einzelnen fördert. In den individuellen und kollektiven Phantasien entstehen »Sachzwänge« nach dem Muster: Ich kann ja nicht tun, was ich will, ich muß ja ..., weil ... Ich reagiere nur auf die Umwelt, auf die jeweils anderen und auf die objektiven Gegebenheiten.

Die Sachzwänge treten zumeist im Kleid von Selbstverständlichkeiten auf. Anomale Auffälligkeiten wie Krankheiten aller Art müssen selbstverständlich mit Hilfe von Medikamenten beseitigt werden. In der Schule versagende Kinder werden selbstverständlich mit Versprechungen, Drohungen und Strafen oder auch mit Medikamenten in Ordnung gebracht. Man muß ihnen doch helfen, sich in der Gesellschaft zurechtzufinden. Widerstand schadet ihnen doch nur selbst. Verbrecher werden selbstverständlich eingesperrt, denn Strafe muß selbstverständlich sein. Sie dient auch zur Besserung und schreckt andere ab. Man nimmt an, daß es selbstverständlich immer Krieg und Gewalt geben wird und daß man deswegen selbstverständlich immer gerüstet, auch zum Angriff gerüstet sein muß. Man glaubt, daß »die Russen« selbstverständlich ein aggressives, imperialistisches Volk sind und nichts anderes im Sinn haben, als Westeuropa anzugreifen. In den Ostblockstaaten liegen diese Selbstverständlichkeiten umgekehrt. Man gewöhnt sich selbstverständlich an die ständige Bedrohung durch A-, B- und C-Waffen. Solange sie nur irgendwo gelagert sind, so glaubt man, sind sie doch niemandem gefährlich. Es sind doch selbstverständlich die Menschen, die gefährlich werden können, nicht die Waffen. Man hält es für selbstverständlich, daß der Staat alles über jeden Bürger wissen muß. Wer nichts Böses tut, hat doch nichts zu verbergen. Und die asozialen Existenzen, die sich womöglich noch auf Kosten der ordentlichen Bürger irgendwelche Vorteile erschwindeln, die soll man doch ausfindig machen. Ein computerlesbarer Ausweis, was soll er denen schaden, die nichts zu verbergen haben?

Selbstverständlich, und das heißt: als lebenseinschränkende Normen unhinterfragt und unbewußt, sind noch unzählige andere »Errungenschaften« unserer industriellen Kultur, die Arbeitsteilung, die Zuwachsraten, der Fortschritt, die Ausbeutung der Umwelt, die Priorität der Besitzstandwahrung ebenso wie die Gleichsetzung von Freiheit mit freier Verfügbarkeit über alle erreichbaren Ressourcen und Energien. Die Erkenntnis, daß alle diese Selbstverständlichkeiten *nicht* selbstverständlich sind, sobald man berücksichtigt, wieviel Unmenschlichkeit, Unterdrükkung und Ausbeutung von ihnen ausgeht, diese Erkenntnis würde Veränderungen mit sich bringen, die im Kollektiv bisher mehr gefürchtet als gewünscht werden. Deshalb bleibt die Unbewußtheit bzw. die Verdrängung an diesen Stellen unbewußt.

Die Spaltung der Welt – nach der Phantasie des Westens in einen freien und unfreien Teil – bewirkt, daß im sogenannten freien Teil die Unfreiheiten kaum gesehen werden. Würden auch »bei uns« Unfreiheiten gesehen, die parallel zu den Unfreiheiten in den Ostblockstaaten zu verstehen wären, dann wäre auch die Spaltung in Frage gestellt. Es ergäbe sich eine Annäherung zwischen den beiden Teilen dieser Spaltung, die aber offensichtlich vielen Menschen in Ost und West noch mehr Angst macht als die Spaltung und die damit gegebene Kriegsgefahr. Das kollektive Verhalten auch in den Ost-West-Beziehungen basiert auf dem intrapsychischen Zustand aller beteiligten Menschen und auf der Summierung dieser Zustände in den kollektiven Spaltungstendenzen der beiden Gesellschaften. Wie der einzelne für seine positive Selbstwahrnehmung die Spaltung in Gut und Böse braucht, so auch das Kollektiv, wobei sich die Spaltungen in den Individuen und in der Gesellschaft gegenseitig bedingen.

Auch im Rahmen dieser »selbstverständlichen« Spaltung gibt es Normen, die nicht hinterfragt werden. Im Westen darf man A. Sacharow und die östliche Friedensbewegung als Helden des Widerstandes feiern, aber nicht den Widerstand im eigenen Land gegen Zivilschutzgesetze, Katastrophenmedizin und Atomrüstung. Im Osten ist das umgekehrt. Die Parallelität der inneren und äußeren Zensur in beiden Blöcken darf nicht ins Bewußtsein kommen. Sonst wären die Blöcke nicht mehr voneinander zu unterscheiden und deshalb auflösbar. Wie in kranken Partnerbeziehungen scheint immer nur der andere krank oder böse zu sein, zumindest ist er kränker oder böswilliger als man selbst. Die eigene, zu der des anderen symmetrische Krankheit wird nicht gesehen. Man meint immer wieder, das Problem liege zumindest in dem »objektiven« Unterschied an Gestörtheit zwischen dem anderen und einem selber. Man sieht nicht, daß das Problem in der Verständnislosigkeit *beider* gegenüber der eigenen und der fremden Not liegt.

Die sich aus der Unbewußtheit der eigenen Krankheit ergebenden Sachzwänge sind zuerst Denkzwänge, Einschränkungen des Bewußtseins und der Realitätswahrnehmung, die ihrerseits nicht bewußt sind und so nur beim jeweils anderen wahrgenommen und bekämpft werden können. Die äußeren Normen, die Gesetze, werden erst verändert, wenn die inneren Normen, die Denkzwänge und die Einschränkungen der Phantasie sich verändert haben oder verändern. Deshalb kann eine Gesellschaft nicht auf dem Wege der Gesetzgebung allein gesunden, ebensowenig wie ein Individuum nur durch Überzeugung und Einsicht gesund werden kann. Die Gesundung nimmt ihren Anfang in der Aufhebung der Unbewußtheit von sekundären Abhängigkeiten. In der Psychoanalyse wird dieser Vorgang als Herausfinden des Leidensdrucks unter den vielen Klagen über Symptome und Beziehungspartner bezeichnet. Sobald die eigene Beschränkung leidend erlebt werden kann, ist eine Veränderung auch der äußeren Normen und Beziehungen die (dann unausweichliche) Folge.

Dann tritt auch das »unbekannte Böse«, das Verdrängte, wieder ins Bewußtsein. Mit den Variationen dieses »unbekannten Bösen« möchte ich mich jetzt beschäftigen. Es geht mir also im folgenden nicht mehr nur darum, daß die Tatsache der Verdrängung selbst unbewußt ist. Es geht mir jetzt um die *Inhalte*, die durch sie vom individuellen und kollektiven Bewußtsein ferngehalten werden. Ich kann auch hier nur auf einige Beispiele von ausgeschlossenen oder verdrängten Inhalten hinweisen. Vollständigkeit ist auf diesem Gebiet zu keinem Zeitpunkt zu erreichen. Auch innerhalb einer analytischen Therapie treten immer neue Verdrängungsinhalte zutage, die vorher noch nicht bekannt waren, so daß das Bekanntwerden solcher Inhalte bei gutem Verlauf einen lebenslangen Prozeß darstellt.

Zunächst noch zum Vorgang der Verdrängung selbst: Er hat ein doppeltes Gesicht. Einerseits wird das »Böse« verdrängt, weil es Angst macht, andererseits macht es Angst, weil es verdrängt ist und wiederzukehren droht. Freud entwickelte beide Gedankengänge nacheinander; zunächst sah es auch für ihn so aus, als ständen sie im Widerspruch zueinander. Später sah er ihre Korrespondenz. Wenn wir die Angst-Gewalt-Spirale in unserer gegenwärtigen politischen Situation betrachten, dann löst sich dieser scheinbare Widerspruch auf. Hier wird deutlich, daß sich die beiden Erscheinungen gegenseitig bedingen und aufschaukeln. Angst löst Gewalt aus, und Gewalt löst Angst aus. In einer Spirale braucht man nicht zu entscheiden, wo der Anfang liegt, bei der Angst oder bei der Verdrängung (und die Verdrängung entspricht ja der gewaltsamen Unterdrückung von Angst). Sieht man diese Spirale vor sich, dann kann man sich nur darum bemühen, die Stellen zu finden, an denen sich entscheidet, ob man die nächste Drehung mitmacht oder nicht. Je mehr solcher Stellen man gefunden hat, desto mehr weiß man über die Möglichkeiten des Ausstiegs aus dieser Spirale. Aussteigen kann man immer dann, wenn einem bewußt wird, was einen zur Fortsetzung der Spirale brächte. Man muß also herausfinden, wo man *selbst* blind ist, was das eigene »unbekannte Böse« ist. Oft vermeiden wir diese Erkenntnis, indem wir uns eifrig damit beschäftigen, herauszufinden, wo der *andere* blind ist. So hoffen wir – vergeblich – den anderen auf diese Weise zum Ausstieg aus der Spirale bzw. zu einem anderen Verhalten zu veranlassen.

Aber die eigenen blinden Stellen sind viel schwerer zu entdekken als die der anderen. In diesem Zusammenhang fielen mir in letzter Zeit medizinische Veröffentlichungen auf, in denen darauf hingewiesen wurde, daß einige der wichtigsten Krankheiten unserer Zeit wie Krebs oder Aids einen Bezug zu unserem körpereigenen Abwehrsystem haben. Die Aids-Viren zum Beispiel zerstören die T-Helfer-Zellen, die den Körper normalerweise vor Angriffen durch Bakterien und Viren schützen, indem sie als Signal für eine angemessene Immunreaktion dienen. Die Folge dieser Zerstörung ist, daß die Abwehrkräfte des Körpers erlahmen.

Das auf die drohende Gefahr hinweisende Signal und damit auch die adäquate Abwehrreaktion fällt aus. Ich kann mich hier nicht auf medizinische Details einlassen, möchte aber doch sagen, daß mich diese Hinweise aus der Medizin auf den Gedanken brachten, daß im psychodynamischen und soziodynamischen Bereich ein ähnlicher Vorgang zu erkennen ist. In einem gewissen Sinne leiden wir alle an einer »Abwehrschwäche«, das heißt wir bemerken nicht in ausreichendem Maße, daß und wogegen wir uns wehren müssen, um zu überleben. Die Gefahren bleiben uns so lange unbewußt, bis es vielleicht zu spät ist.

Eine Ausstiegsmöglichkeit aus der Angst-Gewalt-Spirale bzw. aus der Angst-Verdrängungs-Spirale besteht deshalb aus meiner Sicht darin, daß wir versuchen, diese unsere »Abwehrschwäche« aufzuheben, sozusagen unsere T-Helfer-Zellen in jedem Sinne zu kurieren oder zu unterstützen. Im psychischen Bereich würde das bedeuten, unsere Angst nicht als ein Signal für die Verdrängung von Realität und auch nicht als Signal für Gewaltanwendung zu verwenden, sondern die Angst zunächst einmal leben zu lassen und in den Dialog mit unseren Mitmenschen einzubringen.

In einem solchen dialogischen Gespräch können durch gegenseitige Relativierung die Verschiebungen der Angst erkannt werden. Wenn ich mir und anderen zugestehe, daß wir erstens Angst haben und zweitens alle dazu neigen, unsere Ängste voreinander zu verheimlichen oder auf ungefährlichere Angstobjekte zu verschieben, dann kann ich im Gespräch mit anderen herausfinden, wo ich selbst in mir die Angst-Gewalt-Spirale und die Angst-Verdrängungs-Spirale in Gang halte. Im ersten Kapitel dieses Buches habe ich beschrieben, wie im Grunde genommen alle Abwehrmechanismen, soweit sie uns für die wirkliche Gefahr und damit auch für Rettungsmöglichkeiten blind machen, auf dem Prinzip beruhen, die Angst auf kontrollierbare Objekte (z. B. Feinde) zu verschieben. In vielen Gesprächen mit Friedensgruppen hatte ich den Eindruck, daß es möglich ist, die Originalangst wiederzufinden, wenn man gemeinsam versucht, nicht mit Gewalt auf Angst zu reagieren – etwa mit Gewalt die »richtige« Angst und den »richtigen« Feind oder die »richtige« Methode gegen die anderen und für die anderen durchsetzen zu wollen. Wenn immer wieder davon ausgegangen wird, daß der wahre

Konflikt vielleicht unbewußt ist, kann in einer solchen wohlwollenden Gemeinsamkeit zum Beispiel herausgefunden werden, daß die Gruppe verzweifelt darum ringt, wer den besseren Weg weiß, wie man den Ost-West-Konflikt lösen kann, daß aber gleichzeitig niemand Möglichkeiten sucht und findet, wie der Konflikt in der Gruppe zu lösen wäre oder wo andere, kleine aber machbare Schritte zur Veränderung der politischen Kultur zu finden sind. Es gibt für jeden von uns so viele Stellen, an denen er betroffen und bedroht ist und an denen er sich auch wehren könnte, wenn ihm nur die eigene Betroffenheit und die eigene Beteiligung an der Aufrechterhaltung des Status quo bewußt wäre. Die kleinen und möglichen Schritte, wie etwa das Sichbemerkbar-Machen bei den zuständigen Abgeordneten, machen oft so viel Angst, daß sie lieber nicht gesehen werden und daß statt dessen in der Diskussion die Angst-Verdrängungs-Spirale und die Angst-Gewalt-Spirale ständig weiterlaufen.

Aus der psychoanalytischen Forschung zur Psychosomatik ist bekannt, daß Krankheiten auch als in den Körper verschobene seelische Konflikte verstanden werden können[2]. Bei einer Krebserkrankung zum Beispiel ist nach den Erkenntnissen dieser Forschung der intrapsychische Konflikt weitgehend verdrängt. Krebskranke haben eine besonders geringe Fähigkeit, psychisch zu leiden. Was zum Leiden oder zur Trauer Anlaß gäbe, wird verdrängt. Dabei sammelt sich in der Person allmählich immer mehr verdrängtes »Böses« an, vergleichbar den sich unkontrolliert vermehrenden Krebszellen.

Fachkollegen mögen diese meine Darstellung als unzulässig simplifizierend ablehnen. Mir geht es hier jetzt nicht um Details und Widersprüche der psychosomatischen Forschung, sondern um das Grundprinzip der Verdrängung und der Bildung jeweils abgewehrter und abgewerteter persönlicher und kollektiver »Minderheiten«. Daß wir alle von diesem Vorgang wissen, zeigen zum Beispiel Aussprüche von Ronald Reagan, wenn er den »Inbegriff des Bösen« mit dem »Krebsgeschwür der Menschheit«, dem »Staatsterrorismus« in Nicaragua, Libyen und anderswo gleichsetzt. Auch Reagan selbst wird von seinen Feinden als »Krebsgeschwür« erlebt und bezeichnet. Das »Böse« wird jeweils dem Krebs gleichgesetzt; die in diesem Verständnis des

Krebses und des Bösen enthaltene Spaltung in Gut und Böse wird nicht als Not oder als Problem erlebt.

Um diese Blindheit gegenüber der Spaltung aufzuheben, müssen wir uns nach meiner Vorstellung auf ein neues Denken auch in der Psychosomatik einlassen. Erkrankungen der Menschen sind nicht nur Ausdruck und Lösung von intrapsychischen Konflikten, sondern auch Ausdruck und Lösung von sozialen Konflikten. Allergien und Krebserkrankungen sind als Reaktionen auf unbewußt gewordene Konflikte im Individuum zu verstehen *und auch* als Reaktionen auf gesellschaftlich verdrängte Konflikte, die sich in der Produktion und Emission von Allergenen und Karzinogenen äußern. Wenn wir so denken, brauchen wir die »objektiven« Ursachen von Krankheiten nicht mehr von den »subjektiven« zu trennen. Beides ist Ausdruck gewalttätiger Konfliktlösungen. Die »objektiven« Allergene und Karzinogene werden zumeist nicht als Ausdruck unerkannter gesellschaftlicher Probleme verstanden, sondern nur als Substanzen, die, wenn ihre allergene oder karzinogene Wirksamkeit statistisch nachgewiesen ist, von den Gesundheitsämtern verboten werden müssen. Selbstverständlich bin auch ich dafür, daß gesundheitsschädliche Substanzen nicht produziert oder emittiert werden dürfen. Ich meine aber, daß die psychosomatische Forschung um die Dimension des gesellschaftlich Verdrängten, zu einer Sozio-Psychosomatik erweitert werden müßte. Dadurch würde auch die Medizin zu einer politischen Wissenschaft im Sinne der »guten Propheten«.

In einer solchen Wissenschaft könnten die dem allgemeinen Bewußtsein entzogenen Verbindungen zwischen Person und Produkt bzw. zwischen der Gesellschaft und ihren Produkten wiedergefunden werden. Die Verschiebung individueller, familiärer und gesellschaftlicher Konflikte auf Materielles, scheinbar Objektives (Krankheiten und krankmachende Stoffe) könnte allmählich im allgemeinen Bewußtsein rückgängig gemacht werden. Die Tatsache der Abspaltung und die abgespaltenen Inhalte könnten wieder bewußt werden. Das würde einen bewußten Umgang mit diesen Teilen des Individuums und der Gesellschaft, mit dem »Bösen«, das uns in Form von Krankheiten und krankmachenden Stoffen verfolgt, möglich machen. Was wir abspalten, das verfolgt uns lebenslänglich als unser persönliches oder kollektives »Böses«, aber auch nur so lange, wie wir vor ihm weglaufen, wie wir uns nicht umdrehen, es anschauen und versuchen, mit ihm umzugehen. Das gilt für Wünsche und Phantasien (Paranoia) ebenso wie für Feinde (in der großen und kleinen Politik) und auch für Schadstoffe, die wir »unbewußt« produzieren und »unbewußt« in die Umwelt abgeben. Nicht nur der menschliche Körper wird krank, wenn die psychischen Konflikte in der Person und zwischen den Personen nicht ausgetragen werden. Auch die Umwelt des Menschen wird zerstört, wenn die Abhängigkeit des Menschen von seiner Umwelt kollektiv geleugnet wird.

Unser Körper kann auf Gifte nur mit Krankheit reagieren, unsere Psyche könnte auf diese Gifte mit Reflexion und Aufklärung reagieren. So könnte die scheinbare Normalität der »strukturellen Verantwortungslosigkeit« (vgl. Kapitel 7) aufgelöst werden, die sich in der industriellen Produktion von Umweltgiften und Waffen »unter dem Druck von Sachzwängen« oder als »objektive Notwendigkeit« oder als »unvermeidbarer Anfall von Nebenprodukten und Abfallstoffen« eingeschlichen hat. Wenn wir nicht sehen, weshalb, mit welchen Mitteln und aufgrund welcher Verleugnungen wir dabei sind, den kollektiven Selbstmord zu begehen, werden wir uns nicht retten können.

Die »falschen Propheten« sagen uns wie die Schlange im Paradies: »Ihr werdet sein wie Gott und wissen, was gut und böse ist.« Eva wollte klug werden, wie die Schlange es ihr versprach. Die »Aufklärung« der vergangenen drei Jahrhunderte, die geistige Grundlage unserer gegenwärtigen Situation, versuchte ähnliches. Die Menschen begannen einander über ihre Autonomie, ihre Unabhängigkeit von Gott und über die Allmacht ihrer Vernunft aufzuklären. Die Natur wurde zum bis ins letzte erforschbaren und nutzbaren Objekt erklärt, eingeteilt in Gut und Böse, in nützlich und schädlich für den Menschen. Der Mensch verlor dadurch ein weiteres Mal das Paradies – man könnte vielleicht auch sagen: Er verlor sein ökologisches Bewußtsein. Er gewann die von ihm phantasierte Position Gottes, des allmächtigen Richters über Gut und Böse. Er glaubte sich außerhalb und über der Natur zu befinden, nicht erschaffen, sondern selbst erschaffend.

Der überwiegende Teil der Wissenschaftler versucht uns immer noch zu beweisen, daß wir *nicht* abhängig sind. Der Größenwahn hat schreckliche, uns alle schädigende und zerstörende Folgen; und doch wollen wir offensichtlich lieber diese Folgen als die Angst, die wir erleben würden, wenn wir uns auf unsere wahren Abhängigkeiten und Konflikte einlassen würden. Den psychischen Konflikten in der kleinen und großen Politik fühlen wir uns nicht gewachsen, und so nehmen wir lieber Krankheit und Selbstmord und eine Medizin in Kauf, die Symptome kuriert und in zunehmend unbezahlbaren Anstrengungen uns die Versprechungen der Schlange wiederholt. Wir lassen uns lieber in Krankenhäusern und Arztpraxen behandeln wie Hühner in Legebatterien, als wahrzunehmen, daß wir *nicht* sein können wie Gott. Die große Aufklärung entpuppt sich allmählich als große und gefährliche Dummheit.

Die Phantasie, zu sein wie Gott, also unabhängig, allmächtig und allwissend, beruht auf einer einseitigen Vorstellung von Abhängigkeit. Die Vorstellung, daß immer nur der eine vom anderen abhängig sein kann und nicht auch umgekehrt, ist in unserer Kultur so selbstverständlich, daß ich immer wieder große Mühe habe, mit meinem Vorstellungen über die Gegenseitigkeit von Abhängigkeiten verstanden zu werden. In entsprechenden Diskussionen wird mir immer wieder die Realität vorgehalten: Ich solle doch nicht so idealistisch an den Gegebenheiten vorbeisehen, ich solle doch anerkennen, daß eben überall einseitige Abhängigkeiten existieren. Das Kind sei von der Mutter abhängig, der Untergebene vom Vorgesetzten, das Volk von den Regierenden usw. *und nicht umgekehrt!* Ich versuche dann regelmäßig darzustellen, daß diese »Gegebenheiten« oder »Realitäten« natürlich existieren, daß sie aber Produkte unseres gespaltenen Bewußtseins sind. In einem ökologischen Bewußtsein können wir uns sehr wohl vorstellen, daß die Mutter auch von ihrem Kind, daß die Vorgesetzten auch von ihren Untergebenen abhängig sind und daß die Politiker auch vom Volk abhängig sein könnten, jedenfalls in viel größerem Maße, als wir gemeinhin annehmen. Wir alle verhalten uns unseren Vorannahmen über die Einseitigkeit von Abhängigkeiten entsprechend und konstituieren dadurch einseitige Herrschaftsverhältnisse mit.

Die Phantasie der einseitigen Abhängigkeit der Natur vom Menschen hat zur Zerstörung unserer Umwelt geführt, die uns alle jetzt bedroht. Erst diese bedrohliche Situation läßt uns erkennen, daß wir von der Artenvielfalt der Natur abhängen, von vielen kleinen, schwachen, leisen und leicht zerstörbaren Lebewesen, die wir bisher nur als Objekte zur Verbesserung unseres Lebensstandards ansahen. Was leicht zerstört werden kann, weil es sich nicht wehrt, kann auch ohne Schaden für den Zerstörer vernichtet werden – so dachten wir in der Beziehung zu unseren Wäldern, aber auch in der Beziehung zu unseren Feinden. Moralische Skrupel wurden durch Tierschutzgesetze beruhigt oder durch pazifistische Appelle, die in den wenigsten Fällen die gewaltsame Zerstörung verhindern konnten. Das Bewußtsein der Machbarkeit und Überlegenheit in Beziehungen zusammen mit der Phantasie von der – durch die Überlegenheit bewiesenen – einseitigen Abhängigkeit führt immer wieder unaufhaltsam zur Vernichtung des Schwächeren. Moralische Appelle helfen da wenig. Nur eine Veränderung des kollektiven Bewußtseins, das den Sündenfall, die Phantasie vom Herausgehobensein aus der Schöpfung, aufhebt, kann daran Entscheidendes verändern.

Die Veränderung des individuellen Bewußtseins im »Sündenfall« wurde mir in Analysen vieler Einzelpersonen und zwischenmenschlicher Beziehungen bewußt. Wir brauchen so lange keinen Vater und keine Mutter, wie wir in der Phantasie leben, selbst Vater und Mutter bzw. Gott zu sein. Wir brauchen scheinbar dann auch nicht unsere »Wurzeln«, nicht die Geborgenheit und nicht die Versorgung, die von Vater und Mutter ausgehen. Wir machen uns das alles selber, denn wir können ja alles. Wir haben dann auch keine Wünsche – wozu denn? Es ist ja (leider und Gott sei Dank!) niemand da, von dem wir abhängig wären, an den wir unsere Wünsche richten könnten. Anstelle der Wünsche haben wir Forderungen, Rechtsansprüche, Befehle, Kontrollmöglichkeiten und Gewalt in der Beziehung zu unseren Mitmenschen und zu unserer Umwelt. Dadurch ist unsere Versorgung gesichert, und wir brauchen uns doch nicht abhängig zu fühlen. Wenn schon, dann sind die jeweils anderen von uns abhängig, wenn wir unsere Rechtsansprüche und Versorgungsansprüche gegen die Mitmenschen und gegen die Umwelt geltend machen.

Wir sind stark und müssen stark sein, weil wir phantasieren, daß immer der Schwächere vom Stärkeren abhängig ist und daß deswegen nur die Versorgung des Stärkeren gesichert ist.

In der Magie der Naturreligionen bestehen andere Vorstellungen über Abhängigkeit. Die Hopi-Indiander zum Beispiel können in ihrer Phantasie Regen machen, indem sie bestimmte Tänze ausführen. Sie fühlen sich für alles persönlich verantwortlich, was ihnen widerfährt, für Naturereignisse, für Umweltkatastrophen, ja sogar für die »Verrücktheiten« ihrer »Feinde«, der amerikanischen und europäischen Kultur. Ihre Zauberer machen sich den Dämonen ähnlich, um mit ihnen zu ringen, sie zu besiegen oder zu vertreiben. Unsere aufgeklärte Naturwissenschaft hat uns bewiesen, daß Regenfälle nicht von Tänzen abhängen und daß es Dämonen gar nicht gibt. Dadurch ist uns das Bewußtsein für die Interdependenz verlorengegangen. Wir glauben, die Natur ohne schädliche Konsequenzen für uns ausbeuten und manipulieren zu können. Die Dämonen der Naturreligionen stören uns nicht dabei, es gibt sie ja nicht. Wenn wir Gene manipulieren können »zum Nutzen der Menschheit«, welche Dämonen könnten uns daran hindern?

Ich will nicht zurück in die Naturreligionen. Aber ich will sagen, daß es »Dämonen« gibt, daß alles, was wir durch unreflektierte Gewaltanwendung unterdrücken und verdrängen, uns verfolgt und schädigt. Ich will das Bewußtsein für unsere Eigenverantwortung in allen unseren Beziehungen fördern. Nur wenn wir davon wissen, daß und wie wir selbst viele Naturkatastrophen machen, daß wir selbst die Kriegsgefahr produzieren, können wir schrittweise damit aufhören.

### *b) Die Wiederkehr des Verdrängten*

Nach allem bisher Gesagten ist wohl erkennbar geworden, daß es mir um eine neue Art von Aufklärung geht, nicht mehr um die Aufklärung über unsere Unabhängigkeit, sondern um die Aufklärung über unsere (gegenseitigen) Abhängigkeiten. Es handelt sich dabei um das Anliegen, die Realitätswahrnehmung zu verbessern, nicht um Mystizismus. Es geht auch nicht um die Verbesserung der Moral, sondern um ein Bewußtmachen von Interdependenzen, die unbewußt waren. Aus dieser Bewußtseinsveränderung kann sich nach meiner Vorstellung schrittweise (nicht in einem Schritt!) ein dialogischer Abbau von Rüstungen in jeder Hinsicht ergeben.

Ich spreche hier von Verbesserung der Realitätswahrnehmung. Aber was ist eigentlich Realität? Für *die* Realität halten wir zumeist den Ausschnitt der Welt und der eigenen Person, den wir wahrnehmen können. Realität ist also keine absolute oder objektive Gegebenheit. Was wir wahrnehmen und was wir nicht wahrnehmen, ist immer durch unsere Beziehung zu uns selbst und zur Außenwelt bedingt. Deshalb hat es wenig Sinn, sich darüber zu streiten, was real und was nicht real ist. Viel Sinn hat es dagegen, gemeinsam herauszufinden, welche Folgen welche Art der Realitätswahrnehmung hat. Ein zentrales Anliegen der Psychoanalyse – aber nicht nur der Psychoanalyse – ist es, zu zeigen, daß Verdrängung und Verleugnung von Anteilen der inneren und äußeren Realität selbstschädigend sind. Von diesem Standpunkt aus können wir durch die Wiederkehr des Verdrängten ins Bewußtsein nur gewinnen, wenn wir auch gleichzeitig immer Machtpositionen in uns selbst und über andere oder anderes aufgeben müssen. Realität wird hier nicht als eine »eigentliche«, letztlich doch »objektive« Gegebenheit angesehen, sondern als eine immer nur vorgestellte Ganzheit, der wir uns mehr oder weniger annähern können. Die Schritte auf dem Weg dieser Annäherung sind entscheidend, nicht die absolute Distanz zwischen uns und »der Realität«.

Das traditionelle naturwissenschaftliche Denken nahm an, die Realität wenigstens partiell dann erreicht zu haben, wenn bestimmte Techniken funktionierten, wenn bestimmte Vorhersagen auch eintrafen. Man glaubte, die Realität in einem bestimmten Forschungsfeld dann vollständig erfaßt zu haben, wenn man alle Variablen eines Ereignisses überblicken und eventuell auch kontrollieren konnte. Für Phantasien und unbewußte Anteile ist in diesem Denken kein Platz. Das einzige Kriterium für die Richtigkeit der Erkenntnisse und Aussagen ist die Effektivität.

Andere »Propheten« sehen andere Ausschnitte aus der Realität. Sie haben deswegen auch andere Kriterien für den Grad ihrer Annäherung an die Realität. Für mich als Psychoanalytikerin geht es weniger um die Effektivität meiner Methode als Prüfstein für meine Wissenschaftlichkeit. Für mich geht es um die *Vollständigkeit meiner Wahrnehmung.* Für vollständig halte ich meine Wahrnehmung an bestimmten Stellen erst dann, wenn ich die Gegenläufigkeit gesehen habe, wenn ich neben der Erstarrung eines Menschen, einer Familie oder einer Gesellschaft auch deren Lebendigkeit wahrnehmen kann, wenn ich neben Verzweiflung und Angst auch Hoffnung und Wünsche sehe usw. Alle Phänomene enthalten nach meiner Erfahrung beides, den Lebenswunsch und das Scheitern dieses Wunsches bzw. den Kampf gegen diesen Wunsch, die Möglichkeiten zur Veränderung und die Schwierigkeiten, die ihr entgegenstehen.

Zumeist wird eine der beiden Seiten dieser Realität verdrängt oder auf andere Weise unbewußt gemacht. Das führt zu Verhaltensweisen, die mir irreal erscheinen und die selbstschädigend sind. Sieht man in unserer »Zeitenwende« nur die ermutigenden Seiten der Veränderung, dann übersieht man die kollektive und individuelle Angst vor der Veränderung und damit die Hindernisse, die ihr entgegenstehen. Sieht man nur die Zerstörung und die täglichen Beweise für den kommenden kollektiven Selbstmord, dann übersieht man die Lebenswünsche in ihrer potentiellen Kraft und rechnet auch nicht mehr mit ihnen.

Dieses Verständnis von Realität führt nicht zu weiterem Bewältigungswissen, es fördert im Gegenteil das Erhaltungswissen. Gerade die Teile der Realität, die uns bei der Ansammlung von Bewältigungswissen im Wege stehen, helfen uns beim Erwerb von Erhaltungswissen. Die traditionell auf Bewältigungswissen gerichteten Wissenschaften lehrten uns die Wichtigkeit von Selbst- und Naturbeherrschung, von Kopfarbeit und persönlicher Abgrenzung. Sie versuchten den Körper dem Geist zu unterwerfen. Das bedeutete den Verlust unserer Sinnlichkeit und unseres Vertrauens in die eigene Lebendigkeit. Diesem Trend liefen von Anfang an Strömungen entgegen, die versuchten, Sinnlichkeit und Sexualität als Grundlagen der Lebendigkeit zu erhalten. Zum Teil wurde bei diesen Versuchen die Sinnlichkeit wiederum verplant, zur Norm erklärt und so selbst wieder zu Repression verwendet. Dadurch wurde der Zwiespalt zwischen Rationalität und Sinnlichkeit noch nicht aufgehoben; nur die Herrschaftsverhältnisse wurden umgekehrt.

Für Freud ging es im Gegensatz dazu um die Integration der verdrängten Sinnlichkeit in das bewußte Leben und Erleben. Dazu mußte er die Angst als Grundlage der Spaltung erkennen und annehmen, die je persönliche und kollektive Angst vor der Stärke der Triebwünsche und vor deren Realisierung. Er versuchte, nicht vor dem Verdrängten wegzulaufen. Er wandte sich um und bemühte sich, mit dem ihn und uns alle verfolgenden und schädigenden »Bösen« umzugehen. In seiner Eigenanalyse, die zum Vorbild für alle späteren Analysen wurde, versuchte er, alle Einfälle zuzulassen, auch und gerade, wenn sie unangenehm waren oder unsinnig und unwichtig zu sein schienen. Die Heilung des psychisch und psychosomatisch kranken Menschen bestand für ihn in der Erforschung der verdrängten Anteile der Person. Diese Art der Aufklärung, die die Gegenläufigkeit – und das heißt die unbewußten Anteile – aufdeckt, führt nicht zur Selbstzerstörung, sondern zur Erhaltung oder Wiedergewinnung von Leben und Lebensmöglichkeiten. Sie führt nicht zur Bewältigung, sondern zur Erhaltung von Natur in uns und um uns herum. Sie führt zu einer Zunahme der menschlichen Potenz, weil die Triebe (wie auch immer man sie wissenschaftlich einteilen oder definieren mag) auch Triebkräfte zur Veränderung und zum Überleben sind.

Was aus der Verdrängung wiederkehrt, wenn wir es zulassen, ist also erstens das Bewußtsein der Verdrängung überhaupt, zweitens das bewußte Erleben unserer natürlichen Triebbedürfnisse, drittens ein Bewußtsein unserer Abhängigkeiten und viertens die Fähigkeit, Gefahren, die uns bedrohen, besser wahrzunehmen. Für manche Gefahren wie etwa radioaktive Strahlen haben wir keine natürlichen Sensoren. Wir müssen uns auf Geigerzähler verlassen und auf unsere Wissenschaftler, Techniker und Politiker, daß sie uns über unsere Gefährdung richtig informieren. Oft geschieht es, daß die Gefahren nicht im ganzen Ausmaß ihrer Bedrohlichkeit erkannt werden oder daß man sie, wo sie erkannt werden, doch verheimlicht, damit das Volk sich nicht beunruhigt und Erhaltung statt Bewältigung fordert. In solchen Situationen finden sich immer häufiger Menschen, die versuchen, die absichtlich und bewußt produzierte Unbewußtheit beim Volk aufzuheben und die Öffentlichkeit zu informieren über geheime Machenschaften der Mächtigen, über die bewußte Verheimlichung der Steigerung von Rüstungsausgaben, über geheime Pläne zur Militarisierung der Bevölkerung und zur Einschränkung der Menschenrechte unter dem Deckmantel von Zivilschutzgesetzen und über vieles andere mehr. Zwar stören solche Menschen und ihre Aktivitäten die Regierbarkeit, weshalb sie auch, so gut es geht, unterdrückt und diffamiert werden. Für die Selbstheilungskräfte des Volkes sind sie die größte Hoffnung, da sie lebensgefährliche Täuschungen und Selbsttäuschungen aufheben. Sie klären uns aus ihren jeweiligen Erkenntnisfeldern auf über die Zusammenhänge zwischen Kapital und Rüstung und über die tatsächliche Konzentration von Schadstoffen in den Städten (wo die amtlichen Stellen in einer Höhe von über drei Metern über dem Boden die Konzentration der Schadstoffe messen lassen und so nur einen winzigen Bruchteil der Schadstoffe in Kinderwagenhöhe erfassen). Sie wirken wie gesunde T-Helfer-Zellen, die die adäquate »Immunabwehr« der Bevölkerung anregen.

Zu viele haben leider diese Funktion der »guten Propheten« an den Staat abgetreten, der sie im Widerstreit der wirtschaftlichen und industriellen Interessen und der Lebensinteressen der Bevölkerung oft nur sehr schlecht erfüllt. Eigentlich wäre und ist jeder von uns aufgerufen, Täuschungen und Selbsttäuschungen, so gut er kann, aufzudecken und diese seine eigenen Wahrnehmungsveränderungen öffentlich mitzuteilen. Es gibt keine Erkenntnisfelder in Politik, Forschung und Technik, die nicht von Menschen eingesehen werden könnten; jeder Mensch trägt deshalb die Verantwortung, Gefahren, die ihm bekannt sind, auch der Öffentlichkeit bekannt zu machen und so zur gemeinsamen Rettung beizutragen.

### *c) Veränderung des Bewußtseins – Veränderung des Verhaltens*

Aber genügt denn eine Bewußtseinsveränderung in unserer Lage? Müssen wir nicht vielmehr sofort und effektiv handeln, um das Schlimmste noch zu verhindern? Müssen wir nicht auch Gewalt anwenden, wenn wir den gewaltigen militärisch-industriellen Interessen gegenüberstehen? Diese lassen sich doch durch Bewußtseinsveränderung nicht beeinflussen! Wenn ich vergewaltigt werde, dann hilft mir ein Bewußtseinswandel wenig, dann muß ich handeln, dann *ist* der andere mein Feind, dann habe ich Angst *vor ihm* und nicht vor mir selbst. Wir wissen doch eigentlich alle, worum es geht, aber niemand tut etwas. Es fehlt also am Handeln und am Mut zum Handeln, nicht am Bewußtsein. – So und ähnlich wird mir oft entgegnet, wenn ich über die Notwendigkeit einer Bewußtseinsveränderung als Grundlage für eine Verhaltensänderung spreche. Sogar bei psychoanalytischen Kollegen begegne ich gelegentlich der Einstellung, daß der »natürliche Auftrieb des Unbewußten«, wie ihn Freud beschrieb, ganz schön sei, aber in schweren Fällen eben doch nicht für die Gesundung ausreiche. Da müsse man unter Umständen doch handeln, besonders in akuten Krisensituationen[3].

Ich glaube, daß hier eine falsche Alternative gesehen wird. Aktives Handeln und Bewußtseinsveränderung scheinen einander auszuschließen. Wer über sich selbst nachdenkt, scheint nicht mehr handlungsfähig zu sein, und wer handelt, braucht sich scheinbar nicht um die Vollständigkeit seiner Wahrnehmung zu kümmern. Es ist dasselbe Mißverständnis, das auch innerhalb der Psychoanalyse entstand: Analysieren und Handeln stören sich von vorneherein gegenseitig. Deswegen, so glaubt man, darf ein Analytiker niemals konkrete Handlungen in der Beziehung zu seinen Patienten durchführen[4]. Psychoanalyse wurde durch dieses Mißverständnis von vielen Kollegen für grundsätzlich unvereinbar mit Krisenintervention gehalten.

Handeln und Analysieren brauchen sich aber nicht auszuschließen. Eine möglichst gute Wahrnehmung der Realität in dem hier beschriebenen Sinn *beim* Handeln erhöht dessen Fruchtbarkeit. Je mehr die Realitätswahrnehmung des Handelnden durch Verdrängungen beeinträchtigt ist, desto mehr sabotiert er seine eigenen Absichten durch die Art seines Handelns. Wer im persönlichen und politischen Bereich etwas unternimmt, kann mit seinen friedens- und lebenserhaltenden Absichten nur in dem Maße erfolgreich sein, wie ihm bei seinem Tun bewußt ist, was dieses Tun für alle Beteiligten bedeutet. Wenn ich einen Schritt auf einen anderen zumache, ihn auffordere, etwas zu sehen, was er vorher aus Angst nicht sah, dann muß ich dabei wissen und berücksichtigen, daß er vor diesem Sehen Angst hat und daß er deswegen auf doppelte Weise reagieren wird: Er wird gegen meine Information und eventuell auch gegen mich auf irgendeine Weise kämpfen, genauso wie er gegen den Inhalt meiner Botschaft mit Hilfe der Verdrängung in sich selbst kämpft. Es wird durch meine Annäherung aber auch eine Hoffnung in ihm angesprochen, eine Hoffnung auf Leben und lebendige Veränderung. Manchmal ist diese Seite nur sehr schwer zu sehen, aber es lohnt sich in allen Fällen, danach zu suchen. Ich bin überzeugt, daß dieses Prinzip immer dann zutrifft, wenn es um eine in meinem Sinn »gute Aufklärung« und nicht um die Botschaft der Schlange (»Ihr werdet sein wie Gott«, d. h. ich/wir werden die Welt und unsere Mitmenschen beherrschen) geht.

Ich muß aber gleichzeitig auch bei diesem meinem Handeln wissen und berücksichtigen, daß auch ich selbst nicht nur die Veränderung will, sondern ebenfalls zu einem gewissen Grad gleichzeitig Angst vor ihr habe. Wenn ich diese meine Angst (vor der Selbstbestimmung und vor der Freiheit) übersehe, dann jage ich sie durch die Art meines Handelns dem anderen ein, und dieser wird unseren gemeinsamen Widerstand übernehmen. Ich konstelliere ihn mir also selbst als »Wand« und renne mir unter Umständen an dieser Wand den Kopf ein, was mir wiederum zur Bestätigung meiner moralisch überlegenen, in bezug auf meine Absichten und Wünsche unterlegenen Märtyrerposition verhilft. Dasselbe geschieht, wenn ich nicht mit der Hoffnung meines Gegenübers rechne, sondern, ebenso aus einem moralischen Überlegenheitsgefühl heraus, ihn nur für »machtbesessen, feindlich, destruktiv« usw. halte. Auch dann arbeite ich nicht *mit* seiner emanzipatorischen Seite, sondern *gegen* seine Angst vor der Befreiung in ein menschlicheres Zusammenleben. Mein Interesse, der oder die Bessere zu sein, überwiegt gegenüber meinem Interesse, den anderen für eine gemeinsame Veränderung zu gewinnen, und so entspricht auch das Ergebnis meines Verhaltens der in mir vorherrschenden Interessenlage: Ich gehe als moralische(r) Sieger(in) und in der Sache unterlegen aus dem Kampf hervor.

Die Erkenntnis dieser Prinzipien sind nach meinem Verständnis wichtige, ja unabdingbare Voraussetzungen für eine »sanfte Politik«. Sanft heißt hier nicht: gewaltfrei im Sinne von plötzlichem Wegwerfen aller bisherigen »Rüstungen«. Sanfte Politik bedeutet für mich ebenso wie sanfte Technik ein Forschen und Handeln, das die zwischenmenschlichen Beziehungen und ihre Gesetzmäßigkeiten ebenso einbezieht wie die Gesetzmäßigkeiten des Umgangs mit der Natur in ihrem vollen Ausmaß und mit allen ihren Auswirkungen auch für spätere Zeiten. In der »sanften Politik«, die man in diesem Sinne auch als »aufgeklärte Politik« bezeichnen könnte, geht es zum Beispiel darum, nicht in billig moralisierender Weise die jeweils Unterdrückten in anderen Staaten ideologisch, finanziell und militärisch gegen die ihnen feindlich gegenüberstehenden Machthaber zu unterstützen und dadurch für die eigenen Zwecke zu mißbrauchen (Sacharow, Solidarnosč, DKP). Oft werden Veränderungsmöglichkeiten in diesen Völkern gerade durch das Ausspielen der einen gegen die anderen von außen blockiert. Das könnte man wissen, wenn man sich daran erinnert, wie man als Kind durch das Ausspielen der Eltern gegeneinander zum eigenen Machtgewinn das gespaltene System und das in ihm enthaltene Elend aller Beteiligten mit aufrechterhalten hat. Hat man diese Dynamik allerdings noch nicht verstanden, dann wird man weiterhin »unaufgeklärte Politik« betreiben, die nur dem eigenen Machtgewinn dient und niemandem, auch einem selbst nicht aus dem Elend heraushilft.

Aber führt eine Bewußtseinsveränderung *immer* zu einer Verhaltensänderung? Auch in einer Psychoanalyse sieht es manchmal so aus, als hätte sich das Bewußtsein verändert. Nur das Verhalten ist noch gleich. In solchen Fällen handelt es sich sehr oft um ein ausschließlich intellektuelles Verständnis der Zusammenhänge, das hier wie in der großen Politik kaum zur Veränderung des Verhaltens beiträgt. Aufklärung im Sinn von größerer Intellektualität bringt oft nur neue Abwehrformen gegen die Angst mit sich. Nur das Wiedererleben der verdrängten Angst und der verdrängten Wünsche hat tatsächlich eine Veränderung des Verhaltens zur Folge. Verhalten ist immer das Ergebnis einer Abwägung zwischen Wünschen und Risiken. Wenn die Gefahr größer zu sein scheint als die erwartete Befriedigung, dann gehen wir keinen Schritt. Es ist deshalb sinnvoll, sich die eigene Angst und die eigenen Möglichkeiten möglichst oft bewußt zu machen und mit sich selbst in solchen Situationen Erfahrungen zu sammeln. Wenn ich nicht oft ins Wasser gesprungen bin, glaube ich entweder, daß das ganz leicht wäre, wenn ich nur wollte, oder daß ich das nie und nimmer könnte. Häufiges Ins-Wasser-Springen in »politischen« (Konflikt-)Situationen verhilft zu einer zunehmend realistischen Einschätzung der eigenen Möglichkeiten und Ängste. Das bewahrt einen davor, in einem unrealistischen Ohnmachtsgefühl zu verharren oder in Überschätzung der eigenen Möglichkeiten sich immer wieder den Kopf einzurennen.

Dieses fruchtlose Gegen-die-Wand-Rennen aufgrund unbewußter Selbstbestrafungstendenzen ist nicht nur für den eigenen Kopf schädlich, sondern auch für das Bewußtsein aller Beteiligten. Sogar dem »Gegner« nimmt es die Hoffnung auf eine Befreiung. Auch er erlebt auf diese Weise immer wieder die Bestätigung der in ihm schon vorhandenen Vorannahme, daß ein Aufstand der Lebenswünsche gegen die Machtinteressen keine Chance hat. So kann man in vielen kleinen Schritten, die zumeist im ganz privaten Bereich beginnen, Erfahrungen sammeln mit sich selbst in der Beziehung zu anderen. Man kann bei sich selbst unterscheiden lernen, ob man das Gefühl hat, den anstehenden Konflikt auch bis zu einem guten Ende durchstehen zu können, oder ob die eigene und die fremde Angst vielleicht zu groß ist und deshalb gemeinsam ein Scheitern herbeigeführt werden muß. Eine solche Reflexion *vor* der Aktion kann sehr hilfreich sein für eine realistische Beurteilung dessen, was man wie in Gang setzen will.

Aus der realistischen, unbewußte Anteile einbeziehenden Einschätzung von Veränderungsmöglichkeiten ergibt sich auch eine verbesserte Fähigkeit, mit »Rückschlägen« umzugehen. Als »Rückschlag« verstehe ich hier eine Reaktion, die nicht voll meinen individuellen Wünschen entspricht, sondern die die Angst vor Veränderung bei mir und bei anderen ausdrückt. Wenn ich von vornherein mit einem solchen »Rückschlag« rechne, bin ich nicht mutlos, wenn ich nicht im ersten Schritt das erreiche, was ich will. Ich brauche dann auch nicht verzweifelt (und vielleicht innerlich moralisch triumphierend) wegzulaufen, wenn der »Gegner« sich gegen meine Intentionen wehrt. Wenn ich nicht davon ausgehe, daß aus unserer Begegnung unbedingt das herauskommen muß, was *ich* mir vorher dachte, sondern auf jeden Fall etwas Gemeinsames, dann werde ich mich mehr auf die Qualität dieses Gemeinsamen konzentrieren als auf die Durchsetzung meiner individuellen Version. Dann werde ich auch nach einem »Rückschlag« den zweiten und viele weitere Schritte wagen. Das Leben besteht nicht in kurzfristigen Siegen oder Niederlagen, sondern in lebenslangen Veränderungsprozessen, an denen immer *alle* beteiligt sind. Veränderungen kann und muß nicht ein einzelner vollbringen oder erzwingen.

Für jeden Schritt in diesem Prozeß kommt es nach meiner Erfahrung darauf an, wie viele bisher unbewußte Anteile dabei zugelassen und berücksichtigt werden und wieviel unbewußt bleiben muß. Je mehr bisher unbewußte Wünsche und Ängste ans Tageslicht kommen und in die gemeinsamen Entscheidungen einfließen, desto fruchtbarer ist dieser Prozeß für die Erhaltung des Lebens und des Friedens. Wenn wir die Gefahren der Plutoniumswirtschaft in ihrem vollen Gewicht wahrnehmen, dann werden wir uns intensiver und wirksamer für ihre Vermeidung einsetzen, als wenn wir sie verdrängen, weil sie uns unbewältigbar erscheinen. Sachzwänge beruhen auf Denkzwängen, und diese wiederum werden durch die Wiederkehr von verdrängten Inhalten immer wieder aufgelöst oder auch in neue, erweiterte Formen umgewandelt. Dieser Prozeß hört nie auf. Deshalb kann man auch sagen: Solange ich lebe, ist es nicht zu spät, mich daran zu beteiligen.

# 5. Emanzipation als Verzicht auf die Macht

## *a) Was ist Emanzipation?*

Der Begriff »Emanzipation« hat viele verschiedene Bedeutungen, je nachdem, welche Art von Befreiung und welche Art von Herrschaft, die aufgelöst werden soll, gemeint ist[1]. Im römischen Recht bedeutete Emanzipation die Entlassung eines Familienmitglieds aus dem *manicipium*, d. h. aus der väterlichen Gewalt. Mit dem Beginn der Neuzeit nahm der Begriff die allgemeinere Bedeutung von Mündigwerden an, stets bezogen auf eine bestimmte soziale Schicht oder Gruppe, die aus der Vorherrschaft anderer Schichten und Gruppen befreit werden sollte. Während zum Beispiel im 19. Jahrhundert unter Emanzipation noch vorwiegend die Befreiung von der autoritären Staatsgewalt (deutscher Liberalismus), die Überwindung der Klassengesellschaft (Karl Marx) und auch die Befreiung der Frauen von der Vorherrschaft der Männer[2] verstanden wurde, veränderte sich der Begriff zu Beginn unseres Jahrhunderts nicht zuletzt unter dem Einfluß der Psychoanalyse dahin gehend, daß nun auch zunehmend die Befreiung von den introjizierten gesellschaftlichen Herrschaftsverhältnissen, also psychoanalytisch ausgedrückt: von der Herrschaft des Überich, gemeint war.

Freuds Erkenntnisse gaben wichtige Anstöße für die Freiheitsbewegung um und nach 1900, nämlich sowohl für den Aufstand der Söhne gegen die Väter bzw. gegen die autoritären patriarchalischen Gesetze und gesellschaftlichen Normen als auch für die Befreiung der Frauen und die Phantasien von einer Rückkehr ins Matriarchat[3].

Freud selbst stand allerdings zum Teil auch auf der Seite der gesellschaftlichen Vorurteile seiner Zeit, wenn er zum Beispiel die »Minderwertigkeit« der Frau als eine biologische Gegebenheit ansah; oder wenn er die feministische Bewegung nur als Ausdruck des »Männlichkeitskomplexes« bzw. des »Penisneides« der Frauen ansah und über die Kämpfer für die Gleichberechtigung der Frau schrieb: »... die Feministen ..., die uns eine völlige

Gleichstellung und Gleichschätzung der Geschlechter aufdrängen wollen«[4]; oder wenn er Verbindungen zwischen sozialistischen und marxistischen Gedanken einerseits und psychoanalytischen Gedanken andererseits strikt ablehnte und immer wieder darauf bestand, daß Psychoanalyse keine politische Theorie sei oder werden dürfe[5].

Ich möchte hier nicht die Geschichte der psychoanalytischen Theorien über weibliche Sexualität und die zum Teil aus diesen abgeleiteten Phantasien über das Matriarchat sowie die zu diesen Theorien konträr verlaufenden Vorstellungen über eine Emanzipation der Frau im feministischen Sinn darstellen[6]. Ich möchte auch nicht die ausführliche, insbesondere von der Frankfurter Schule geführte Diskussion über die gesellschaftspolitische Relevanz der Psychoanalyse aufnehmen[7]. Vielmehr will ich einen ganz spezifischen Emanzipationsbegriff zur Diskussion stellen, der sich für mich aus der psychoanalytischen Arbeit mit Einzelpatienten, mit Paaren und Gruppen, vor allem aber mit Familien ergeben hat: Emanzipation, verstanden als Verzicht auf die Macht.

### *b) Machtbeziehungen*

Zunächst möchte ich beschreiben, wie aus meiner psychoanalytischen Sicht die Entstehung von Machtbeziehungen in Familien vor sich geht. Ich gehe nicht von biologischen Thesen aus, die eine objektive Abhängigkeit der kleinen Kinder von ihren Müttern oder eine scheinbar objektive Minderwertigkeit der Frauen gegenüber den Männern (Freud) in den Vordergrund stellen, und auch nicht von entwicklungspsychologischen Vorstellungen, die eine »natürliche« oder »normale« Entwicklung des Individuums nach phasenspezifischen Kriterien untersuchen, sondern ich versuche, das Erleben in Beziehungen zu beschreiben und die spezifischen Lösungen, die in der ödipalen Situation jeder einzelnen Familie zwischen Eltern und Kindern gefunden werden. Es handelt sich dabei um eine familiendynamische oder beziehungsanalytische Weiterentwicklung der Freudschen Gedanken zur Entstehung des sekundären Narzißmus und zum Ödipuskomplex, die zu neuen Aspekten der weiblichen und männlichen Sexualität, der Störungen dieser Sexualität und der Auflösung dieser Störungen führt.

Ich sehe die Entstehung und die Qualität von Machtbeziehungen in der Familie unter zwei Aspekten, die für mein Verständnis eng miteinander verbunden sind: unter dem Aspekt der nazißtischen Machtausübung und unter dem Aspekt der Ersatzpartnerbeziehung[8]. Der erste Aspekt bezieht sich auf Freuds Bild von den Pseudopodien eines Protoplasmatierchens, die je nach Umwandlung von Ichlibido in Objektlibido und umgekehrt ausgestreckt bzw. zurückgezogen werden können[9]. Solche Vorgänge beobachte ich in Familien ständig. Die nach Freuds Terminologie als Objektlibido zu bezeichnenden Wünsche an den Beziehungspartner werden entweder für diesen erkennbar ausgedrückt (die Pseudopodien werden ausgestreckt), oder sie werden verdrängt bzw. nicht erkennbar geäußert (die Pseudopodien werden zurückgezogen). Ich sehe in Familienbeziehungen und natürlich entsprechend in allen zwischenmenschlichen Beziehungen unentwegt dieses Spiel zwischen dem Ausstrecken dieser »Arme«, die Wünsche ausdrücken können, Gefühle äußern können, die empfinden können, wie sich der andere fühlt, die aber auch eventuell zuschlagen können, wenn die Person wütend ist, und dem Rückzug dieser »Arme«.

Nach Freuds Bild befindet sich eine Person, die ihre Objektlibido aus Angst vor Frustration oder wegen erfahrener Frustration in narzißtische Libido umgewandelt hat, im Zustand des sekundären Narzißmus, sie hat ihre Pseudopodien zurückgezogen. Aus meiner familientherapeutischen Erfahrung möchte ich diesen Zustand noch genauer beschreiben. Ich bin nämlich wie Freud der Meinung, daß kein Mensch seine Wünsche und Gefühle tatsächlich vollständig unterdrücken kann, ohne daß sie an anderen Stellen, etwa in Form eines Symptoms, wieder zum Vorschein kämen. So geschieht das auch mit den »zurückgezogenen« Wünschen und Gefühlen der Individuen in Familien. Diese zurückgezogenen »Arme« gehen sozusagen »in den Untergrund« und werden von dort aus in Form von Erpressungs- oder Machtmechanismen wirksam. Bildlich ausgedrückt verwandeln sich die »Arme« in starre »Haken«, durch die die Familienmitglieder miteinander verbunden sind und gleichzeitig in Abstand voneinander gehalten werden. Diese von mir als »Ersatzkontakt« und »Ersatztrennung«[10] beschriebenen Beziehungsformen sind der Ausdruck interpsychischer Abwehrmechanismen, die für den einzelnen und für die Beziehung den jeweils optimalen Kompromiß zwischen Befriedigungsmöglichkeit und Sicherheitsbedürfnis darstellen. Die »Haken« des einen passen nämlich sehr genau in die »Haken« des anderen, wodurch eine feste Verbindung zwischen den Beziehungspartnern gewährleistet ist, wenn auch in manchen Fällen diese Verbindungen so starr sind, daß nur noch sehr wenig Spielraum für die Lebendigkeit der einzelnen übrigbleibt. Immer wenn der eine »A« sagt, muß der andere »B« sagen, wenn der eine sich grandios fühlt, muß der andere sich depressiv fühlen, wenn der eine unausgesprochene Wünsche hat, muß sie der andere erraten, wenn der andere die Wünsche nicht errät, ist der eine schuld, oder doch der andere, usw. Die »Haken« gewährleisten, so einschränkend sie oft sind, einen Schutz vor der Angst, in Beziehungen miteinander zu verschmelzen, und gleichzeitig vor der Angst, die Verbindung zum anderen ganz zu verlieren. Diese beiden Gefahren würden in solchen Familien drohen, wenn man Wünsche und Gefühle direkt äußern würde und nicht über den Umweg der Erpressung. Eine erpresserische Beziehung erscheint dann immer noch besser als gar keine – und so wird der Ersatz für das Original in Kauf genommen, weil er weniger Angst macht.

Unter dem zweiten, dem ödipalen Aspekt sieht die Entstehung der Machtbeziehung folgendermaßen aus: Wenn die Beziehung zwischen einem Elternpaar unbefriedigend ist – und das ist sie in dieser oder jener Form und in unterschiedlichem Ausmaß in allen Fällen –, besteht zwischen den Eltern eine »Leerstelle«, in die ein Kind ebenso wie jeder andere wichtige Dritte, etwa ein Freund, oder auch der Therapeut, unweigerlich »hineinrutscht«. Die unerfüllten Wünsche der beiden Eltern bleiben nicht einfach unerfüllt, sondern sie suchen nach einem Ersatzpartner in einer dritten Person. Regelmäßig nehmen bei der Partnerwahl noch die eigenen Mütter und/oder Väter diese Stelle des Ersatzpartners ein, der bildlich ausgedrückt »zwischen dem Paar im Bett liegt« und auf diese Weise sowohl die Verbindung als auch die Trennung, also den nötigen Sicherheitsabstand zwischen den beiden, gewährleistet. Dem Kind oder den Kindern bleibt das Los des Ersatzpartners auf keinen Fall erspart, auch wenn die Eltern das bewußt noch so sehr vermeiden wollen. Das Kind entwickelt eine Identität, die z. B. so heißen könnte: »Ich bin wertvoll, wenn ich meinen ›unfähigen‹ Vater für meine ›arme‹ Mutter ersetzen kann, also muß ich immer besser sein als mein Vater. Andererseits bin ich bedrohlich für meinen Vater, wenn ich besser bin als er. Ich muß also aufpassen, daß dieser Fall nie eintritt.« Es gibt unzählige Varianten dieser Ersatzbeziehungen, die alle dem gleichen Grundprinzip folgen: Sie spalten das Kind in widersprüchliche Anteile. In dem genannten Beispiel schwankt das Kind – es könnte ein Junge oder auch ein Mädchen sein – zwischen dem Wunsch bzw. der Notwendigkeit, den Vater zu übertreffen, und dem Wunsch oder der Notwendigkeit, sich dem Vater zu unterwerfen. Entsprechend den verschiedenen Ersatzbeziehungen entstehen die verschiedensten Widersprüche, die sich gegenseitig überschneiden.

Die paradoxen Botschaften gehen aber nicht nur als widersprüchliche Aufträge von den beiden Eltern aus, sie sind auch grundsätzlich charakteristisch für die Beziehung zwischen Ersatzpartnern überhaupt. Um die durch die »Leerstelle« zwischen den Eltern und durch die Ersatzpartnerschaft gegebene Inzestgefahr zu vermeiden, muß zwischen Eltern und Kindern (und soweit es sich um eine Ersatzpartnerschaft handelt, auch zwischen den Eltern selbst) eine starre Verbindung eingerichtet werden, die nur durch eine Doppelbindung gewährleistet ist. Die jeweiligen Beziehungspartner dürfen nicht eindeutig »Komm her« zueinander sagen (Inzestgefahr), sie können auch nicht eindeutig »Bleib weg« zueinander sagen (Gefahr der Isolierung und der Frustration der an den Ersatzpartner gerichteten Wünsche). Sie müssen diese beiden Aussagen zu einem »Komm her – Bleib weg« kombinieren, das alleine den sicheren Abstand und die ersatzweise Befriedigung ermöglicht. Dieses »Komm her – Bleib weg« geht von allen beteiligten Personen aus, auch vom Kind, das seine Ersatzpartnerrolle zur Erhaltung einer positiven Identität und relativen Befriedigungsmöglichkeit übernimmt und später entsprechend auf seine Partner und Kinder überträgt. Betrachtet man die Kommunikation in Ersatzbeziehungen, dann fällt einem auf, daß die Ambivalenz der Botschaften meist zwischen den beiden Beziehungspartnern aufgespalten ist: Wenn der eine sagt: »Komm' her«, muß der andere sagen: »Bleib weg«, wenn der eine sagt: »Ich bin klein«, muß der andere sagen: »Du bist groß«, wenn der eine »A« sagt, muß der andere »B« sagen usw.

Hier wird erkennbar, daß die Ersatzpartnerbeziehung und die narzißtische Beziehung dieselbe Qualität haben: Beide sind Machtbeziehungen, die zwei oder mehr Personen in starrer Abhängigkeit miteinander verbinden und die in ihrer Abwehrfunktion die Angst vor der Verschmelzung bzw. vor dem Inzest und die Angst vor der Isolation oder der Frustration bewältigen helfen.

Diese familiendynamische oder beziehungsanalytische Theorie der Entstehung von Machtbeziehungen hat weitreichende Konsequenzen für das Verständnis vieler Phänomene und insbesondere vieler Symptome, die vor diesem Hintergrund regelmäßig als Ausdruck von Machtbeziehungen erkennbar werden. Ich möchte im folgenden einige Konsequenzen dieser Theorie für das Verständnis der männlichen und weiblichen Sexualität, insbesondere für das Verständnis des sogenannten Penisneides darstellen und anschließend auf die Konsequenzen für die Therapeut-Patient-Beziehung eingehen, die ich vorwiegend unter dem Aspekt der Übertragung der familiären Beziehungsmuster des Analytikers und des Analysanden sehe.

Die Entwicklung der weiblichen und männlichen Sexualität kann ich natürlich von dem beschriebenen theoretischen Standpunkt aus nicht nur als phasenspezifische Entwicklung oder Reifung bestimmter Partialtriebe sehen, die sich dann unter dem Primat der Genitalität zusammenschließen, wie Freud das tat. Ich kann auch nicht wie A. Miller[11] zu der von Freud zunächst entwickelten, dann aber wieder aufgegebenen Verführungstheorie zurückkehren, in der das Kind ausschließlich zum Opfer, die Eltern zu – wenn auch wegen ihrer eigenen Probleme entschuldigten – Ausbeutern werden. Für mich verbinden sich die beiden Theorien, der Aspekt der Wünsche des Kindes und der Aspekt der Wünsche der Eltern, zu der Frage, wie weit eindeutige Beziehungen, also Partnerbeziehungen, Eltern-Kind-Beziehungen und Geschwisterbeziehungen, in einer Familie gelebt werden können, und wie weit diese Beziehungen miteinander vermischt sind, und deswegen Verführung, Angst und Abwehr in Form von Machtausübung enthalten.

Ich sehe hier die sexuelle Entwicklung des Jungen und des Mädchens ganz parallel. Sie sind für mich auch nicht prinzipiell dadurch unterschieden, daß beide zuerst meistens vorwiegend von der Mutter versorgt werden und deshalb für beide ein »Objektwechsel« von der Mutter zum Vater nötig ist. Als Ausdruck der Familienbeziehungen halte ich es wohl für wichtig, wer von beiden Eltern das Kind in der ersten Zeit versorgt. Wenn die Theorie vom Objektwechsel jedoch eine objektiv gegebene Regelmäßigkeit in der Entwicklung eines jeden Kindes feststellt, dann sehe ich die Gefahr, daß wiederum, ähnlich wie bei der Frage des Penisneides, ein durchschnittlich zu erwartendes gesellschaftsspezifisches Phänomen als biologische Tatsache bzw. als entwicklungspsychologische Regelmäßigkeit angesehen wird.

Ich betrachte in meinem Ansatz also weniger die »objektiven« Regelmäßigkeiten der »normalen« Entwicklung als die jeweilige Spezifität der Beziehungsdynamik und die in ihr ausgedrückten Wünsche, Ängste und Abwehrmechanismen. Deshalb ist es mir für das Verständnis der Entwicklung eines jeden Kindes von Anfang an wichtig, die Familienstruktur zu erfassen, in die das Kind hineingeboren wird, und hier besonders die »Leerstellen« zwischen den Eltern zu sehen, die durch die Identität des Kindes ersatzweise ausgefüllt werden. Lehnt z. B. die Mutter eines Jungen ihren Mann bzw. dessen sexuelle Wünsche an sie ab, weil sie in ihrer Ersatzpartnerbeziehung noch an ihren eigenen Vater gebunden ist und deshalb entsprechende Inzestängste = Genitalängste hat, dann wird sie ihren Sohn wegen ihrer unbefriedigten sexuellen Bedürfnisse einerseits sexuell verführen und andererseits von sich fernhalten. Sie wird ihm die Botschaft »Komm her – Bleib weg« vermitteln. Der Sohn seinerseits wird die dazu komplementäre Beziehungsform entwickeln: Er wird an die Mutter gebunden bleiben, da er ja den Vater sein Leben lang von der Mutter fernhalten muß. Ferner wird er zu seiner Mutter wie auch zu deren Nachfolgerinnen sagen: »Komm her – Bleib weg.« Vielleicht wird er ein Don Juan, der in der Übertragung seiner

Inzestängste auf seine Partnerinnen immer dann, wenn ihm eine Frau zu nahe kommt, schnell eine andere dazwischenschieben muß, damit seine Angst vor Impotenz, die letztlich Angst vor der sich fordernd nähernden ödipalen Mutter ist, nicht zu groß wird. Gleichzeitig entwickelt er vielleicht homosexuelle Neigungen, weil er sich seinem unbefriedigten Vater auch als Frauersatz anzubieten gelernt hat. Auch diese Wünsche machen ihm Angst, denn der Vater hat ihn einerseits angezogen und andererseits abgestoßen. Außerdem war er des Vaters überlegener Rivale und gleichzeitig ein kleiner Junge, der sich seine durch die Ersatzpartnerschaft mit der Mutter geweckten Größenphantasien doch nicht recht glauben konnte. Die sexuelle Verwirrung mit den entsprechenden Identitätsproblemen ist verständlich.

Das gleiche Beispiel hätte ich ebensogut für die sexuelle Entwicklung eines Mädchens bringen können. Ich glaube schon, daß es gesellschaftsspezifische Unterschiede in den Erwartungen an Mädchen und an Jungen gibt und daß durch die konventionelle Rollenverteilung zwischen Mann und Frau und das darin enthaltene Selbst- und Fremdverständnis der Geschlechter die Struktur der Machtbeziehungen zwischen Männern und Frauen von Generation zu Generation weitergegeben wird. Im je spezifischen Fall spielen diese konventionellen Bedingungen natürlich eine Rolle. Als Psychoanalytikerin kann ich sie aber bezogen auf das Individuum und bezogen auf die Gesellschaft nur als eine Form von Angstabwehr verstehen. Sonst hätte ich keine Chance, sie psychodynamisch aufzulösen.

So stellt sich mir das Phänomen des Penisneides und des Machtkampfes zwischen den Geschlechtern heute völlig anders dar als für Freud und einige seiner Schüler: Bekanntlich beschrieb Freud die Entwicklung der kindlichen Sexualität als einen Prozeß, der, wenn er normal verläuft, von einer Phase der Triebentwicklung zur nächsten fortschreitet, wenn er gestört wird, je nach Art und Zeitpunkt der Störung auf einer vorläufigen Stufe fixiert bleibt. Diese Art der Beschreibung entspricht nach meiner Ansicht sowohl der Wissenschaftlichkeit jener Zeit als auch dem Fortschrittsglauben unserer industriellen Gesellschaft: Der Fortschritt ist das Normale, die Störung liegt in der Retardierung oder in einer Unterbrechung des Fortschritts. Ganz entsprechend dem gesellschaftlichen Mythos seiner Zeit schildert Freud auch die sexuelle Entwicklung der Frau: Es gibt sie eigentlich gar nicht; sie besteht nur in der Abweichung von derjenigen des Mannes und in der Bewältigung dieser Abweichung, also in der Bewältigung des »Penisneides«. Nur aus der Erkenntnis der Penislosigkeit entsteht beim Mädchen die Hinwendung zum Vater, um von diesem ein Kind als Ersatz für den fehlenden Penis zu bekommen[12].

Die familiendynamischen Zusammenhänge der Entwicklung des Kindes wurden erst durch H. E. Richter[13] in die psychoanalytische Theorie eingefügt. Richter beschrieb als erster im deutschsprachigen Raum die verschiedenen Rollenerwartungen der Eltern an ihre Kinder. Damit war ein Ansatz gefunden, der ein Verständnis des ödipalen Konflikts von beiden Seiten, von den Eltern und vom Kind her, ermöglichte. Allerdings beginnt dieses Verständnis nach meiner Beobachtung erst langsam in der psychoanalytischen Theorie Wurzeln zu schlagen. Manche heute vielbeachteten Ansätze gehen wieder den »objektiven« oder naturwissenschaftlichen Weg der Kinderbeobachtung und lassen dabei das Erleben und die Bedürfnisse der Mutter, insbesondere aber die des Vaters völlig außer Betracht[14], so daß sich aus den so gewonnenen Beobachtungen nur phasenspezifische Gesetzmäßigkeiten ableiten lassen, aber keine Beziehungstheorie der familiären Dreierbeziehung, die für jedes Kind von Anfang an mindestens in der Phantasie aller Beteiligten besteht. Eine andere Richtung, die vorwiegend in den USA entwickelte neuere Narzißmustheorie, verfolgt statt der Entwicklung der sexuellen Bedürfnisse im weitesten (Freudschen) Sinn die Entwicklung des Selbstwertgefühls und verzichtet dabei ebenfalls weitgehend auf ein Verständnis der Familienbeziehungen[15].

Aus familiendynamischer Sicht stellt sich der Kampf der Geschlechter nicht nur als ein Versuch dar, die »biologische Minderwertigkeit« der Frau (Penisneid) auszugleichen bzw. im Interesse der Männer aufrechtzuerhalten. Er kann andererseits auch nicht nur soziologisch als rollenspezifisches Verhalten beider Geschlechter verstanden werden, die um die Aufrechterhaltung der Vormachtstellung des Mannes bzw. um die Gleichberechtigung der Frau (als wäre sie ein Mann) kämpfen. Ein psychoanalytischer Zugang zu dem Problem muß immer die Ängste und Ambivalenzen der jeweils einzelnen Personen berücksichtigen. Und so kann man in Familien sehen, wie die Phantasie eines Mädchens, einen Penis zu haben, z. B. damit zusammenhängt, daß sie einerseits als Ersatzpartner der Mutter dieser den Mann zu ersetzen versucht, indem sie gemeinsam mit der Mutter den Vater als Mann konstant abwertet und in ihrer Phantasie verleugnet, von ihm gezeugt worden zu sein, ja eigentlich jede sexuelle Beziehung zwischen Vater und Mutter für unmöglich hält. Unter dieser Schicht ist unter Umständen eine starke Attraktion durch den Vater erkennbar, die wegen der unerfüllten Bedürfnisse der Eltern aneinander inzestuös sehr gefährlich wäre und deshalb in der beschriebenen Verkehrung des Ödipuskomplexes abgewehrt wird. Es liegt nahe, daß eine solche Frau mindestens latent homosexuelle Tendenzen hat, daß sie vielleicht feministischen Phantasien folgt und daß sie in einem ständigen Machtkampf mit ihren Partnern liegen muß. In der verzweifelten Anstrengung, sich den Partner zu erhalten und zugleich nicht zu nahe kommen zu lassen, zeigt sie ihm einerseits (wie ehemals der Mutter), daß Männer minderwertig sind, d. h. sie »kastriert« ihn, andererseits, daß Männer überwertig sind (wie sie einst in ihrer latenten Sehnsucht den Vater unbewußt erlebte). Sich selbst fühlt sie entsprechend als Frau sowohl überwertig als auch minderwertig, und so entwikkelt sich zwischen ihr und den komplementär dazu passenden Partnern ein narzißtischer Kampf um die jeweilige Überwertigkeit der eigenen Person.

Ich kann in diesem Punkt J. Chasseguet-Smirgel[16] nicht ganz folgen, die den Penisneid als einen Wunsch des Mädchens ansieht, über die omnipotente archaische Mutter mit Hilfe des Penis zu triumphieren, wie es der Junge kann, wenn er entdeckt, daß er etwas hat, was die Mutter nicht hat. Chasseguet-Smirgel schreibt: »In diesem Organ verdichten sich sämtliche mit der Macht zusammenhängenden Bedeutungen auf allen Ebenen. Die Macht wird zum Privileg des Mannes, der die Mutter entmachtet hat. Die Frau ist nicht nur dieser Eigenschaft beraubt, sondern sie richtet ihren Neid auch noch auf den realen Besitz des Penis. Ihr Neid, der auf den Konflikt mit der Mutter zurückgeht, muß durch eine Aggression ... gegen ihr Liebesobjekt, den Vater, befriedigt werden. Deshalb wird jede narzißtisch befriedigende

Selbstverwirklichung von nun an als Usurpation der väterlichen Macht erlebt ...«[17] Ich meine, daß in dieser von der neueren Narzißmustheorie gefärbten Auffassung die ursprünglichen Triebwünsche des Kindes an die Eltern und der Eltern an ihr Kind zu kurz kommen. Dadurch erscheint die Theorie dann so, als würde man in ihr die in der Gesellschaft vorgegebene Bedeutung des Penis als Insignum der Macht unbesehen mitmachen. Es wird übersehen, daß der Penis aus Angst vor der überwältigenden inzestuösen Sexualität von allen Beteiligten zum Machtinstrument *denaturiert* wird.

Ich kann mich auch nicht ganz mit der Auffassung von Marina Moeller-Gambaroff[18] einverstanden erklären, die in ihrem Aufsatz »Emanzipation macht Angst« die Männerfeindlichkeit von Frauen als auf den Mann verschobene Ängste aus der frühen Mutter-Kind-Beziehung versteht. Die Verschiebung komme deswegen zustande, weil »die im Verhältnis zum Mann erlebte Feindseligkeit und Unterdrückung ... wesentlich leichter zu ertragen (ist) als die direkte Konfrontation mit der frühen (symbiotischen, omnipotenten) Mutter«[19]. Die Frauenbewegung habe es bisher vermieden, sich der nötigen Auseinandersetzung mit der Mutter zu stellen. Diese Auseinandersetzung sei aber die »conditio sine qua non, um sich zu emanzipieren, und damit erst für den Kampf gegen das Patriarchat gerüstet zu sein!«

Aus familiendynamischer Sicht handelt es sich bei der Übertragung von Machtstrukturen immer um die Gesamtheit der in der Ursprungsfamilie erlebten Ersatzbeziehungen, also sowohl um die Übertragung einer parasitär-symbiotischen Beziehung zur Mutter (nur eine von uns kann stark sein bzw. überleben, aber keine kann ohne die andere leben) als auch um die entsprechende Ersatzpartnerbeziehung zum Vater (komm mir näher, aber wehe, du kommst!).

Wenn Mutter und Tochter ein Bündnis gegen den gemeinsamen Feind »Vater« bzw. »Männer« bilden, werden selbstverständlich aus dieser idealisierenden Beziehung die »bösen«, dann mit Männlichkeit oder Männern gleichgesetzten Anteile verschoben bzw. hinausprojiziert, damit sie die Symbiose zwischen Mutter und Tochter nicht stören. Ich bin auch der Meinung, daß viele Feministinnen ein solches Bündnis mit der Mutter weiterleben und die Auflösung des Bündnisses fürchten, weil ihnen sonst in der Phantasie die Versorgung durch die Mutter verlorengehen könnte. Solche Bündnisse sind ja oft durch gegenseitige Versorgung gekennzeichnet. Ich würde die Interpretation aber nicht auf die Beziehung zur archaischen, also präödipalen Mutter beschränken, sondern in jedem Fall das Problem auch ödipal verstehen, nämlich als eine Abwehrformation gegen die Wünsche, mit der Mutter um den Vater zu rivalisieren. Für die entsprechenden Ursprungsfamilien ist es nämlich charakteristisch, daß kein Dreieck erlebt werden kann, d. h. jede Dreierbeziehung zerfällt in drei potentielle Zweierbeziehungen, die jeweils den feindlichen Ausschluß des Dritten bedingen. Nun kämpft verständlicherweise jede Person dieser Dreierbeziehung mehr oder weniger manifest darum, nicht der ausgestoßene Dritte zu sein. Wegen der Ersatzpartnerbeziehungen zwischen Mutter und Kind einerseits und Vater und Kind andererseits wird sehr häufig das Kind zum »umstrittenen Bundesgenossen« (Richter), wobei es für jedes Kind zwei Varianten solcher Bundesgenossenschaft gibt: das Bündnis mit dem gleichgeschlechtlichen und das Bündnis mit dem gegengeschlechtlichen Elternteil.

Letzteres, also das Bündnis mit dem gegengeschlechtlichen Elternteil würde dem originalen ödipalen Konflikt entsprechen. Um die drohende Inzestgefahr abzuwehren, wird nun dieser »positive Ödipus« oft in seine »negative« Variante, nämlich das Bündnis mit dem gleichgeschlechtlichen Elternteil verkehrt. Der Vorteil dieser Betrachtungsweise liegt meiner Ansicht nach darin, daß ich für das Mädchen annehmen kann, daß es primär weiblich-sexuelle Wünsche an den Vater hatte, die aber wegen der großen Inzestgefahr zu viel Angst gemacht hätten und die es deshalb in einem Bündnis mit der Mutter gegen den Vater abwehren mußte. Die Angst vor dem Inzest mit dem Vater (später als Sexualangst erkennbar) und vor der mörderischen Rache der Mutter konnte auf diese Weise vermieden werden. Aus diesem Verständnis heraus läßt sich die feministische Machtposition grundsätzlich emanzipatorisch auflösen, wenn nämlich die Ersatzbeziehung zur Mutter in ihrer Ersatzqualität allmählich weniger befriedigend erscheint als die ursprünglich angestrebte und jetzt wieder wahrnehmbare heterosexuelle Beziehung zum Vater und zu seinen männlichen Nachfolgern.

Nach dieser Beschreibung der Entstehung von Machtbeziehungen zwischen Mann und Frau aus familiendynamischer oder beziehungsanalytischer Sicht möchte ich noch kurz auf die Entstehung und die Qualität von Machtbeziehungen zwischen Therapeuten und Patienten eingehen. Wie schon angedeutet, verstehe ich die therapeutische Beziehung vorwiegend als ein Ineinandergreifen der Übertragungsmuster des Therapeuten und des Patienten, wobei jeder der beiden Partner eine »Gegenübertragung« entwickelt, derart, daß er die zur Übertragung des anderen komplementäre Rolle übernimmt. Schon bei Beginn der therapeutischen Beziehung besteht ein kompliziertes Geflecht von übertragenen Wünschen, Ängsten und Abwehrmechanismen, wobei die Abwehrmechanismen den Machtstrukturen der Ursprungsfamilien der beiden Beziehungspartner entsprechen. Wie dort dienen sie auch in der Therapeut-Patient-Beziehung zur Abwehr der Angst vor Verschmelzung und Inzest bzw. vor Isolierung und Frustration. Ein Analytiker, der in seiner Ursprungsfamilie seine Wünsche an die Eltern durch Verkehrung ins Gegenteil abzuwehren gelernt hat, wird die ihm unbewußt allzu bedrohlich erscheinenden Wünsche seiner Patienten an ihn, oder seine eigenen Wünsche an die Patienten, durch besondere Fürsorglichkeit abwehren, wobei es viele Formen solch abwehrender Fürsorglichkeit gibt: Er kann besonders freundlich, weich und einsichtig sein, er kann sich um die Entwicklung einer besonders guten Behandlungstechnik bemühen, alles »nur zum Besten des Patienten«. Er kann aber auch grundsätzlich die Partei des Patienten gegen dessen »karge«, »frustrierende« oder »ausbeutende« Mutter oder gegen dessen »unzugänglichen«, »tyrannischen« Vater ergreifen. Dies wird er tun, wenn er selbst in einer Familie aufgewachsen ist, in der das Erlebnis »Dreiecksbeziehung« nicht ausgehalten werden konnte und deshalb immer durch Bündnisse von zweien gegen einen gemeinsamen Feind abgewehrt wurde. Auf diese Weise erreicht der Analytiker unter Umständen wie in seiner Ursprungsfamilie, daß er immer der »gute«, idealisierte Bündnispartner des Patienten ist und selbst nicht zum Feind erklärt werden kann. Dasselbe Beziehungsangebot kann man natürlich auch als Ausdruck der Gegenübertragung des Analytikers verstehen, in der dieser ähnliche Ängste und Abwehrmechanismen entwickelt wie der Vater oder die Mutter des Patienten (komplementäre Identifikation). Die beiden Betrachtungsweisen, also das Verständnis der Haltung des Analytikers als Ausdruck der Übertragung und als Ausdruck der Gegenübertragung, schließen sich nach meiner Ansicht in keinem Fall gegenseitig aus.

Zu Beginn einer jeden Behandlung halten sich Patienten und Therapeuten unbewußt gegenseitig verklammert, d. h. je nach dem Grad der zwischen ihnen wiederholten Beziehungsstörung haben sie beide mehr oder weniger, oft nur sehr wenig Spielraum, in dem sie sich ihren spontanen Wünschen und Gefühlen entsprechend bewegen können. Die »Arme« sind zurückgezogen, statt dessen herrscht die mehr oder weniger unbewußte Erpressung. Denn um eine Erpressung kann es sich meiner Ansicht nach handeln, wenn z. B. ein Patient seine Symptome immer mehr verstärkt oder sich ungeheuer angepaßt benimmt oder evtl. seine Symptome sofort aufgibt, ohne sich mit den darunterliegenden Konflikten auseinandergesetzt zu haben. In all diesen Fällen wird der Analytiker in seiner therapeutischen Aktivität gelähmt.

Er befindet sich in der vom Patienten gestellten Doppelbindungsfalle: »Ich tu das ..., dafür mußt du das ... tun!« Also z. B.: »Ich verstärke mein Symptom, dafür mußt du Angst bekommen und die Hände von mir lassen und gleichzeitig dich besonders um mich bemühen«; oder: »Ich bin so lieb und brav, daß ich dir zuliebe sofort meine Symptomatik aufgebe, dafür mußt du mich aber lieber mögen als alle deine anderen Patienten und gleichzeitig zusammen mit mir meine Konfliktsituation verleugnen.« Die Erpressungsmöglichkeiten von Analytiker und Analysand sind aktiv und reaktiv unübersehbar vielfältig. Was mir hier auszuführen wichtig war, ist die Tatsache, daß es sich bei Abwehrmechanismen zwischen Therapeut und Patient um Machtbeziehungen handelt, die aus den Ursprungsfamilien der beiden Beziehungspartner stammen und die, wie auch in den Familien, die Grundform haben: »Komm her – aber bleib bloß weg!«

Der Machtbegriff, den ich hier verwende, unterscheidet sich als psychoanalytischer Machtbegriff grundsätzlich vom soziologischen oder politischen Machtbegriff. Der soziologische Machtbegriff bezieht sich auf die physische oder psychische Vorherrschaft von Menschen über Menschen, wobei nicht nur grobe Gewaltausübung gemeint ist, sondern auch das »Bewußtsein der Herrschenden«, das den Beherrschten ebenfalls innewohnt und deren Aufstand verhindert. Wesentlich an diesem soziologischen Machtbegriff ist für mich, daß er zwischen Herrschenden und Beherrschten unterscheidet, was ein psychoanalytisch-familiendynamischer Ansatz nicht mehr kann. Wird die Beschränkung der Lebensqualität auch der sogenannten Herrschenden, die Unterdrückung von deren Wünschen an die Beziehung, mit in die Betrachtung einbezogen, dann stellt sich aus beziehungsanalytischer Sicht neben der Komplementarität von Unterdrücker und Unterdrücktem die Symmetrie der Unterdrückung bei beiden Beziehungspartnern heraus. Kein Mensch unterdrückt einen anderen, ohne gegen Teile seiner selbst Gewalt auszuüben. So beschäftigt sich die Psychoanalyse auch hier nicht so sehr mit den äußeren Erscheinungsformen der Macht, sondern sieht diese Erscheinungsformen als Symptome einer Beziehungsstörung innerhalb und zwischen den beteiligten Personen. Allerdings scheint es mir gerade im Bereich der kollektiven Beziehungen, z. B. in der Politik, auch für Psychoanalytiker besonders schwer zu sein, zwischen Symptom und Beziehungsstruktur zu unterscheiden. Allzuleicht gerät man hier in die Partei der Unterdrückten und verliert auf diese Weise das Verständnis für die Beziehungsstörung zwischen Herrschenden und Beherrschten, so daß die Lösung nicht mehr im Dialog, sondern nur noch in der Entmachtung der Herrschenden gesehen werden kann.

Als Analytikerin versuche ich, einen emanzipatorischen Prozeß in Gang zu bringen oder zuzulassen, der auf der Befreiung der durch Machtstrukturen unterdrückten lebendigen Beziehungsbedürfnisse und Gefühle beruht. Dadurch lösen sich, wenn die Beziehung überhaupt einer solchen dialektisch-emanzipatorischen Veränderung[20] zugänglich ist, die äußeren Machtstrukturen von selbst auf. Wie dieser Prozeß vor sich geht, möchte ich im jetzt folgenden Teil dieser Arbeit beschreiben.

### *c) Befreiung durch Verzicht auf die Macht*

In meinem Buch »Beziehungsanalyse«[21] habe ich den Vorgang der Relativierung von Machtstrukturen in Familien beschrieben. Hier möchte ich noch genauer herausarbeiten, was für den einzelnen der Verzicht auf diese Machtstrukturen bedeutet, unter welchen Umständen er sie aufgeben kann und welche gesellschaftlichen und politischen Konsequenzen ein solches Emanzipationsverständnis hat.

Wenn Machtstrukturen zur Angstabwehr dienen, muß bei ihrer Auflösung auf die Macht, und das heißt auf den Schutz vor der Angst verzichtet werden. Betrachtet man diesen Vorgang wie oben unter dem narzißtischen Aspekt, dann geht es bei der Machtauflösung bildlich gesprochen darum, auf die »Haken« zu verzichten und die »Arme« wieder auszustrecken. Dabei geht der eine das Risiko ein, daß der andere seine »Arme« nicht ausstreckt und seinerseits auf die Macht nicht verzichten kann. Er riskiert, daß die Wünsche und Gefühle, die er mit dem Ausstrecken der »Arme« ausdrückt, frustriert oder befriedigt werden, wobei beide Möglichkeiten, die Frustration und die Befriedigung gegenüber dem vorherigen Sicherheitszustand Angst machen. Wenn der durch die »Haken« garantierte Sicherheitsabstand wegfällt, riskiert man auch, dem anderen ängstigend nahe zu kommen, in liebevoller oder aggressiver Weise, oder verlassen zu werden, denn wenn der andere nicht mehr durch Erpressung gebunden ist, kann er sich jederzeit wegbewegen.

Der gleiche Vorgang läßt sich auch unter dem ödipalen Aspekt sehen: Auf die Ersatzpartnerbeziehung zu verzichten bedeutet, das Risiko des Inzests und des Zusammenschlusses der »anderen beiden« im Dreieck einzugehen. Wenn der Ersatzpartner aus der Verklammerung entlassen wird, kann er sich bewegen, und das prinzipiell in zwei Richtungen, auf einen selbst zu oder von einem weg auf den Dritten zu. Nur dieses Risiko enthält aber auch die Chance der Lösung des ödipalen Konflikts aus der erpresserischen Verklammerung in freie Mobilität aller Beteiligten. Ich glaube nicht, daß es eine andere Chance gibt, für eine befriedigende Partnerbeziehung frei zu werden, und zwar für alle drei »Partner«.

Emanzipatorisch daran ist das Grundprinzip des psychoanalytischen Prozesses, das Wiederzulassen der wahren Wünsche und Gefühle. Im psychoanalytischen Sinn ist Emanzipation deshalb nicht Kampf *gegen* den »Ausbeuter«, sondern Kampf – wenn man das dann noch so nennen will – *um* das Überleben der eigenen Gefühle, Wünsche und Ängste, d. h. Kampf *um* die Beziehung und *um* den Partner. Die »Kraft« oder das »Gewicht« oder die Daseinsberechtigung einer Person besteht dann nicht mehr in ihrer Macht, andere zu erpressen, sie zur (scheinbaren) Befriedigung der eigenen Wünsche zu zwingen, sondern in der Tatsache des Vorhandenseins der Wünsche und Gefühle selbst. Was ist schöner, als Wünsche an einen anderen Menschen zu haben und solche von ihm zu erfahren, wenn der Weg dieser Wünsche nicht über die Erpressung gehen muß?

Der Machtkampf zwischen Mann und Frau hört in dem Maß auf, in dem die wahren Wünsche und Gefühle und damit die Befriedigung wieder zugelassen werden können. Wenn zwei Partner zufrieden miteinander sein können, brauchen sie nicht mehr darum zu kämpfen, wer von beiden mehr wert ist. Sexuelle Befriedigung braucht dann auch nicht mehr erpreßt oder provoziert zu werden[22], was beides grundsätzlich unmöglich ist bzw. höchstens zu einer Art von Ersatzbefriedigung führen kann.

Gerade in Paartherapien wird mir immer wieder deutlich, an welcher Stelle und unter welchen Bedingungen der Machtkampf aufgegeben werden kann. Zunächst sind die Ambivalenzen zwischen dem Paar aufgespalten: Jeder definiert die Beziehung einseitig, nämlich so, daß er selbst das Opfer und der andere der Schuldige ist. Als Dritte in dieser Beziehung erlebe ich die »Leerstelle«, in die ich als Ersatzpartner für jeden von beiden hineingerate. Ich soll die frustrierten, den Partnern meist gar nicht voll bewußten Wünsche befriedigen und zugleich in sicherem Abstand von beiden bleiben. Ich soll alles verändern, vor allem jeweils den anderen, und gleichzeitig die Sicherheit der Machtbeziehung nicht in Frage stellen.

Ich selbst bin zunächst an diesem System beteiligt, indem ich unbewußt dieselbe Funktion übernehme, die auch ein Kind als Dritter in dieser Beziehung übernehmen würde. In dieser Funktion als Ersatzpartner versuche ich, die beiden miteinander zu verbinden und gleichzeitig in sicherem Abstand voneinander zu halten. Meine eigene Angst und die Notwendigkeit, sie abzuwehren, bringen mich dazu, die jeweils einseitige Definition der Beziehung mehr oder weniger zu übernehmen und die Ambivalenzen in den Mitteilungen der beiden Partner aneinander und an mich nicht wahrzunehmen. In diesem Zustand bin ich jeweils genau so lange, bis ich mir erlauben kann, schrittweise meine eigenen Gefühle und Wünsche wiederauftauchen zu lassen. Dann werden für mich die doppelbindenden Machtstrategien von uns dreien erlebbar, ich fühle wieder meine Wünsche an die Beziehung sowie meine Ängste vor Frustration und Befriedigung und kann annehmen, daß es den beiden anderen in diesem Moment genauso geht.

Das ist der Moment, in dem die Komplementarität der Beziehung (Schuldiger und Opfer) in die Symmetrie übergeht. Wir sitzen dann alle drei da als vollständige Menschen, d. h. als Menschen, die Wünsche, Ängste und entsprechend verständliche und akzeptable Abwehrmechanismen haben. Die Arme sind so weit ausgestreckt, wie wir uns das erlauben können, das Dreieck kann erlebt werden, wenngleich wir spüren, wieviel Angst und Risiko das Freiwerden und das Freilassen für uns alle bedeutet.

Dies ist natürlich eine idealtypische Beschreibung eines emanzipatorischen Prozesses, der in der Praxis nie tatsächlich so glatt abläuft, wie es hier klingen mag. Trotzdem stellt sich für mich das Prinzip der vielen kleinen emanzipatorischen Schritte in einer analytischen Therapie in der beschriebenen Weise dar, und das sowohl in Einzeltherapien als auch in Paar-, Familien- und Gruppentherapien.

In diesem Verständnis von Emanzipation wird die »Schaukel« aufgehoben, bei der es darum geht, ob der Mann oder die Frau mehr wert ist. Wenn narzißtische Wertkategorien als Abwehrformen von Trieb- oder, besser gesagt, von Beziehungswünschen verstanden werden, geht es nicht mehr um die Errichtung des Matriarchats zur Befreiung vom Patriarchat, wie in der Frauenemanzipationsbewegung. Es geht auch nicht darum, als Reaktion auf die im Patriarchat behauptete Minderwertigkeit der Frau nun deren Überwertigkeit zu propagieren. Häufig wird die Frau bei solchen Versuchen ja als Trägerin der Gefühlswelt gegenüber der als männlich bezeichneten Verstandeskultur unserer Zivilisation idealisiert[23]. Dieses Hin- und Herschwanken zwischen Erklärungen zur Überwertigkeit des Mannes oder der Frau scheint mir im gesellschaftlichen oder wissenschaftlichen Bereich den Machtkampf der Geschlechter eher widerzuspiegeln als aufzuheben.

In meinem Beispiel aus der Paartherapie habe ich schon beschrieben, wie für mein Verständnis auch die Emanzipation des Patienten mit der des Analytikers Hand in Hand geht. Mir geht es vor allem darum, zu zeigen, daß das zum Teil auch in der Psychoanalyse verbreitete »strategische Denken« in therapeutischen Methoden als Abwehrmechanismus zu begreifen ist, der das Risiko des Verzichts auf die Macht zu vermeiden sucht und in dieser Vermeidung nicht psychoanalytisch ist. Der Verzicht auf die Macht entspricht dem Verzicht auf das Mitagieren in der erpresserischen Beziehung und der Aufhebung der »Sprachzerstörung«[24]. Denn die Machtbeziehung und das Agieren ersetzen den verlorenen Dialog, die »Arme« in meinem Bild.

Mein Versuch, in analytischen Psychotherapien die »Arme« wieder auszustrecken, wird oft als Überforderung erlebt. Ich werde dann so verstanden, als würde ich von mir als Analytikerin erwarten, daß ich Beziehungen überblicken kann, die ich aus Angst abwehren muß, und daß ich »Arme« auszustrecken verlange, wo keine Chance besteht, daß diese Haltung erwidert wird. Ich meine, wenn ich mir erlaube, meinen wahren Gefühlen zu folgen, spüre ich auch meine eigene Angst als Indikator unserer gemeinsamen Angst in der Beziehung. An ihr kann ich ablesen, was möglich ist und was nicht. Wenn ich auf meine eigene Angst höre und sie nicht durch irgendwelche technischen Überlegungen »überspringe«, dann jage ich sie auch nicht den Patienten ein, und der emanzipatorische Prozeß kann so schnell vor sich gehen, wie er uns gemeinsam möglich ist. Diese Grundeinstellung des Respekts vor der eigenen Angst und damit auch vor der Angst der Beziehungspartner ist die Voraussetzung dafür, daß überhaupt ein emanzipatorischer Prozeß in Gang kommt. Alle Haltungen, die die Angst und die Ambivalenz nicht berücksichtigen, sind abwehrbedingte Variationen von mehr oder weniger ausgeprägtem Größenwahn.

Seit einiger Zeit ist es mir nicht mehr möglich, eine wissenschaftliche Arbeit zu schreiben, ohne dabei zu überlegen, welche politische oder gesellschaftliche Bedeutung meine Überlegungen und Ergebnisse haben. Ohne die Frage nach dem persönlichen Standort, den ich durch meine wissenschaftliche Arbeit in meiner politischen Gegenwart einnehme, erscheint mir meine wissenschaftliche Tätigkeit überflüssig oder doch unwichtig im Vergleich zu den Fragen, vor denen jeder von uns in der gegenwärtigen politischen Situation steht.

So meine ich, daß ich durch meine Überlegungen zur Emanzipation, die ich hier vorgetragen habe, ein wenig zu einer Bewußtseinsveränderung beitragen kann, die darin bestehen könnte, daß wir Psychoanalytiker unsere Erkenntnisse über Veränderungen, die vom einzelnen ausgehen, nämlich vom Analytiker, der Öffentlichkeit zur Verfügung stellen. Manche meiner Erfahrungen und Überlegungen mögen utopisch erscheinen, vor allem in der Übertragung auf die Politik. Aber wer sich die Utopie nicht mehr zu denken traut, hat keine Chance, sich ihr zu nähern.

# 6. Feindbilder in Familien – ihre Entstehung und ihre Auflösung

Mit der Entstehung, der Funktion und der Aufrechterhaltung von Feindbildern beschäftigten sich bisher vor allem die Soziologie und die Sozialpsychologie. Die bekannteste und wohl auch bedeutendste Arbeit auf diesem Gebiet stammt von Theodor W. Adorno. Unter dem Eindruck des Faschismus und des Antisemitismus erarbeitete er in den 40er Jahren eine Theorie über die Funktion von Feindbildern[1], die bis in unsere Tage von Bedeutung ist. Adorno ging dabei von psychoanalytischen Konzepten aus, vor allem von dem Konzept der Angstabwehr durch Symptombildung und durch Projektion. Den Zweck der stereotypen Vorurteilsbildung für den einzelnen sah er darin, daß durch sie Ängste des Individuums abgewehrt werden, die aus dessen Entfremdung in der Gesellschaft herrühren. Das Individuum fühlt sich sicherer und besser orientiert in seiner Gesellschaft, wenn es weiß, wer der »Böse« ist und daß dieser »Böse« außerhalb der eigenen Gruppe zu finden ist. Der von Adorno so benannte »autoritäre Charakter« ist »durchdrungen von der Idee des totalen Rechts der Eigengruppe«[2].

Da seine Interviewmethode die persönliche Geschichte der befragten Individuen nicht erfaßte, konnte Adorno keine Aussagen über die Entstehung der »faschistischen Charakterstruktur«[3] in der Familie machen, die er als Grundlage der Bereitschaft zur Ausbildung und Übernahme von Feindbildern ansah.

Eine vielbeachtete sozialpsychologische Studie über den Ost-West-Konflikt im Alltagsbewußtsein legten vor kurzem Birgit und Ute Volmerg und Thomas Leithäuser[4] vor. Auch sie beschäftigten sich mit der Qualität und der Funktion von Feindbildern. Hier und vor allem in der Arbeit von Birgit Volmerg über die Sozialisation struktureller Feindseligkeit[5] wird die Feindseligkeit, wiederum bezugnehmend auf die aktuelle psychoanalytische Theoriediskussion, auf die narzißtische Persönlichkeitsstörung zurückgeführt. Die Übernahme eines von einer Gruppe angebotenen Feindbildes dient nach diesen Untersuchungen dazu, Angst und Unsicherheit im eigenen Lager abzubauen und dem Individuum eine Bestätigung der eigenen Größe und Stärke zu liefern. Alles was diese vermeintliche Vollkommenheit und Unverletzlichkeit bedrohen könnte, wird nach außen projiziert und dort bekämpft.

Ich selbst habe mich in meiner Forschung zur psychoanalytischen Familientherapie ebenfalls mit dem Problem der Entstehung und der Funktion von Feindbildern beschäftigt. Da es mir in meinem therapeutischen Anliegen aber vor allem um die Möglichkeit der Auflösung von Feindbildern ging, habe ich mich auf die Erforschung der szenischen Grundstruktur von Feindbildern konzentriert und die Bedingungen untersucht, unter denen sich Feindbilder auflösen können.

*a) Bündnisstrukturen in Familien*

Kommt man mit Familien oder auch mit einzelnen Familienmitgliedern in ein beratendes oder therapeutisches Gespräch, dann zeigt sich bald, daß die einzelnen Familienmitglieder dort, wo sie Schwierigkeiten miteinander haben, das Gefühl erleben, deshalb nicht zufrieden sein zu können, weil ein oder mehrere andere in der Familie dieser Befriedigung im Wege stehen.

Da kann z. B. die Mutter sich nicht genügend erholen und ihren eigenen Wünschen nachgehen, weil die Kinder so »belastend« oder »egoistisch« sind. Da kann der Vater sich nicht entspannen, wenn er abends heimkommt, weil die Mutter tagsüber mit den Hausaufgaben der Kinder nicht fertig geworden ist. Und die Kinder können nicht spielen, weil der Vater nur immer Leistung von ihnen verlangt und weil die Mutter ihnen immer nur Vorwürfe macht, sie würden ihr nie helfen, usw.

Jeder Beteiligte hat das Gefühl, daß ein anderer schuld daran ist, daß es ihm schlecht geht. Das Feindbild hat die Grundform: »Ich kann ja nicht, weil du ...« Diese Schuldzuweisungen nehmen oft auch die Form von Selbstanklagen an, also: »Ich bin ja selbst an allem schuld.« Dann handelt es sich um Verschiebungen von Feindbildern. Denn einer manifesten Selbstanklage entspricht immer eine latente Anklage gegen die Umgebung, und umgekehrt. In sogenannten »harmonischen« Familien kommt es auch vor, daß innerhalb der Familie jede manifeste Anklage ängstlich vermieden wird. An der Intensität der Feindbilder, die solche Familien oder Paare gegenüber der Umwelt entwickeln, ist dann die latente Aggressivität innerhalb solcher pseudogesunden Beziehungen zu erkennen. Der gemeinsame Feind kann sich also außerhalb und innerhalb der Beziehung befinden. Befindet er sich innerhalb der Beziehung, dann werden Schuldzuweisungen und Rechtfertigungen ausgetauscht, befindet er sich außerhalb der Beziehung, dann werden immer in dem Moment gemeinsame Urteile über einen Außenfeind formuliert, in dem die Gefahr bestünde, daß innerhalb der Beziehung ein unerträglicher Konflikt entstehen könnte.

In der alltäglichen Realität trifft man jeweils Mischungen dieser verschiedenen Formen von Feindbildern an: die Anklage gegen den oder die Beziehungspartner, die Selbstanklage, und das gemeinsame Feindbild außerhalb der Beziehung.

Psychische und/oder somatische Symptome, die in einer Familie entstehen, haben *eine* Grundlage in diesen Freund-Feind- oder Bündnisstrukturen. Ich sage absichtlich *eine* Grundlage, weil ich die Beziehungsdynamik der über die Familie hinausreichenden oder außerhalb von ihr liegenden Bezugssysteme, wie Arbeitsplatz und andere soziale Zusammenhänge, durch meine familiendynamische Betrachtungsweise nicht ausschließen möchte.

Wenn man sich aufgrund einer familiendynamischen Perspektive nicht mehr ausschließlich mit der *Art* des Symptoms und mit der intraindividuellen Psychodynamik des Symptomträgers befaßt, sondern die *Bedeutung* des Symptoms für alle Bezugspersonen und für die Bündnisstruktur herauszufinden versucht, dann kann man sehen, daß die Ausbildung von Symptomen sehr viel mit der Ausbildung von Feindbildern zu tun hat. Beide Vorgänge sind letztlich ein Ausdruck von Resignation.

Ich möchte das noch genauer ausführen: Das Feindbild und seine äußere Erscheinung, das Symptom, bedeuten als Aussage in der zwischenmenschlichen Beziehung: »Mit dir (Feind) ist für mich keine befriedigende Beziehung möglich. Ich gebe es auf, entsprechende Versuche zu unternehmen. Statt dessen entwickle ich ein Symptom, das deutlich macht, wie schlecht du mich behandelst, und das dich gleichzeitig *zwingt*, mir meine Wünsche zu erfüllen.« Von der Errichtung des Feindbildes bzw. von diesem »Resignationspunkt« an verändert sich die Beziehung: Wo vorher Wünsche an den anderen waren (vielleicht auch gemischt mit Angst), wird jetzt nur noch nach Beweisen für die Aussichtslosigkeit der Beziehung gesucht.

Am Beispiel der oben skizzierten Familie würde das etwa so aussehen: Die Frau hat *vor* der Resignation Wünsche an ihren Mann als Mann und als Vater ihrer Kinder, *nach* der Resignation registriert sie nur noch die Beweise für die Ablehnung, die ihr der Mann entgegenbringt. Auch ihre Wünsche an die Kinder, z. B. Wünsche nach Nähe und Bestätigung, kann sie *nach* der Resignation nicht mehr als Wünsche ausdrücken. Sie erlebt und äußert nur noch: »Jetzt hast du schon wieder nicht ... (aufgeräumt, mir geholfen usw.).« Entsprechend kann der Mann seine sexuellen und Geborgenheitswünsche an seine Frau nur noch in der Form »Jetzt ist es schon zu spät« äußern, eine Form, die es wiederum der Frau schwer macht, die darin enthaltenen Wünsche und nicht die Anklage zu hören und auf diese zu reagieren.

Obwohl also die Wünsche der einzelnen Personen aneinander zumeist dieselben sind, kann nach dem Resignationspunkt keiner mehr zufrieden werden. Es geht dann nur noch um die Auflistung von nichterfüllten Wünschen und um Rechtfertigungen mit den entsprechenden Gegenanklagen. Man kann den Zustand jeder zwischenmenschlichen Beziehung in jedem Moment danach unterscheiden, ob sie sich »vor dem Resignationspunkt« oder danach befindet, je nachdem, ob die eigenen und fremden Wünsche noch erlebt werden und deshalb eine Befriedigungschance haben oder ob Beweise für die »Bösartigkeit«, »Unfähigkeit« oder »Wertlosigkeit« eines »Feindes« gesucht und gefunden werden. Psychische oder somatische Symptome drücken diese Resignation aus. Sie enthalten den Vorwurf »Ich kann ja nicht, weil du ...«, sie enthalten aber auch das »zu spät«, nämlich die Verhinderung der Befriedigung *jetzt*.

Wie kommt es nun zur Entwicklung solcher Feindbilder in Familien? Wenn doch alle Familienmitglieder letztlich dieselben Wünsche nach Geborgenheit, Anerkennung, Zuneigung, Sexualität usw. aneinander haben, weshalb kommen sie miteinander in einen solchen Zustand, in dem alles festgefahren ist?

Diese Frage kann von vielen Seiten her beantwortet werden. Ich möchte sie hier zunächst historisch beantworten, um die szenische Grundform der sich ständig und überall wiederholenden Freund-Feind-Dynamik zu zeigen:

Die ersten Erlebnisse in der Freund-Feind-Dynamik macht jeder Mensch schon in seiner ersten Lebenszeit. Spätestens vom Zeitpunkt seiner Geburt an erlebt er, daß er im Bündnissystem der Familie, insbesondere zwischen seinen Eltern, eine ganz spezifische Rolle erfüllen muß und kann. In dem Maß, in dem die Beziehung zwischen seinen Eltern unbefriedigend ist, dient, wie schon gezeigt, das Kind für beide Eltern in der Phantasie und damit weitgehend auch in der Realität als Ersatzpartner. Die unbefriedigten Wünsche der Eltern nach Zuwendung, Verständnis,

Kontakt, Geborgenheit, Sexualität usw. richten sich unausweichlich auf das Kind wie auch auf jeden anderen, für eine solche Verschiebung geeigneten Dritten. Die Rolle als Ersatz- oder Bündnispartner prägt die Identität des Kindes von Anfang an und wird sich in allen wichtigen Beziehungen seines Lebens immer wieder bemerkbar machen.

Das Kind übernimmt die Rolle des Ersatzpartners deshalb, weil es dadurch eine positive Identität erreichen kann. Im Bereich gestörter Beziehungen ist man nur dann wertvoll, wenn man besser ist als ein anderer oder als eine andere. Durch die Übernahme dieser Rolle wird aber dieser andere oder diese andere für das Kind zum Feind. Das Kind ersetzt jeweils den einen Elternteil für den anderen als besserer Partner. Es muß also ständig fürchten, daß der von seinem Platz verdrängte Elternteil diesen Platz wiedereinnehmen will und ihn deshalb von seinem »Thron« zu stürzen versucht. Die Angst vor dem Verlust des »Thrones« bzw. vor der Zerstörung durch den Rivalen oder die Rivalin, entspricht also letztlich der Angst vor dem Feind. Sie sehen, daß ich Ihnen hier Ausschnitte aus einer familiendynamischen Perspektive des Ödipuskomplexes darstelle, die auch für die psychoanalytische Theorie weitreichende Differenzierungen mit sich bringt.

Diese inzwischen sehr komplexe (bisher nur teilweise veröffentlichte) Theorie der Familiendynamik auf psychoanalytischer Grundlage[6] kann ich hier nur andeuten und im Hinblick auf die Feindbildproblematik ausführen. Das Grundprinzip des Feindbildes ist die Unterscheidung zwischen Gut und Böse, zwischen guten und bösen Menschen, Verhaltensweisen, Eigenschaften, Wünschen usw. Da jeder Mensch von Anfang seines Lebens an mindestens in der Phantasie in einem Bezugssystem zu beiden Eltern lebt – auch wenn ein oder beide Elternteile äußerlich fehlen –, lernt er, soweit die Beziehung zwischen seinen Eltern oder anderen nahen Bezugspersonen gestört ist, sehr schnell zwischen guten (zu ihm gehörenden) und bösen (nicht zu ihm gehörenden) Menschen, Verhaltensweisen, Eigenschaften usw. zu unterscheiden. Dies gilt sowohl für seine »innere Feindbildung« als auch für seine »äußere Feindbildung«. Die »innere Feindbildung« entspricht in klassisch-psychoanalytischer Terminologie der Errichtung des Überichs. Auch hier wird zwischen Gut und Böse, zwischen zulässigen und nicht zulässigen Inhalten unterschieden. In der »äußeren Feindbildung« unterscheidet der Mensch zwischen Personen, die zu ihm gehören, und solchen, die nicht zu ihm gehören, zwischen Personen, zu denen er gehört und zu denen er nicht gehört. Die Urform der Block- oder Bündnisbildung lernt jeder Mensch schon in seiner frühesten Kindheit kennen.

Die Bündnisstruktur jeder Familie folgt dem Modell der Feindbildung im Dreieck Vater-Mutter-Kind. Bei mehreren Kindern erhöht sich die Zahl solcher Dreieckskonstellationen. Aber auch bei Einbeziehung der Großeltern und anderer Verwandter oder bekannter Personen erweitert sich die Perspektive um weitere bedeutungsvolle Dreiecke, die zueinander in Verbindung stehen, sich überschneiden, wiederholen usw.

Ein Feindbild hat immer die Qualität »mit jemandem gegen jemanden« bzw. »mit etwas gegen etwas«. Es drückt also immer gleichzeitig eine Spaltung und eine Bündnisbildung im Dreieck aus: zwei (gute) gegen einen (bösen). Die wichtigste Konsequenz aus dieser Grundstruktur ist das bewußte oder unbewußte Ringen jedes Familienmitglieds *um* eine Position im Bündnis und *gegen* die Position des ausgestoßenen Dritten.

Wegen dieser Angst, durch das Bündnis zwischen zweien als »böser Dritter« ausgestoßen zu werden, die jedes Familienmitglied je nach dem Grad der Beziehungsstörung in der Familie hat, ist die tatsächliche Bündnisstruktur einer Familie nie so einfach, wie sie oft auf den ersten Blick erscheint.

Um für mich selbst und auch für den therapeutischen Dialog mit den Patienten eine anschauliche Vorstellung zu haben, habe ich das Bild entwickelt, daß sich die Grundstruktur der Freund-Feind-Dynamik auf zwei Ebenen oder in zwei »Stockwerken« abspielt. Im oberen Stockwerk findet man zum Beispiel ein Bündnis zwischen Mutter und Sohn gegen den Vater – das entspräche der in der klassischen Psychoanalyse als positiver Ödipuskomplex beschriebenen Konstellation. In einem darunterliegenden Stockwerk findet man bei gründlicher Analyse regelmäßig die Umkehrung, nämlich in diesem Beispiel ein Bündnis zwischen Vater und Sohn gegen die Mutter – in klassisch-psychoanalytischer Terminologie: die Situation des negativen Ödipuskomplexes. Und schließlich ist für die Dynamik der Familie immer auch die dritte Möglichkeit wichtig, nämlich das potentielle Bündnis zwischen den Eltern gegen das Kind. Diese Variante ist in der klassisch-psychoanalytischen Theorie nicht enthalten. Sie macht aber verständlich, weshalb auch das Kind – bei der vorgegebenen Grundstruktur der Beziehung »zwei gegen einen« – versuchen muß, immer der erste oder der zweite, also im Bündnis, zu sein, um nicht der ausgestoßene Dritte zu werden. Die vielfältigen Anpassungsversuche, die ein Kind unternimmt, um einem Elternteil als besserer Partner zu gefallen, hat Alice Miller beschrieben[7]. Allerdings sieht Alice Miller diese Bemühungen nur in einem dyadischen Konzept, vor allem zwischen Mutter und Kind, nicht in einem triadischen, familiendynamischen Konzept.

In einem solchen familiendynamischen Konzept werden noch weitere Perspektiven deutlich, die sich teilweise mit den in der Sozialpsychologie gefundenen Erkenntnissen über die Funktion des Feindbildes decken, teilweise darüber hinausgehen. Die Funktion des Feindbildes für den Zusammenhalt der Gruppe ist auch im Dreieck zwischen Vater, Mutter und Kind zu sehen. Jeweils zwei Personen können, soweit das Dreieck die typische Zwei-gegen-einen-Spaltung aufweist, deshalb gut miteinander auskommen, weil die »bösen« Anteile auf den Dritten projiziert werden und mit diesem Dritten zusammen aus der dann »harmonischen« Zweierbeziehung ausgestoßen werden. Aggressivität im eigenen Lager wird dadurch vermieden, daß zwei Bündnispartner ihre potentiell auch gegeneinander gerichtete Aggressivität gemeinsam nach außen richten.

Aus der hier vorgestellten psychoanalytischen Perspektive kommen jedoch noch einige Aspekte hinzu, die für die therapeutischen Möglichkeiten der Auflösung solcher Verklammerungen von Bedeutung sind: Nicht nur eine allgemeine Aggressivität zwischen den Bündnispartnern wird durch die Feindbildung vermieden, sondern ganz speziell auch die Rivalität zwischen den »Freunden« um den »Feind«. Mutter und Kind bzw. Vater und Kind vereinbaren gewissermaßen in ihrem Bündnis: »Keiner von uns beiden muß und darf an diesen ›bösen Feind‹ irgendwelche Wünsche haben. Dann geraten wir nicht in Konkurrenz um diesen Dritten, und nur unter dieser Bedingung brauchen wir beide keine Angst voreinander zu haben.« Das Feindbild enthält also neben der gebundenen Aggressivität der beiden Bündnispartner auch die Negierung der Liebe zum Feind: »Keiner von uns liebt ihn.« Die ganze Komplexität und Gefährlichkeit wird deutlich, wenn man sich die oben beschriebene »Zweistöckigkeit« oder Gegenläufigkeit noch einmal vor Augen führt. Da im unteren Stockwerk immer die Umkehrung der Freund-Feind-Beziehungen als »Rückversicherungsvertrag« vorhanden ist, sind alle diese Verträge ständig von Verrat und Vertragsbruch bedroht. Und auch die Erpressung des Bündnispartners ist ständig am Werk: »Wenn du mir nicht das Paradies auf Erden schaffst, dann liebe ich eben doch den anderen, der bisher unser gemeinsamer Feind war.«

### *b) Die Veränderung des einzelnen im System und die Veränderung des Systems durch den einzelnen*

Ich komme jetzt zu der Frage, wie solche Feindbilder und damit solche verklammerten und erstarrten Beziehungsstrukturen aufgelöst werden können. Ich möchte diese Frage vor dem Hintergrund der von mir entworfenen psychoanalytischen Theorie über die Veränderung von Systemen durch den einzelnen diskutieren[8].

Die zentrale These dieser Theorie lautet, daß jeder einzelne sich und damit einen Teil des Systems nur dann in einem emanzipatorischen Sinn verändern kann, wenn er seine eigene Betroffenheit von und seine Beteiligung an dem Status quo des Systems erkennt. Klaus Horn[9] spricht in ähnlichem Zusammenhang davon, daß es darum geht, sich selbst sowohl als Produkt als auch als Produzent des gesellschaftlichen Lebens zu begreifen.

Zur Erhaltung des Status quo wird beides, die Betroffenheit und die Beteiligung, verleugnet. In der Familie wie in der »außerfamiliären Politik« geschieht die Verleugnung der eigenen Beteiligung unter anderem durch die Errichtung von Feindbildern: Andere sind schuld an der Misere, andere, die übermächtig, unbeeinflußbar und böswillig sind. Aber auch die Verleugnung der eigenen Betroffenheit dient in der Familie wie in der Politik zur

Erhaltung des Status quo und des mit ihm verbundenen Gefühls von Sicherheit: »Es ist alles nicht so schlimm« als einfache Verleugnung der Gefahr, oder die Phantasie der Sicherheit durch Stärke: »Ich brauche so lange keine Angst zu haben, wie ich die Macht habe, meine Angst und andere, die von ihrer und von meiner Angst sprechen, zum Schweigen zu bringen.«

Betroffen von und beteiligt an dem Familiensystem ist auch der Therapeut, und zwar vom ersten Moment an, in dem er mit der Familie in Kontakt steht. Er ist betroffen von den Einschränkungen der in dem Familiensystem geltenden Tabus: Wie ein Kind, das in dieses System hineingeboren wird, nimmt er automatisch oder auch unbewußt bestimmte Inhalte, etwa sexuelle Wünsche oder Teile des Bündnissystems, nicht wahr, deren Wahrnehmung für alle Beteiligten zu ängstigend wäre. Auch seine Reaktionen sind zunächst systemkonform. Er sucht z. B. in der Familie nach Tätern und Opfern und versucht, die Opfer gegen die Täter zu unterstützen. Seine explizite oder implizite Diagnostik hat ebenfalls zumeist systemkonforme Anteile: Er sieht einen »autoritären« Vater, eine »kalte, abweisende« Mutter oder »verwahrloste, rücksichtslose« Kinder vor sich, lauter Feindbilder, die die komplizierte Psychodynamik des »therapeutischen Systems« verdekken. (Unter dem Begriff »therapeutisches System« fasse ich in diesem Fall die Familie und den Therapeuten zusammen.)

Soweit der Therapeut solche Feindbilder entwickelt, hat er die Phantasie, daß er die Zustände und Verhaltensweisen beseitigen muß, die er jeweils für die Ursache des Leidens hält. Das kann so weit gehen, daß er meint, er müsse die Feindbilder selbst beseitigen, damit die Familie sich wieder versöhnen kann. Gerade diese Phantasie ist auch in der politischen Diskussion häufig anzutreffen. Der Versuch, die Feindbilder als etwas »Böses« zu beseitigen, kann aber keine grundsätzliche Veränderung des Systems bewirken, sondern nur dessen Fortsetzung: Gegen Feindbilder wird ein Feindbild errichtet. Die Notwendigkeit der Feindbilder zur Stabilisierung des Systems wird nicht aufgeklärt. Deshalb können sie auf diesem Wege auch nicht aufgelöst, sondern bestenfalls unterdrückt werden.

Wenn nun also nicht die Feindbilder selbst und deren Beseitigung das Problem der therapeutischen Veränderung sind, sondern die Verschleierung, Verdrängung, Verleugnung etc. der tatsächlichen Beziehungsdynamik mit den in ihr enthaltenen Wünschen und Ängsten, dann geht es in der Therapie primär um die Aufhebung dieser Verschleierung, Verdrängung, Verleugnung usw. Nach guter psychoanalytischer Tradition ist eine grundsätzlich befreiende Veränderung nur durch die aufklärende Erkenntnis des *Ist-Zustandes* möglich, nicht durch den Versuch, einen irgendwie gearteten Soll-Zustand herbeizuführen. Die Veränderung selbst geschieht spontan, in dem Maß, in dem die Aufklärung über den Status quo und seine bisher unbewußte Dynamik voranschreitet. Mit jedem Schritt, durch den ein Stück mehr von der eigenen Betroffenheit von und Beteiligung an dem einschränkenden Status quo erkannt wird, hat jeder Beteiligte sowohl die Notwendigkeit als auch die Möglichkeit, seine Situation zu verbessern. Sieht er deutlicher, wo er leidet oder gefährdet ist, dann wird er versuchen, seine Situation zu verbessern. Sieht er deutlicher, wie er an seinem eigenen Leiden und an dem gemeinsamen Leid selbst beteiligt ist, dann kann er auch an dieser seiner eigenen Beteiligung etwas verändern. Es geht jeweils um eine »Güterabwägung« zwischen der Position »Ich bin nicht betroffen und nicht beteiligt« und der Position »Wenn ich betroffen und beteiligt bin, kann und muß ich etwas verändern«. Jeder echte Aufklärungsschritt in diesem Sinne bringt die Auflösung von Feindbildern und der von ihnen getragenen Symptomatik von selbst mit sich. Allerdings handelt es sich hier nicht um intellektuelle Aufklärung, sondern um eine Veränderung des gesamten Lebensgefühls, um eine Erweiterung der Selbst- und Fremdwahrnehmung; die bisher zum Zweck der Angstabwehr abgespaltenen Anteile werden wieder in das bewußte Erleben integriert. Nur in dem Maß, wie sich in der gemeinsamen Arbeit durch den verbesserten Kontakt die Angst und deshalb auch die Abwehrnotwendigkeit vermindert, ist die hier beschriebene Aufklärung möglich.

In der Dreiecksperspektive betrachtet, geht es dabei immer um eine Differenzierung der Beziehungsstrukturen. Die Bündnisstruktur »zwei gegen einen« ist die Grundform der Blockbildung. Und soweit Blockbildungen bestehen, befinden sich die Beziehungen in einem relativ undifferenzierten Zustand. Es gibt gute und böse, wertvolle und wertlose Eigenschaften, Menschen, Familien, Gruppen, Regierungen, Völker. Die Auflösung dieses Systems von Gut und Böse, Freund und Feind ist immer an zwei Stellen möglich, nämlich dort, wo der Therapeut versucht, mit einem bisherigen »Feind« in Kontakt zu kommen, und dort, wo er (damit gleichzeitig) Loyalitäten zu einem oder mehreren bisherigen »Freunden« in Frage stellt. Um beides zu können, ist es nötig, sich die Freund-Feind-Struktur und die eigene Beteiligung daran immer wieder bewußt zu machen.

Der Prozeß der psychoanalytischen Veränderung zwischenmenschlicher Systeme ist dem psychoanalytischen Prozeß der Veränderung im Individuum direkt vergleichbar. In beiden Fällen treten Persönlichkeits- oder Beziehungsanteile ans Tageslicht, die bisher durch intraindividuelle oder durch interindividuelle Abwehrformen vom Bewußtsein ferngehalten wurden, aber trotzdem wirksam waren.

Im beziehungsanalytischen Prozeß[10] der Veränderung zwischenmenschlicher Systeme wird zum Beispiel die Gegenläufigkeit der Beziehungen aufgedeckt, also im Bild die jeweils unteren Stockwerke, so daß auch die Ambivalenz und die Notwendigkeit der Erpressung in den jeweiligen Beziehungen deutlich wird: Die Mutter liebt ihren Sohn als Ersatzpartner nicht nur, sie haßt ihn auch, bzw. sie bekommt Angst, wenn er sich ihr zu nähern versucht, und sie bekommt Angst, wenn er sich dem Vater nähert, was in diesem gespaltenen System bedeutet, daß er sie verläßt. Das Aufdecken der Gegenläufigkeit fördert die geheimen Bündnisstrukturen zutage, unter anderem eben auch die Liebe zum »Feind«, die das Feindbild relativiert.

Außerdem wird die durch die Bündnisbildung vermiedene und verleugnete Rivalität zwischen den Bündnispartnern aufgedeckt. Die bisher verdrängte Eifersucht zum Beispiel zwischen Mutter und Tochter machte es nötig, daß beide ihre Liebe zum gemeinsamen »Feind« Vater (bzw. Mann) verdrängten und versuchten, sich gegenseitig den fehlenden Mann zu ersetzen. Das brachte aber die Notwendigkeit einer inneren Geschlechtsumwandlung und den Verzicht auf die Weiblichkeit bei beiden Bündnispartnerinnen mit sich. Kann die Rivalität zwischen den beiden Frauen wiederentdeckt und erlebt werden, dann entsteht aus der Struktur »zwei Frauen gegen einen Mann« wieder ein Dreieck mit seiner Spannung zwischen zwei Frauen und einem Mann.

Schließlich werden die im weitesten Sinn sexuellen Wünsche des Paares aneinander wiederentdeckt. Dadurch können die Kinder aus der Ersatzpartnerschaft entlassen werden und ihre etwaige Symptomatik aufgeben, die an diese Rolle gebunden war. Die Generationen sind wieder getrennt, die Mutter ist wieder die Mutter und nicht die Partnerin des Sohnes, der Vater ist wieder der Mann und nicht der Sohn oder der Vater seiner Frau, das Kind ist wieder Sohn oder Tochter seiner Eltern und nicht mehr der bessere Mann oder die bessere Frau für je einen Elternteil. So stellt sich idealerweise die Lösung des ödipalen Konflikts nach diesem familiendynamischen Modell dar.

Alle diese Vorgänge nehmen beim Therapeuten ihren Anfang, weil er das Familiensystem nur an *seiner* Stelle verändern kann. Er bemerkt schrittweise sein eigenes Eingebundensein in das System, erkennt dadurch die Bündnisstruktur und die durch die Freund-Feind-Struktur verdeckten Anteile. Durch diese seine eigene Wahrnehmungserweiterung, an der die Familienmitglieder im Dialog teilnehmen und mitarbeiten, löst er die Tabus und Verleugnungen, die die Starrheit des Systems aufrechterhalten, auf. Es geht bei diesem Konzept der Systemveränderung nicht im traditionellen Sinn um Fragen der Technik oder der Strategie, sondern statt dessen um das bei jedem Schritt vorliegende Problem der »Blindheit« in bezug auf die eigene Betroffenheit und Beteiligung.

### *c) Neue Perspektiven für die psychoanalytische Theorie*

Ich möchte noch auf einige neue Perspektiven bzw. auf Akzentuierungen in der psychoanalytischen Theorie hinweisen, die sich durch dieses Konzept und seine Anwendung in der Therapie und auch für die Überlegungen über Veränderungsmöglichkeiten von Beziehungsstrukturen in anderen, nichttherapeutischen Zusammenhängen, ergeben.

Wenn ich in dieser Darstellung die Entwicklung des Kindes von Anfang an in der Triade Vater-Mutter-Kind gesehen habe, dann habe ich dadurch psychoanalytische Entwicklungstheorien in Frage gestellt, die, etwa nach dem Triangulierungskonzept von Abelin[11], eine trianguläre Beziehungsstruktur für das Kind erst ab dem 18. Lebensmonat annehmen. Aus familiendynamischer Sicht und Beobachtung mußte ich die Vorstellung aufgeben, daß der Vater erst nach einer anfänglichen symbiotischen Zeit in der Dyade zwischen Mutter und Kind als Dritter für das Erleben des Kindes Bedeutung erlangt.

Außerdem habe ich durch die Darstellung der Entstehung von Symptomen im triangulären Spannungsfeld der Familie die Traumatheorie der Psychoanalyse verlassen und Psychoanalyse statt dessen durchgehend als Konflikttheorie definiert[12]. Die Traumatheorie stellt Schädiger und Geschädigte, also letztlich Täter und Opfer fest und bleibt so im System der Feindbilder, das unter dieser Konzeption nicht aufgelöst werden kann. Konflikttheorie dagegen versteht jedes Symptom als intrapsychische und interpsychische Konfliktlösung, die prinzipiell deswegen verändert oder aufgelöst werden kann, weil der Konflikt neu erlebt, durchgearbeitet und dadurch einer veränderten Lösung zugeführt werden kann.

Schließlich bin ich bei meinen Erörterungen zur Entstehung von Feindbildern nicht von einem biologisch verstandenen Aggressions- oder Todestrieb ausgegangen, der durch die »Kulturleistung« unter Kontrolle gehalten werden muß[13]. Feindbilder und Kriege sind für mich nicht Ausdruck eines durchbrechenden und Befriedigung suchenden Todestriebes, sondern Formen von zwischenmenschlicher Verklammerung und Vergewaltigung. Sie sind prinzipiell auflösbar, soweit die Annäherung an den »Feind« und die gleichzeitige Auflösung von Loyalitätsverpflichtungen gegenüber dem »Freund« gewagt werden können.

# C. Das zentrale Problem der Politik: Gewalt

Über die Problematik von Gewalt und Gewaltlosigkeit erschienen gerade in den letzten Jahren zahllose Veröffentlichungen. Sie alle suchen nach Antworten auf die wichtigsten Fragen unserer Zeit, auf die Fragen: Wie kommt es zur Gewalt? Wie läßt sich Gewalt verhindern oder auflösen? Was sind gewaltfreie Methoden und wie wirksam sind sie? Ich möchte dieser Diskussion hier einige Aspekte und Thesen hinzufügen, die mir besonders wichtig sind.

Was Gewalt ist, wird oft nur juristisch definiert, so z. B. im Strafrecht »als Einsatz physischer Kraft zur Beseitigung eines wirklichen oder vermuteten Widerstandes – häufig Tatbestandsmerkmal einer strafbaren Handlung, z. B. bei Widerstand gegen die Staatsgewalt, schwerer Unzucht, Notzucht, Menschenraub, Raub und Erpressung ... Nach der neueren Rechtsprechung bedeutet auch die Anwendung berauschender oder narkotisierender Mittel sowie die Hypnose, der den Gleiskörper einer Straßenbahn blockierende Sitzstreik sowie das Erzwingen oder das bewußte Verhindern des Überholens im Straßenverkehr Anwendung von Gewalt.«[1]

Ich meine, daß durch diese Definition der Begriff »Gewalt« nur sehr oberflächlich erfaßt wird. Bestraft und mit Strafe bedroht wird ein bestimmtes *Verhalten*, das aber eigentlich nur Ausdruck einer bestimmten *Beziehungsform* ist. Andere Verhaltensweisen, die Ausdruck ähnlich gestörter Beziehungen sind, wie zum Beispiel die psychische Gewalt in Familien, am Arbeitsplatz, in der Bundeswehr oder in der Bürokratie, werden nicht bestraft. Hier werden Menschenrechte bzw. menschliche Grundbedürfnisse verletzt, deren Wahrung auch in unserem »Rechtsstaat« nicht einklagbar ist. Die Tatsache dieser selektiven Definition von Gewalt ist Folge einer selektiven Unbewußtheit in unserer Gesellschaft, und sie hat ihrerseits Konsequenzen, die Gewalt produzieren und aufrechterhalten.

Gewalt in jeder Form ist wie gesagt für mich Ausdruck einer gestörten zwischenmenschlichen Beziehung. Ich verstehe sie nicht als Ausdruck eines Aggressions- oder Todestriebes oder gar als Beweis für die Existenz eines solchen Triebes. Verstünde ich die Gewalt als Ausdruck des Todestriebes, dann müßte ich wie Freud auf die Kontrolle dieses zerstörerischen Triebes als eine Kulturleistung hoffen, sozusagen auf die »Zähmung des wilden Tieres Mensch«. Oder ich müßte auf einen Sieg des Eros über Thanatos hoffen, also auf Krieg. Das dualistische Weltbild macht die Aggression zum bösen und den Eros zum guten Teil des Menschen, in der Hoffnung, daß der gute über den bösen Teil siegen möge. Der Krieg im Menschen gegen sich selbst und der Krieg zwischen den sich jeweils als gut und friedliebend ansehenden Menschen gegen ihre jeweils als böse und aggressiv angesehenen Feinde ist in dieser Theorie vorgeprägt.

Nach den Erfahrungen im Dritten Reich und in vielen anderen Versionen totalitärer Zucht und Herrschaft können wir die Kontrolle über die Triebe nicht mehr als Ziel des menschlichen Lebens und als Garantie für die Erhaltung des Friedens ansehen. Die einschränkende Kontrolle der Triebe im Menschen bringt vielmehr eine Kontrollnotwendigkeit auch über andere Menschen mit sich. Und diese Kontrollnotwendigkeit äußert sich häufig in Gewalt und Krieg. Gewaltfreiheit ist deshalb nicht durch bessere Kontrolle im Individuum und im Staat zu erreichen, sondern nur durch verbesserte Beziehungen des Individuums zu sich selbst und der Menschen untereinander.

# 7. Gewalt und Gewaltlosigkeit

## *a) Strukturelle Gewalt und strukturelle Verantwortungslosigkeit*

Der in der Diskussion um die Legitimität von Gewalt in letzter Zeit häufig verwendete Begriff »strukturelle Gewalt« stammt von Johan Galtung, der ihn 1975 in dem gleichnamigen Buch in die Diskussion der Friedens- und Konfliktforschung einführte.[1] Galtung schreibt dort: »So wird durch die Erweiterung des Gewaltbegriffes um die Dimension der strukturellen Gewalt das Hauptaugenmerk offensichtlich auf solche Probleme wie soziale Ungleichheit und Ungerechtigkeit, Klassenverhältnisse und Unterdrückung von Freiheit gelenkt ...«[2] Durch die Einführung dieses Begriffes machte Galtung mit großem Erfolg darauf aufmerksam, daß Gewalt an vielen Stellen unbewußt bleibt, nämlich vor allem dort, wo sie in den normativen oder sozialen Strukturen der Gesellschaft oder auch von kleineren Gruppierungen wie etwa Institutionen gebunden ist: »Wird Gewalt in ihrer strukturellen Form ausgeübt, dann kann es sein, daß die Opfer sich nicht einmal bewußt sind, was da vor sich geht. Die Opfer können vollkommen unorganisiert, apathisch, vereinzelt oder auf sonst eine Art und Weise außerstande sein, irgendeine Form der Verteidigung aufzubauen. Das Verhältnis ist also grundlegend asymmetrisch.«[3]

Der Gedanke, daß durch die Normen einer Gesellschaft Gewalt ausgeübt wird, ist nicht neu. Er findet sich zum Beispiel schon bei Marx und Engels in dem berühmten Satz: »Die Gedanken der herrschenden Klasse sind in jeder Epoche die herrschenden Gedanken; das heißt, die Klasse, welche die herrschende materielle Macht der Gesellschaft ist, ist zugleich ihre herrschende geistige Macht.«[4] Und Freud beschreibt, wie es nach seiner Meinung zu solchen Strukturen der gesellschaftlichen Macht kommt. Er schreibt in seinem Brief an Albert Einstein[5] über den »Weg von der Gewalt zum Recht«: »Er [dieser Weg, Th. B.] führte über die Tatsache, daß die größere Stärke des einen wettgemacht werden konnte durch die Vereinigung mehrerer Schwachen. ›L'union fait la force‹. Gewalt wird gebrochen durch Einigung, die Macht dieser Geeinigten stellt nun das Recht dar im Gegensatz zur Gewalt des einzelnen. Wir sehen, das Recht ist die Macht einer Gemeinschaft. Es ist noch immer Gewalt, bereit, sich gegen jeden einzelnen zu wenden, der sich ihr widersetzt, arbeitet mit denselben Mitteln, verfolgt dieselben Zwecke; der Unterschied liegt wirklich nur darin, daß es nicht mehr die Gewalt eines einzelnen ist, die sich durchsetzt, sondern die der Gemeinschaft.«

Der Begriff der strukturellen Gewalt wird vor allem in der Friedensbewegung oft zur Entlastung von Schuldgefühlen und zur Legitimation von personaler Gewalt, zum Beispiel bei Demonstrationen, verwandt. Dabei wird die gewalttätige Struktur der Gesellschaft zum Feind, den man – oft mit fast allen Mitteln – bekämpfen muß und bekämpfen darf. Dadurch erniedrigt sich die zumeist hohe Hemmschwelle, die Polizei anzugreifen. Diese ist dann nicht mehr »Freund und Helfer« oder notwendige Ordnungsmacht, die die Gemeinschaft vor dem Chaos und vor den Verbrechern schützt. Sie wird selbst zum Verbrecher, und das in ihrer Gesamtheit, die einzelnen Personen unter den Polizisten werden nicht mehr gesehen.

In dem Auftauchen und der Verwendung des Begriffes »strukturelle Gewalt« sehe ich eine Bewußtseinsveränderung, die ich zum Teil begrüße, eben weil die »Normalität« der staatlichen Gewalt dadurch relativiert wird, die ich aber andererseits auch für unvollständig und deshalb für gefährlich halte. In der Frontenbildung zwischen »Autonomen«, die scheinbar außerhalb dieser »repressiven Gesellschaft« stehen oder sich so erleben, und den Vertretern von Recht und Ordnung fehlt häufig die Frage: Ist *dieser* Mensch, den ich hier angreife, wirklich *mein* persönlicher Feind? Die »Chaoten« und die »Bullen« stehen sich wie die Soldaten kriegführender Staaten gegenüber. Alleine die Zugehörigkeit zum anderen Lager genügt oft schon, um Gewalt gegen einen anderen Menschen auszuüben. Demonstranten lassen sich häufig durch die Geschlossenheit ihrer »Feinde« zu ebensolcher Geschlossenheit – aber eben auch pauschaler Verurteilung – bringen. Die beiderseitigen »Uniformen« helfen bei der sauberen Trennung in Gut und Böse. Und »der Staat« in Gestalt der Innenminister verurteilt und verfolgt oft pauschal alle Demonstranten als Chaoten, ohne wahrzunehmen, daß eine große Zahl von Bürgern unter ihnen ist, die aufgrund ihrer Sorge um die Demokratie, nicht im Kampf *gegen* die Demokratie, auf die Straße geht.

Wenn man mit »struktureller Gewalt« die in der Struktur der Gesellschaft liegende Gewalt meint, dann gehört auch die Spaltung der Polizisten und Demonstranten selbst wieder zur strukturellen Gewalt. Die Alternative zu einer so verstandenen strukturellen Gewalt ist nicht die Beseitigung der Staatsgewalt oder ein Sieg über sie, sondern die Überwindung dieser Spaltung. Sobald man das Böse nicht mehr im anderen oder im anderen Lager sieht, sondern die gespaltene *Beziehung* zwischen sich selbst und dem oder den anderen als Problem versteht, werden ganz andere Fragen wichtig. Es geht dann nicht mehr um die geschickteste Strategie gegen den Feind, sondern um die eigene Angst und Apathie, die bisher zur Aufrechterhaltung der Spaltungen beigetragen haben.

Ich erinnere mich an eine Demonstration, bei der für mich deutlich erkennbar von beiden Lagern »psychische Aufrüstung« betrieben wurde, die dann schließlich, nach der Demonstration, auch zu einer gewalttätigen Entladung kam. Ich wagte es nicht, mit den Demonstranten in meiner Umgebung in ein kritisches Gespräch einzutreten und sie darauf hinzuweisen, daß sie nach meinem Eindruck Krieg spielten, obwohl sie zu einer friedlichen Demonstration aufgebrochen waren. So wurde ich wie viele andere auf beiden Seiten zum »Mitläufer«.

Aufgrund solcher Erfahrungen mit mir selbst und mit anderen möchte ich hier deutlich sagen, daß Gewalt, die in der Struktur unserer Gesellschaft liegt, nicht nur auf sozialer Ungerechtigkeit und Ungleichheit oder auf den zur Unterdrückung der freien Meinungsäußerung verwendbaren und verwendeten Gesetzen beruht. Sie beruht letztlich auf der *psychischen Struktur* jedes einzelnen von uns und auf der psychischen Struktur unserer zwischenmenschlichen Beziehungen insgesamt. Wir alle haben die gesellschaftlichen Ungleichheiten und Ungerechtigkeiten und die Einschränkungen unserer Demokratie entstehen lassen bzw. bis jetzt noch nicht verändert. Das liegt an unserem Mitläufertum, an dem »falschen Selbst«, das wir seit Beginn unseres Lebens entwickelt haben. Wir haben gelernt, uns im Konfliktfall anzupassen, Mimikri zu betreiben und so unsere persönliche Haut kurzfristig zu retten. Die Reichskristallnacht, Auschwitz, der Zweite Weltkrieg, die Wiederaufrüstung der Bundesrepublik und der DDR, die Stationierung der US-amerikanischen und der sowjetischen Raketen auf deutschem Boden, die Verseuchung unserer Umwelt, all das sind Folgen des Mitläufertums vieler einzelner. Man kann uns sagen, wer unser Feind ist, man kann uns sagen, weshalb die Plutoniumwirtschaft nötig ist, man kann uns sagen, daß wir als Polizisten die Demokratie verteidigen, wenn wir auf Demonstranten einschlagen. Wir glauben alles, aber vielleicht weniger, weil wir es wirklich glauben, als vielmehr, weil wir es nicht wagen, in der eigenen Gruppe auffällig zu werden.

Hier ist für mich der Zusammenhang zwischen struktureller Gewalt in der Person und struktureller Gewalt in der Gesellschaft zu sehen. Je mehr ein Mensch gelernt hat, daß er psychisch und vielleicht auch physisch nur überleben kann, wenn er sich anpaßt und die eigenen Zweifel, Fragen, Ängste und Wünsche in sich selbst unterdrückt, desto mehr wird er zum Mitläufer, desto mehr trägt er bei zur Zentralisierung oder Konzentration einer menschenverachtenden Gewalt im Staat, zum menschenverachtenden Umgang mit anderen Völkern und zum selbstzerstörerischen Umgang mit der Natur. Wir wagen es oft nicht einmal, die vom Grundgesetz formal noch getragenen demokratischen Freiräume zu nutzen, und zwar aus unserer *persönlichen* autoritären Struktur heraus. Unsere Kinder und Kindeskinder werden uns fragen: Warum hast *du* nichts unternommen, als es noch möglich war, etwas zu retten? Das ist dieselbe Frage, die wir unseren Eltern und Großeltern stellen. Die ehrliche Antwort wird dann wieder sein: Weil ich die Gefahr lieber nicht so deutlich sehen wollte und weil ich Angst hatte, aufzufallen.

Strukturelle Gewalt hängt eng mit struktureller Verantwortungslosigkeit zusammen. Beide resultieren aus einem Entfremdungsprozeß. Der Mensch ist nicht von Natur aus gewalttätig, er ist auch nicht von Natur aus ein passives oder gleichgültiges Herdentier. Es ist ein Ausdruck unserer oft als Narzißmus bezeichneten Beziehungsstörung, wenn wir nicht mehr fühlen oder bewußt erleben, was in uns und um uns herum vor sich geht, und wenn wir es nicht wagen, einzugreifen, wo unsere Bedürfnisse übergangen werden und unser Leben in Gefahr gerät. »Die Hunde bellen, die Karawane zieht weiter«; dieses Sprichwort verwendete Bundeskanzler Kohl zur Erklärung seines Verhaltens in einer Konfliktsituation, das von seinen Kritikern oft als Aussitzen bezeichnet wird. Ist nicht jeder von uns mehr oder weniger ein solcher »Aussitzer«, der sich in Konfliktsituationen totstellt, bis die Gefahr vorüber zu sein scheint? Die großen und die kleinen Aussitzer können sich zwar im Augenblick ihrer Zurückhaltung über die »kleinen Probleme dieser Welt« erhaben fühlen; durch die Verleugnung ihrer eigenen Betroffenheit und Beteiligung haben sie jedoch schon immer die Katastrophen mit vorbereitet.

Die Wiederherstellung des Bezugs zwischen dem Erleben der Person und ihrem Verhalten ist ein wichtiges Anliegen der psychoanalytischen Therapie. Die durch Abspaltung der wahren Gefühle eingetretene strukturelle Verantwortungslosigkeit wird dadurch schrittweise aufgehoben und mit ihr die Lähmung und das Ohnmachtsgefühl. In einem analytischen Prozeß erlebt der Analysand allmählich immer mehr Zusammenhänge zwischen dem, was er tut, und dem, was er will und fürchtet. Vorher teilte er sein Tun in viel größerem Maße danach ein, ob es richtig oder falsch ist. Er hatte sich in seiner bisherigen Sozialisation vor allem Kriterien dafür erworben, was richtig und was falsch ist, in Abhängigkeit von seiner familiären Normstruktur und natürlich auch von den Normstrukturen seiner Subkultur und der ganzen Gesellschaft, in der er lebt. Das machte ihn zum »Mitläufer«. Er wußte, was er zu tun hatte. Seine Entscheidungen waren nicht auf seine Wünsche und Ängste bezogen, also nicht als psychische Entscheidungen erkennbar. Sie waren »sachlich« und »richtig« innerhalb einer Struktur von Wenn-dann-Beziehungen, die Aktion und Reaktion unter der Devise automatisierte: Ich muß das Richtige tun, deshalb ist das, was ich tue, auch das Richtige. Eventuell ist es auch einmal das Falsche, dann muß dafür eine Entschuldigung gefunden werden. Auf keinen Fall ist es das, was mir *wichtig* ist. Der Verlust des Bezugs zwischen Person und Handlung bedingt den Verlust des Gefühls, *persönlich* verantwortlich zu sein. Die Normen, nach denen man sich scheinbar richtet, können je nach Bedarf umgeändert oder auch uminterpretiert werden, und so entsteht unter dem Kleid persönlicher Rechtschaffenheit zugleich gewalttätige Willkür und Gewalt hinnehmende Gleichgültigkeit.

Auf Befehl kann der Soldat töten, der KZ-Aufseher Menschen

quälen und ermorden. Der Industrielle und seine Angestellten können Waffen ohne Schuldgefühle herstellen, weil das ja nur »Wirtschaftsgüter« sind, deren Produktion Arbeitsplätze erhält und die Außenhandelsbilanz verbessert. Hochgiftige chemische Abfälle können scheinbar ohne innere Probleme hergestellt und ausgestoßen werden, wenn man dabei vor allem den industriellen Aufschwung im Auge hat; unser Essen und Trinken kann ohne weiteres vergiftet werden, wenn nur der Umsatz stimmt. Kriegspläne, die die Vernichtung von Millionen Menschen der eigenen und der fremden Bevölkerung einbeziehen, können erstellt und durchgespielt werden; sie finden ja nur auf dem Papier statt. Da sind Gefühle nur störend. Gewalt und Verantwortungslosigkeit nehmen zu, je entfremdeter, distanzierter, technischer, unpersönlicher unsere Beziehungen zu uns selbst und zu unseren Mitmenschen werden.

Die Ablösung unseres Handelns von unserem Fühlen und Wollen ist der Grund dafür, daß wir Dinge tun und aushalten können, die wir ohne diese Ablösung niemals täten oder aushalten könnten. Ute Volmerg hat in einem Aufsatz über »Gewalt im Alltag oder die Ghettoisierung des Bösen«[6] deutlich beschrieben, wie wir schon im Alltag Gewalt als »zufällige« Betriebs- oder Verkehrsunfälle verharmlosen und dabei die Gefühle von Angst, Verzweiflung und Wut, die auch zu diesen Formen der Gewalt führen, ausblenden. Die Entfremdung führt schließlich dazu, daß wir in unseren Wünschen und Gefühlen voneinander völlig isoliert sind, während unsere Kriege von Computern in Gang gesetzt und ausgeführt werden. So entsteht durch unsere kollektive Beziehungsstörung gleichzeitig mit der totalen Omnipotenz die totale Hilflosigkeit.

Der Glaube an die Idee des Rechtsstaates trägt viel zur Entfremdung in unseren politischen Beziehungen bei. Der Begriff Rechtsstaat bedeutet für viele Bürger: »Der Staat hat recht« und nicht, wie er eigentlich gemeint ist: »Der Staat schützt die Rechte seiner Bürger.« Eine tiefe Sehnsucht nach Geborgenheit und Ordnung, nach Schutz gegen Gewalt von außen und vor Gewaltdurchbrüchen aus dem eigenen Inneren produziert bei vielen Menschen die mehr oder weniger vertrauensvolle Einstellung zum »Vater Staat«. Wie in der Familie die Kinder ihre persönliche Gewalttätigkeit an den Vater oder an die Eltern delegieren (müssen und können) und dafür auf die Wahrung ihrer Rechte durch die »Obrigkeit« hoffen (müssen und können), so auch die Staatsbürger. Der Vater darf schlagen, der Sohn nicht. Die Schläge des Vaters dienen der Aufrechterhaltung der Ordnung und der Erziehung; er *muß* sie (oft »leider«) austeilen, um »für das Wohl der ganzen Familie« zu sorgen. Der Sohn schlägt aus Zorn und persönlicher Betroffenheit, und das ist schlecht. Der Vater schlägt und straft nicht aus persönlicher Betroffenheit, sondern aus sachlicher Notwendigkeit – so sagt man. Und das ist gut. Wer seine Aufregung zu erkennen gibt, als Vater oder als Abgeordneter, der ist ein schlechter Erzieher oder Politiker. Wo kämen wir denn hin, wenn jeder nach seinen Gefühlen handeln würde?

In Wirklichkeit handelt aber doch jeder nach seinen Gefühlen, Ängsten und Interessen. Die Kunst »rechtsstaatlicher« Bürger und Beamter ist es, dies nicht erkennbar werden zu lassen. Wer im Auftrag des Staates schlägt, Berufsverbote ausspricht, politische Meinungsäußerungen in Schulen verbietet, tut nur seine Pflicht. Er hält die Schule frei von politischer Einflußnahme – als ob gerade dieses »formal rechtliche« Verhalten kein politischer Akt wäre. Es sind die rechtschaffenen Geschwister, die den Eltern bei der Erziehung ihrer »mißratenen« Rivalen helfen, sie bespitzeln und denunzieren, wo immer dies im Rahmen der Legalität möglich ist. Ein persönliches Interesse dieser »Erziehungshelfer« und »Staatsschützer« ist meist nicht nachzuweisen. Zumindest hat es in einer »rechtsstaatlich geordneten« Familie keine Bedeutung. Ihr Sadismus, der in manchen Staaten bis zur Folter und zum politischen Mord führt, ist eingebaut in das Recht des Staates, für sein Überleben zu sorgen. Die als Staats- oder Verfassungsfeinde ausgemachten Bürger dienen als Prügelknaben für die (oft unbewußte) Angst und Verzweiflung der ungeliebten Regierung (Eltern) und deren ebenso ungeliebten »Erfüllungsgehilfen«.

Ein solches Familienklima ist nur zu verändern, wenn die Familienmitglieder sich allmählich wieder auf ihre Wünsche besinnen, geliebt zu werden und zu lieben, und das heißt: ihren Wunsch, Geborgenheit nicht durch Recht und Ordnung zu erreichen, sondern durch Annäherung, Kontakt und Auseinandersetzung mit den anderen Familienmitgliedern. Es wird dann deutlich, daß gewalttätige Beziehungen und gewalttätiges Verhalten weder für den Täter noch für das Opfer wirklich befriedigend sind. Nicht die

Zensur nach innen und nicht der gemeinsame Krieg nach außen ist das, was den Wünschen der Menschen wirklich entspricht. Der Mensch ist nicht des Menschen Wolf von Natur aus. Das Lamm ruft nur in gestörten Beziehungen die Wölfe auf den Plan.

Freilich ist ein solcher »Abrüstungsprozeß«, den ich aus familientherapeutischen Prozessen gut kenne und beschreiben kann, nicht sofort und in einem Schritt möglich. Viel Angst und Zweifel sind auszuhalten, viel persönlichen Mut und Durchhaltewillen auf diesem Weg müssen die einzelnen Familienmitglieder und auch der Therapeut aufbringen, um immer wieder »strukturelle Gewalt« in mitmenschliche Verantwortlichkeit zu verwandeln. Ich kenne keinen anderen Weg, auf dem aus einem kranken »Rechtsstaat« eine gesunde »Demokratie« werden kann.

### *b) Der moralische Krieg als Vorstufe gegenseitiger Vernichtung*

Ich möchte noch auf eine besondere Art der Gewalt eingehen, die zumeist nicht als solche erkannt wird: die »moralische Aufrüstung«. Unter diesem Motto finden sich seit 1938 Menschen aus aller Welt zusammen, um mit Hilfe der vier »Absoluta« (Ehrlichkeit, geschlechtliche Reinheit, Selbstlosigkeit und dienende Nächstenliebe) gegen Klassenkampf, Rassenhaß und totalitäre Ideologien zu kämpfen. Ich zitiere diese Vereinigung hier weniger um ihrer selbst willen als wegen des Prinzips, das sie so deutlich ausdrückt: die Nachahmung des Feindes im moralischen Krieg.

Die Angst-Gewalt-Spirale eskaliert auch aufgrund der regelmäßig in sie eingebauten moralischen Ideologien auf beiden Seiten. Es ist dies eine Kettenreaktion, die man mit der Gefährlichkeit von Kettenreaktionen bei der Kernspaltung bzw. der Kernfusion vergleichen kann. Eine »gespaltene« Person, die aufgrund ihrer inneren Spaltung in einen moralisch anerkannten Teil und in einen moralisch als »schlecht« angesehenen Teil (im psychischen Sinn oder auch im äußeren Verhalten) gewalttätig ist, ruft ebensolche Reaktionen bei ihren Bezugspersonen hervor. Die Bezugspersonen bemerken zumeist nicht, daß sie und wie sie die Spaltung der Person, mit der sie es zu tun haben, widerspiegeln. Und doch läuft diese Reaktion hin und her und setzt sich auch nach außen in alle Richtungen fort.

Die Eskalation des moralischen Krieges ist zwischen US-Amerikanern und Sowjetrussen deutlich zu erkennen. Beide Seiten werfen sich im (für die Weiterführung der Spirale) geeigneten Moment jeweils Unmoral, Unterdrückung und imperialistische Expansion vor. Keine der beiden Seiten kann die Angebote der anderen Seite (Moratorium von Atomwaffentests, Einladung zur Beobachtung solcher Tests) als Friedensangebote annehmen, weil sonst in der Öffentlichkeit die Meinung entstünde, der Friede gehe von der Initiative des anderen aus. Die moralische Überlegenheit ist wichtiger als der Friede, weil nur die moralische Überlegenheit einen Angriff auf den Feind und die entsprechende Rüstung gegen ihn legitimiert.

Im Prinzip sind die moralische Aufrüstung und der moralische Krieg immer die Voraussetzung für ein ungehindertes Weiterlaufen der Gewaltspirale. Das ist zwischen Demonstranten und Polizei ebenso zu beobachten wie zwischen *allen* Fraktionen des Bundestages. Lieber nimmt man die mit dem Automatismus der gegenseitigen moralischen Disqualifikation einhergehende Starrheit und allseitige Lähmung in Kauf, als daß man sich eine Blöße gibt. Lieber *ist* man gut, als daß man sich mit dem anderen gut *fühlt*. Der Versuch, sich mit dem anderen, mit dem Feind, gut zu fühlen, würde zum Kontakt und damit zur Auflösung der Blöcke führen. Das fürchten nicht nur die »Großen«, sondern oft auch die, die inhaltlich laut für die Auflösung der großen politischen Blöcke plädieren. Zur Aufrechterhaltung der Blöcke ist der ständige Beweis der moralischen Minderwertigkeit des Feindes, der anderen Partei, der anderen Regierung, des Staates, der Demonstranten nötig. Im Namen des Friedens glaubt man dann, die Zerstörung zerstören zu müssen, die Gewalt gewaltsam unterdrücken zu können. Es sind dies viele, mehr oder weniger kleine Entscheidungen gegen das Leben, die zumeist nicht als solche erkannt werden.

Freud nannte das diesem Vorgang zugrundeliegende Prinzip Wiederholungszwang. Er beschrieb unter diesem Begriff, wie eine Person immer wieder dieselbe psychodynamische Szene reproduziert, und zwar einerseits, um endlich eine bessere Lösung des Grundkonflikts zu finden, andererseits, um sich immer wieder in altgewohnter Weise abzusichern. Ich meine, daß wir heute die Kettenreaktion der Gewalt, die zwischen Partnern, Gruppen und Gesellschaften abläuft, unter demselben Begriff betrachten können. Auch diese Kettenreaktion ist weitgehend unbewußt. Die Mitspieler erkennen vor allem ihre eigene Beteiligung nicht und können im gleichen Maße nichts daran ändern, daß auch sie unbewußt immer wieder Angst in (moralische oder physische) Gewalt verwandeln. Aber auch hier können wir davon ausgehen, daß die Wiederholung der psychodynamischen und soziodynamischen Szene nicht nur dem Zweck der immer wieder auf gleiche Weise erreichten Absicherung dient. Ich glaube, daß in jeder Drehung der Spirale, in jedem »Glied« der Kettenreaktion potentiell auch immer der Versuch zu finden ist, einen neuen Ausgang des Konflikts herbeizuführen. Dieser Versuch kann allerdings nur dann gelingen, wenn die Unbewußtheit in bezug auf die eigene Beteiligung aufgehoben wird. Es kommt auf die Art der Betrachtung an, ob man angesichts der Gesetzmäßigkeiten tradierter Gewalt resigniert oder ob man an jeder Stelle der Kette prinzipiell eine Ausstiegsmöglichkeit annimmt.

Ein wichtiges Hilfsmittel der Psychoanalyse beim Versuch, Wiederholungen in diesem Sinn zu erkennen, ist das historische Verständnis einer Person unter psychodynamischen Gesichtspunkten. Bei der Beschäftigung mit der Vergangenheit eines Analysanden geht es – jedenfalls für mein Verständnis – nicht um die Wiedergutmachung damals erlittener Traumata, sondern um ein Verständnis für die Reaktionsweisen des Analysanden in ihrer lebenslangen Wiederholung. Um die soziodynamischen Wiederholungen der Gewaltszenen erkennen und verändern zu können, müßten wir ein besseres Verständnis für solche Wiederholungen und vor allem für die jeweils eigene Beteiligung entwickeln. Unterdrückung im NS-Staat oder in der DDR scheint vielen von uns etwas grundsätzlich anderes zu sein als Unterdrückung in der Bundesrepublik Deutschland. Geschichtslosigkeit und Vergessen oder Verdrängen sind Grundlagen der »blinden« Wiederholung der immer gleichen Szenen über die Generationen hinweg.

Das Wiedererkennen von Gewaltszenen und der eigenen Beteiligung daran ist oft auch deswegen schwierig, weil man sich nicht vorstellen kann, daß man selbst einmal das Opfer und einmal der Täter ist oder daß man selbst in sehr ähnlicher Weise wie einst der »brutale« Vater oder die »abweisende« Mutter jetzt auch mit den eigenen Kindern umgeht. Die Regierungsmitglieder der Bundesrepublik Deutschland können sich nicht vorstellen, daß sie selbst Freiheiten unterdrücken wie schon ihre Vorgänger im Dritten Reich und daß diese Unterdrückung in Gefahren- oder Krisensituationen sogar quantitativ ähnliche Ausmaße annehmen würde wie damals. Die Grünen haben es oft schwer zu sehen, daß sich in ihren Reihen ähnliche Gewaltszenen und Machtkämpfe abspielen wie in den von ihnen kritisierten etablierten Parteien.

Solange man glaubt, daß solche Wiederholungen nicht sein dürfen, kann man sie nur schwer erkennen und dann auch nur schwer verändern. Wenn man nicht damit rechnet, daß Moral relativ ist, relativ zur jeweiligen Persönlichkeits- und Gesellschaftsstruktur, dann verfällt man immer wieder in einen moralischen Krieg gegen die Abweichungen von der eigenen idealistischen Vorstellung einer absoluten Moral und eines absoluten Rechtsstaates. Die Empörung wird dann oft zum Selbstzweck; Möglichkeiten zur Veränderung werden nicht gefunden, weil man die Situation falsch einschätzt.

Man muß wissen, daß Widerstand hier und jetzt immer »verwerflich« ist, während Widerstand dort und dann oft verherrlicht wird. Der aktuelle Widerstand gegen die Staatsgewalt *kann* von dieser nicht begrüßt werden, er wird immer als Terrorismus oder ähnlich bezeichnet werden. Wenn Minderheiten unterdrückt werden, dann heißt das bei uns Demokratie, wenn Mehrheiten unterdrückt werden, nennen wir das oft Gewaltherrschaft oder Totalitarismus. Die quantitativen Verhältnisse scheinen »demokratische« Unterdrückung zu legitimieren. Die Moral ändert sich von Gruppe zu Gruppe, von Situation zu Situation. Selbst der Mord ist im Kriegsfalle nichts Verwerfliches. In kapitalistischen Systemen hat die Ansammlung von Kapital nichts Gewalttätiges an sich. Da Gewalt etwas Böses ist, werden so »normale« Verhaltensweisen wie die Drohung und Erpressung mit Hilfe von wirtschaftlicher Macht nur in den seltensten Fällen als Gewalt angesehen.

Ähnlich relativ ist aber auch die Definition dessen, was als gewaltfrei bezeichnet wird. Oft wird Gewaltfreiheit, konform mit unseren Gesetzbüchern, als Abwesenheit von Gewalt im juristischen Sinne definiert. Die Teilnehmer an den Sitzblockaden vor den zur Stationierung von Pershing-Raketen vorgesehenen amerikanischen Kasernen zum Beispiel beriefen sich auf diese Definition. Daraufhin versuchten die Gerichte, ihre Normen so weit zu dehnen, daß solche Aktionen noch in den Rahmen der Strafbarkeit paßten. Dahinter stand wohl die Phantasie, daß öffentlicher Widerstand gegen die Staatsgewalt oder gegen die amerikanische Besatzung doch einfach nicht straffrei sein *kann*. Die Richter verurteilten die Teilnahme an den Sitzblockaden als »verwerflich«, weil Nötigung nur unter dieser Bedingung juristisch als Gewalt zu bezeichnen ist. Das »Verwerfliche« an dieser Aktion war nach Meinung der Gerichte, trotz der den Betroffenen zugestandenen »moralisch einwandfreien Motivation«, daß die freie Willensentscheidung der Fahrer der Raketentransporte behindert wurde. Die freie Willensentscheidung der Blockierer wurde nicht respektiert, denn diese richtete sich gegen den Staat, seine Repräsentanten und deren »demokratische Entscheidungen«.

Als ich die Berichte über diese Situation in verschiedenen Zeitungen las, wurde mir immer weniger klar, was ich denn als Gewaltfreiheit bezeichnen sollte, wenn ich mich nicht an der juristischen Definition orientieren wollte. Ich dachte darüber nach, wie eine menschliche Lösung des Konflikts oder – was vielleicht noch wichtiger ist – wie ein menschliches Verständnis des Konflikts aussehen könnte. Wenn zwei Kinder, das eine im Auftrag der Eltern, das andere in Opposition dagegen, miteinander in Streit geraten, dann kämpfen sie gegeneinander, jedes auf die Weise, die ihm möglich oder auch befohlen ist. Ein solcher Konflikt, der natürlich primär zwischen den Eltern und den oppositionellen Kindern besteht, wäre eigentlich ein Anlaß, sich so lange auseinanderzusetzen, bis ein gemeinsamer Weg gefunden ist bzw. bis die Motive der einen Partei für die jeweils andere erkennbar und nachvollziehbar geworden sind. Die Schützenhilfe der Eltern für ihre Beauftragten unter Berufung auf Gesetz und Moral ist zwar verständlich, aber doch nur ein sehr hilfloser Versuch, den Konflikt zu unterdrücken. Die formaljuristische Lösung läßt den Rechtsstaat zum Obrigkeitsstaat werden, jedenfalls soweit die Gesetze von den Gerichten im Sinn der Regierung interpretiert werden. Unsere Gesetze sind Regeln zur Beilegung von Konflikten, die immer dann nötig und angewandt werden, wenn ein persönliches Austragen des Konflikts nicht mehr möglich ist oder nicht mehr möglich zu sein scheint. Ich glaube, es ist immer wieder wichtig, sich auf allen Seiten bewußt zu machen, daß gesetzliche oder juristische Regelungen ein Notbehelf sind, der die persönliche und öffentliche Diskussion nicht ersetzen kann. Solange wir alle immer wieder nur auf den Rechtsstaat bauen, haben wir es immer wieder nur mit dem Gerüst zu tun. Das Haus, den Konflikt und seine psychodynamischen und soziodynamischen Gesetzmäßigkeiten bekommen wir auf diese Weise nicht zu sehen. Solange wir Regierungen wählen und Gerichte haben, die der Austragung von Konflikten durch die Anwendung von Paragraphen aus dem Wege gehen, werden die Konflikte in immer neue Situationen verschoben. Sie werden so lange in verschiedenen Formen wieder auftauchen, bis sich die Beteiligten auf die Konflikte selbst einlassen können, und das heißt: bis sie ihre je persönliche Stellung und Verantwortung in dem Konflikt verstehen gelernt haben. Solange »der Staat« sich zur Konfliktlösung nur immer wieder seiner juristischen »Krücken« bedient und die politische Auseinandersetzung vermeidet, werden sich auch immer wieder extremistische Gruppierungen bilden, die die Starrheit der Staatsgewalt und der Rechtssprechung zum Anlaß für eigene Gewalttätigkeit nehmen.

Die juristische Definition von Gewalt und Gewaltfreiheit reicht jedenfalls nicht aus, um zu beschreiben, was in solchen Fällen wirklich vor sich geht. Es sind unterschiedliche Vorstellungen von Sicherheit, die hier konkret aufeinanderprallen. In einer lebendigen, demokratischen Gemeinschaft kann ein solcher Konflikt anders ausgetragen werden als durch Anwendung von Gesetzen, die scheinbar die Rechte der Staatsbürger schützen. Denn was ist Recht, wenn es um Widerspruch und Widerstand zur Verteidigung des Lebens auf der Erde geht? Was ist Recht, wenn es um die Verteidigung der Demokratie und der freien Meinungsäußerung geht? Sind die Ergebnisse von Mehrheitsentscheidungen unter Bundestagsabgeordneten und ihre Durchsetzung wirklich *wichtiger* als die Sorgen der Bevölkerung um ihr Überleben, vor allem in der Nähe von Orten, an denen Atomraketen stationiert sind? Ist es im Sinn einer lebendigen Gemeinschaft, engagierte Bürger, die auf jeden Fall, unabhängig von ihrer Meinung, die Garanten der Demokratie sind, zu bestrafen, während die stummen und politisch Gleichgültigen unbeachtet bleiben? Ich glaube, daß wir uns sehr bemühen müssen, solche und ähnliche Fragen zu beantworten und Formen für die Austragung von existentiellen Konflikten zu finden, die den Rückgriff auf Bestrafung und Kriminalisierung überflüssig machen.

### *c) Gewalt und Krieg als Perversion der Sexualität*

Über die Zusammenhänge zwischen Gewalt und Sexualität haben sich bisher fast ausschließlich Psychoanalytiker oder von der Psychoanalyse beeinflußte Wissenschaftler geäußert. Das liegt wohl daran, daß ein solcher Zusammenhang »normalerweise« schwer zu erkennen ist und auch nur ungern gesehen wird. Ich will deshalb hier beschreiben, wie ich diesen Zusammenhang verstehe.

Ähnlich wie Sigmund Freud[7] beschreibt auch Norbert Elias in seiner Zivilisationstheorie[8] den Vorgang der Unterdrückung und Kontrolle von Sinnlichkeit und Sexualität im Laufe der Entwicklung unserer Zivilisation und auch im Laufe der Entwicklung jedes einzelnen Menschen. Die Sexualität, im Leben des Kindes zunächst unterdrückt und tabuisiert, wird später zu einem peinlichen Objekt schambesetzter »Aufklärung«. Die Kontrolle der Sexualität ist die unabdingbare Voraussetzung für die Beherrschbarkeit des Menschen. Deshalb ist die Sexualität im weitesten Sinn für die Psychoanalyse so wichtig, und deshalb ist eine so verstandene Psychoanalyse in jedem totalitären Staat ein Element, das ganz besonders unter Kontrolle gehalten, oft sogar verboten und verfolgt wird.

Aber auch in sogenannten freiheitlichen Demokratien ist die Sexualität immer wieder Gegenstand der Kontrolle und der »Säuberung«. Man erinnere sich an die »vier Absoluta« der moralischen Aufrüstung: Ehrlichkeit, geschlechtliche Reinheit, Selbstlosigkeit und dienende Nächstenliebe (s. o.). Rüstung und Sexualität sind ebenso unvereinbar wie Totalitarismus und Sexualität. Das war im Dritten Reich so, als Sexualität nur zur Fortpflanzung der germanischen Rasse dienen durfte und Homosexualität offiziell verfolgt wurde; das ist jetzt zum Beispiel in den USA wieder so, wo der Puritanismus ständig an Boden gewinnt.

Klassikertexte wie »Romeo und Julia« oder »Hamlet« werden dort »korrigiert« und Schullesebücher zensiert. Das Ziel ist, »Shakespeare von ›unanständigen und peinlichen Wendungen‹, ›sexuellen Anspielungen, Flüchen‹ sowie ›schlüpfrigen oder ausgesprochen sexuellen Ausdrücken‹ zu reinigen«[9].

Sexualität läßt sich aber nicht unterdrücken. Solange der Mensch lebt, kommt sie in durch die Verdrängung veränderter Form wieder zum Vorschein, und sei es, daß sie die Gestalt ihres größten Feindes annimmt: die Kontrolle. Die Krankheitsbeschreibungen der Psychoanalyse sind im Grunde genommen nichts anderes als die Beschreibungen der verschiedenen (pervertierten) Formen, in denen Sexualität und Sinnlichkeit wieder aus der Verdrängung zurückkehren. So sind auch die verschiedenen Formen der Gewalt Ausdruck einer sich gewaltsam Erregung und Befriedigung verschaffenden Sexualität. Die kollektive Selbstkontrolle ist auf die Dauer nicht durchzuhalten. Einzelne Individuen, die persönlich unter besonderem Verdrängungsdruck stehen, werden durchbruchsartig zu (extremistischen) Gewalttätern. Gelegentlich können sie sogar große Gruppen oder ein ganzes Volk in diesem »Befreiungsschlag« mitreißen, wenn der Druck auch bei vielen anderen ähnlich groß ist. Perverse Gewalttäter wie Jürgen Bartsch und Adolf Hitler haben nicht ein Defizit an Kontrolle, wie in manchen psychiatrischen Gutachten zu lesen ist; sie leiden unter einer übergroßen Strenge ihrer inneren Normen und damit an einem extremen Stau ihrer Sexualität. Und die »braven Bürger« verfolgen diese Durchbrüche mit Faszination, Abscheu oder Gleichgültigkeit, je nach der Art ihrer eigenen Sexualkontrolle.

Klaus Horn schrieb über »die Lust am Krieg, den keiner ernsthaft wollen kann«[10]. Er zitierte dort Leutnant W. L. Calley, der in Vietnam auf sadistische Weise Zivilisten ermordete: »Ich war gerne in Vietnam. Ich wußte, ich kann hier getötet werden, aber ich konnte auch mehr erleben als in Amerika.«[11] Der Erlebnishunger aufgrund von Langeweile scheint ein wichtiges Motiv für Gewalt- und Kriegsphantasien zu sein. In derselben Arbeit zitierte Horn auch aus einer Untersuchung über die Einstellung von Schülern und Schülerinnen zum Wehrdienst und zur Bundeswehr. Auch hier wurde deutlich, daß der Wehrdienst überwiegend als ein Abenteuer angesehen wird, das einen Ausbruch aus der allgemeinen Langeweile ermöglicht. Der Umgang mit teuren und gefährlichen Waffen gehört nach Meinung der meisten Jugendlichen zur männlichen Rolle. Phantasien des Pfadfinderlebens über Körperbeherrschung und Beweise der Lebens- und Überlebensfähigkeit spielen dabei eine wichtige Rolle. Mädchen haben ähnliche Vorstellungen vom Wehrdienst wie Jungen.

Langeweile ist nicht Ruhe, sondern Ausdruck einer inneren Spannung, die aus Gründen der inneren Zensur nicht zur Befriedigung und Entspannung zugelassen werden kann. Die Aufhebung dieser Spannung wird von außen erwartet, und zwar sehr dringend. So kommt zur Spannung noch die Ungeduld. Man zieht in den Krieg, oder man spielt mit Waffen, um hier wenigstens ein Gefühl von Potenz zu haben und gleichzeitig eine legitime Möglichkeit, die Spannung zu entladen.

Die Vermischung von Sexualität und Gewalt ist schon im Spiel der Kinder deutlich zu erkennen. Kriegsspielzeug, wie Pistolen, Gewehre oder Panzer, hat für die meisten Kinder gleichzeitig sexuelle und auch aggressive Bedeutung. In Nachahmung ihrer Eltern wagen es die Kinder nicht, Sexualität ohne den Schutz der Aggressivität zu erleben.

Diese These möchte ich genauer ausführen, weil sie oft zunächst als sehr befremdend erlebt wird. Aus sadomasochistischen Beziehungen ist zwar bekannt, daß es Menschen gibt, die nur dann sexuelle Befriedigung erleben können, wenn sie dabei ihren Partnern Schmerzen zufügen oder selbst gequält werden. Aber sollte das für jeden zutreffen? Und wie steht es mit meiner Behauptung, daß Sexualität und Gewalt oder Sexualität und Rüstung unvereinbar sind? Ich glaube, daß beide Behauptungen stimmen. An schweren Persönlichkeits- und Beziehungsstörungen läßt sich die Psychodynamik ablesen, die qualitativ ähnlich auch in unseren sogenannten normalen Beziehungen eine Rolle spielt. Wir haben – zwar in unterschiedlichem Maße, aber doch alle – Angst vor allzu großer emotionaler Nähe und auch davor, ausgestoßen zu werden, unsere Beziehungspartner zu verlieren. Um dieser doppelten Angst zu begegnen, versuchen wir, unseren Beziehungspartnern nicht zu nahe zu kommen, sie aber auch an allzu großer Entfernung zu hindern. In der Sexualität besteht in ganz besonderem Maße die Gefahr, sich emotional sehr nahe zu kommen. Ist diese Angst sehr groß, dann wird Sexualität entweder ganz vermieden, oder sie wird auf eine Weise »ausgeführt«, die gleichzeitig die körperliche Befriedigung ermöglicht und doch den emotionalen Abstand aufrechterhält. Der sadistische Sexualpartner »holt« sich seine Lust, ohne sich dabei auf den anderen einzulassen. Die Schmerzen schützen beide vor allzu großer Nähe, die »trotzdem« ausgeübte Sexualität schützt beide vor dem Gefühl, alleine und verlassen zu sein. Es ist ein Kompromiß in höchster psychischer Not, wenn Sexualität in diesem Maße in Aggressivität verpackt werden muß, um überhaupt zugelassen werden zu können.

Das Gefühl, mächtig zu sein, den anderen als Objekt zu gebrauchen und nicht als Subjekt zu erleben, ist ein Ersatz für echte sexuelle Potenz.[12] Zwei eigentlich unvereinbare Dinge, Sexualität und Macht, werden in eine Verbindung gezwungen, die Sexualität ermöglicht und doch nicht ermöglicht. Das grenzüberschreitende, anarchistische Moment der Sexualität ist in pervertierter Form auch im Machtrausch enthalten: Mir gehört die Welt; alles, was stört, wird zerstört; alle Frauen und Männer dieser Welt sind mir untertan; ich habe den Anspruch auf alle Sexualpartner wie auf alle Regionen dieser Welt, die für mich interessant sind.

Wo Sexualität in Gewalt umgewandelt oder eingebunden wird, muß zugunsten von Herrschaft auf Kontakt verzichtet werden. Kontakt ist nur möglich, wenn man in seinen eigenen Grenzen bleibt und so die Grenzen des anderen an der Berührungsfläche fühlen kann. Soweit man sich *über* den anderen stellt, fühlt man ihn nicht. Dann muß man sich immer weiter ausdehnen, um wieder etwas oder jemanden zu spüren. Der Imperialismus erweitert seine Grenzen in grenzenloser Gier und wird doch nie zufrieden. Die Alternative zu dieser ständigen Grenzverschiebung über alle anderen hinweg ist der Versuch, Grenzen zu halten und gleichzeitig durchlässig werden zu lassen für einen befriedigenden Austausch zwischen Personen und Völkern. Diese Alternative wird nach meinem Eindruck im allgemeinen politischen Bewußtsein zur Zeit immer deutlicher.

»Am Anfang von Kriegen steht die Gruppenphantasie einer Vergewaltigung«, schreibt Lloyd De Mause.[13] Er belegt diese These mit zahlreichen Zitaten. Bei Beginn des Falklandkrieges feuerten die englischen Zeitungen die jungen Soldaten unter anderem mit folgenden Schlagzeilen an: »Schiebt's eurer Junta hinten rein« und »Die Zeit des Redens ist vorbei: Unsere Jungs wollen sie naß machen.« De Mause zitiert auch den amerikanischen Präsidenten Johnson, der bei der Bombardierung Vietnams sagte: »Ich habe Ho Chi Minh nicht bloß einfach gebumst; ich habe seinen Schwanz abgeschnitten« oder: »Wenn ich einen Bombardierungstrupp anordne ..., schiebt er mir seine Laster direkt den Arsch hoch.«

Die Koppelung von Krieg und Sexualität wird besonders deutlich in dem Zitat eines amerikanischen Soldaten in Vietnam, der davon spricht, was er im Kampf erlebt: »Es ist absolut die intensivste anhaltende Erregung, die ich im Leben erfahren habe. Ich weiß nicht, wie man die Energie beschreiben soll, die man da fühlt ..., aber sie war greifbar für jeden. Du benutzt diesen Finger da und versuchst jemandem das Leben zu nehmen, und das jagt wirklich Stromstöße durch dich.«

Nicht nur der Krieg, sondern auch viele andere gewalttätige Massenerscheinungen wurden von Psychoanalytikern schon als kollektive Abfuhr von sexuellen Triebimpulsen verstanden. Wenn man den orgiastischen Schrei Goebbels' »Wollt Ihr den totalen Krieg?« in den Ohren hat und die ebenso orgiastische Antwort der versammelten Menschenmenge, dann versteht man, wie die gemeinsame Ekstase auch zur Gleichschaltung großer Massen beiträgt. Fanatismus, Pogrome und Sektenbildung enthalten alle Elemente sexueller Befreiungs- und Vergewaltigungsphantasien. Gemeinsam ist die Enthemmung lustvoller und weniger ängstigend; sie braucht allerdings ein Opfer, das dabei mindestens in der Phantasie verfolgt und gequält wird. Einzelne besonders gestörte Individuen nützen solche Massenbewegungen für ihre persönliche Ekstase. Das ist bei demonstrierenden Gruppen so, kommt aber auch bei Regierenden vor. Sie vergewaltigen und verfolgen ihre Opfer, indem sie es gleichzeitig vermeiden, in Kontakt mit ihnen zu kommen. Die Ähnlichkeit ekstatischer Gewalttäter in allen Lagern ist oft erschreckend, wenn man sich einmal daran gewöhnt hat, überall mit ihnen zu rechnen.

Immer häufiger taucht in der letzten Zeit die Phantasie auf, unsere Politik wäre besser oder weniger gewalttätig, wenn sie von

Frauen gemacht würde. Ich halte diese Phantasie für illusorisch, denn das ist nicht unsere Realität. Ich glaube nicht, daß Frauen an sich weniger aggressiv sind als Männer, und ich glaube vor allem nicht, daß es in der Politik nur auf den Faktor Aggressivität, eventuell gepaart mit Ehrgeiz und Chauvinismus, ankommt. Ich halte es für sinnvoller, sich darüber Gedanken zu machen, woran es liegt, daß in unserer Gesellschaft Politik fast ausschließlich von Männern »gemacht« wird und daß die wenigen Frauen in der Politik oft ihren männlichen Kollegen sehr ähnlich sind oder werden. Ich gebe in diesem Zusammenhang immer wieder zu bedenken, daß »die machtbesessenen Politiker« alle von Frauen geboren und erzogen wurden und daß der Verzicht auf mitmenschlichen Kontakt zugunsten von Machtpositionen sich nicht im luftleeren Raum ereignet, sondern auch in den Beziehungen zwischen den Politikern und ihren Frauen, Müttern und Töchtern. Die vielen männlichen Politiker werden genauso von Frauen gewählt wie von Männern. Die Politik, so wie sie ist, hat also mit den Frauen ebensoviel zu tun wie mit den Männern.

Die Gewalt in Politik und Gesellschaft ist nach meiner Meinung auf die vielen zerstörten und zerfallenen (sexuellen) Beziehungen zwischen Männern und Frauen in unserer Gesellschaft zurückzuführen. Ich glaube, daß die Politik insgesamt in dem Maße »sanfter« werden kann, wie die Beziehungen zwischen Männern und Frauen besser werden. Es kann sein, daß dann als Folge einer solchen Veränderung auch quantitativ mehr Frauen in der Politik im engeren Sinne tätig sein werden. Es könnte aber auch sein, daß weniger Männer aus unbefriedigenden familiären Beziehungen in die Politik aufbrechen müssen, um dort ihre Potenz in Form von sieghafter Durchsetzungskraft zu beweisen. Es könnte sein, daß Männer, die Mikrophone brauchen, um sich endlich gehört und anerkannt zu fühlen, weniger bewundert und gewählt werden, wenn im Bewußtsein der Bevölkerung andere Werte deutlich werden.

Die Entfremdung in den Paarbeziehungen gleicht der Entfremdung, die wir in den politischen Beziehungen antreffen. Frauen und Männer haben zwar ihre jeweils spezifische Art, Kontakt zu vermeiden; insgesamt ist das Aneinander-vorbei-Reden und das Nicht-Hinhören auf das, was der andere sagt, bei beiden Geschlechtern sehr ähnlich. Wie Familienmitglieder, so neigen auch

Politiker dazu, sich als Männer und Frauen voneinander fernzuhalten. Gerade in Bundestagsdebatten wird mir das homoerotische Bündnis der vielen Männer oft sehr deutlich. Es bietet die Möglichkeit, die Rivalität um die wenigen dort vertretenen Frauen zu vermeiden. Aber, wiederum ähnlich wie in Familien, ist auch dort gleichzeitig der homoerotische Zusammenschluß der Frauen gegen »die Männer« zu erkennen. Ein lebendiges Miteinander als Mann und Frau scheint in der Politik überflüssig zu sein, weil es auch dort zu ängstigend wäre.

Im Französischen wird der Orgasmus auch »le petit mort« genannt. Wir alle sind im weitesten Sinne so wenig fähig, diesen »kleinen Tod« immer wieder zu sterben, unsere Rüstung abzulegen und uns auf das Erleben befriedigender Mitmenschlichkeit einzulassen. Statt dessen versuchen wir in unseren Familien, in unseren beruflichen Beziehungen und auch in der Politik, unsere Partner zu Objekten zu machen, mit denen wir dann angstfreier, aber eben auch weniger lustvoll und befriedigend, umgehen können. Männer tendieren – schon aus physiologischen Gründen und aus Gründen der für sie gesellschaftlich festgelegten Geschlechtsrolle – zur gewaltsamen Penetration des »Feindes«. Dadurch können sie sich von ihrer Angst befreien, von der Frau / Mutter verschlungen zu werden. Frauen neigen – ebenfalls ihrer Rolle gemäß – dazu, die mögliche Erregung »auszusitzen«; sie lassen sich nicht auf ihre Gefühle in der Beziehung zu ihren Partnern ein. Sie fürchten die sexuelle Annäherung, die sie oft nur als Zerstört- und Ausgebeutetwerden von seiten des Mannes / Vaters erleben können. Schwert und Schild gehören im Kampf und in der Not der Geschlechter zusammen, und sie bedingen einander. Ich glaube nicht, daß ein Umkippen ins Matriarchat alleine uns aus diesen Problemen befreien könnte.

Die einzige Möglichkeit, an dieser blockierten Situation in unseren privaten und politischen Beziehungen etwas zu verändern, sehe ich darin, daß wir versuchen, mehr von der *Not* des eigenen und des anderen Geschlechts zu erleben und auch hier die *Beziehungsstörung* als Problem zu sehen, und nicht den jeweils anderen. In jedem Moment einer Beziehung geht es um die Entscheidung, ob ein lebendiges Risiko eingegangen werden kann, ob Wünsche und Ängste, so wie sie wirklich sind, lebendig sein dürfen oder ob statt dessen Vorwürfe und Beweise für die Aussichtslosigkeit, Bösartigkeit, Unfähigkeit oder Minderwertigkeit gesammelt werden müssen. In Gesprächen geht es darum, ob der größere Wert darin gesucht und gefunden wird, daß man Kontakt zu seinem Gesprächspartner hat und dessen Meinung und persönliche Motivation allmählich kennenlernt, oder ob man auf jeden Fall recht behalten und alles, was sich einem in den Weg stellt, beseitigen, überollen oder »aussitzen« muß.

Sexualität ist nicht an sich gewalttätig, aber sie macht Angst. Wieviel Angst sie dem einzelnen macht, hängt von dessen persönlicher Geschichte ab. Ob man gerüstet bleiben muß gegen die vielen »kleinen Tode« des Lebens oder ob man sich auf Veränderungen auch der eigenen Person einlassen kann, hängt davon ab, wie ängstigend man Sexualität und Veränderung in seinem bisherigen Leben erfahren hat. Chancen zur Veränderung bestehen, solange ein Mensch lebt. So lange kann er Teile seiner Rüstung ablegen und ein freieres Leben riskieren.

# 8. Die Weltraumrüstung, ein Symptom des kollektiven Größenwahns

Das amerikanische Programm zur Rüstung im Weltraum, genannt Strategische Verteidigungsinitiative (SDI), heißt »Antigone«. So wurde das Programm am Anfang genannt, das jetzt nur noch als SDI bezeichnet wird. Dieser alte griechische Name ist ein wohlklingendes Wort, was wohl bewußt zu seiner Verwendung in diesem Zusammenhang führte. Mir als Psychoanalytikerin fällt zu diesem Namen ein, daß Antigone die Tochter des Ödipus und seiner Mutter Jokaste war. Nach altem Glauben sind Kinder aus inzestuösen Verbindungen unglücklich. Dies wird auch in den verschiedenen dramatischen Bearbeitungen des Antigone-Stoffes deutlich. Entsprechend dem griechischen Mythos begleitet Antigone ihren blinden Vater in die Verbannung. Nach dessen Tod kehrt sie nach Theben zurück und bestattet dort gegen das Verbot ihres Oheims Kreon, des neuen Königs von Theben, den Leichnam ihres Bruders Polyneikes. Polyneikes ist im Zweikampf mit ihrem anderen Bruder Eteokles gefallen und hat diesen dabei gleichzeitig getötet. Zur Strafe wird Antigone lebendig eingemauert. Ihr Verlobter Haimon, der Sohn Kreons, der die Gruft öffnet, um sie zu retten, findet Antigone erhängt vor und tötet sich selbst. Der Vatermord und der Inzest mit der Mutter, den Ödipus unwissentlich beging, hat die Folge, daß alle Kinder aus dieser inzestuösen Beziehung, die ihre Eltern wiederum ermorden könnten, durch Mord oder Selbstmord sterben.

Das in diesem Mythos enthaltene Wissen finde ich in der Forschung zum psychoanalytischen Verständnis familiendynamischer Zusammenhänge bestätigt. Hier kann man deutlich sehen, wie Inzest oder Inzestphantasien, Größenwahn, Mord und Selbstmord regelmäßig zusammengehören.[1] In einem inzestuösen Familienklima, in dem die Kinder als Ersatzpartner für die Eltern dienen müssen und können, weil die Beziehung der Eltern unbefriedigend ist, entwickeln die Kinder Größenphantasien. Sie können und müssen besser sein als Vater oder Mutter für den jeweils anderen Elternteil. Vater und Mutter sind davon bedroht, daß sie von den Söhnen und Töchtern bei ihrem Partner ersetzt werden. Für die unbewußte Phantasie bedeutet ein solches Ersetzt-Werden, ermordet zu werden. Die Angst des Vaters, von den Söhnen ermordet, entthront und bei der Mutter ersetzt zu werden, ist die zentrale Angst der Sagen von Ödipus und Antigone. Dieser Gefahr konnte schon Laios, der Vater des Ödipus, nicht durch Töten bzw. Aussetzen seines Sohnes entgehen. Ödipus kehrte wieder, tötete seinen Vater und heiratete seine Mutter. Und auch die Kinder aus dieser Beziehung mußten sich zwangsläufig gegenseitig bzw. selbst töten; dagegen hilft kein Einmauern. Im Gegenteil, die totale Abgeschlossenheit bedeutet den Tod. Eine Rettung ist auf diese Weise nicht möglich.

Spekulierend könnte ich mir vorstellen, daß in der Wahl des Namens »Antigone« für das Raketenabwehrsystem der USA unbewußt das Wissen sowohl über die Motive seiner Erfinder und Befürworter enthalten ist (die Angst, von Nachfolgern depotenziert zu werden) als auch das Wissen um die Aussichtslosigkeit, dieser Gefahr durch überdimensionale Abwehranstrengungen zu entkommen.

In Amerika und in Rußland wird seit etwa zwanzig Jahren an Abwehrsystemen gegen anfliegende Raketen gearbeitet. Erst in den letzten Monaten ist das amerikanische SDI-Projekt ins Zentrum der Aufmerksamkeit gerückt, nicht zuletzt wegen des Angebots der USA an die Westeuropäer, sich daran zu beteiligen, und natürlich auch, weil es als Drohmittel in den Abrüstungsverhandlungen zwischen den beiden Großmächten eingesetzt wurde. Ich halte es deswegen für sinnvoll, die politische Aussage dieses Projekts, und das heißt: seine Bedeutung in den Beziehungen zwischen den Völkern, zu untersuchen. Für mein Verständnis enthält SDI beides: eine Drohung und ein Angebot. Die USA verkünden mit diesem Projekt und mit seiner öffentlichen Darstellung: Wir werden damit technologisch, wissenschaftlich, militärisch und wirtschaftlich die Größten und Stärksten sein. Wir werden alle unsere Feinde vernichten können und alle unsere Freunde in unseren allmächtigen Schutz nehmen können. Die ganze Welt wird uns ausgeliefert sein. Wir und unsere Freunde werden uns nie mehr ohnmächtig oder ängstlich fühlen müssen.

Das SDI-Projekt wird gegenwärtig propagandistisch, aber auch kritisch unter den verschiedensten Aspekten betrachtet. Mir scheint es sinnvoll zu sein, auch den Aspekt des Größenwahns und seiner Dynamik als Grundlage dieser Phantasie von der Rettung und der Omnipotenz durch Isolation zu analysieren. Man kann weltpolitische Probleme ebenso wie persönliche Symptome und Probleme immer *auch* als Ausdruck einer narzißtischen Störung, einer Störung des Selbstwertgefühls, verstehen und auf diesem Weg Phantasien über eine mögliche Auflösung der zugrundeliegenden kollektiven Psychodynamik entwickeln.

### *a) Die Angst vor dem Verlust der Hegemonie*

Die Geschichte des Abendlandes ist geprägt von der Jahrhunderte dauernden geistigen, wirtschaftlichen und politischen Hegemonie Europas bzw. einzelner europäischer Staaten. Mit dem Ende des Zweiten Weltkrieges wurde diese Hegemonie gebrochen.

Seitdem stehen – bildlich gesprochen – die beiden Supermächte auf »ihren« jeweiligen Teilen Europas. Die USA traten in der Weltmeinung und damit zusammenhängend auf ökonomischem, politischem und militärischem Gebiet die Nachfolge Europas als alle anderen Länder überragende Nation an. In der gegenwärtigen Krisensituation geht es um die Fragen: Können die Vereinigten Staaten von Amerika ihre Vormachtstellung weiterhin retten?[2] Steht Europa, steht Deutschland unter der Besatzung durch die beiden Weltmächte wieder auf? Oder geht die Vorherrschaft von den USA an die Sowjetunion, an Japan, an China über?

Da die Phantasien der einzelnen Menschen über Möglichkeiten und Unmöglichkeiten solcher Übergänge der Vorherrschaft von einer Person zur anderen, von einem Land zum anderen in ihren je persönlichen Geschichten geprägt werden, möchte ich mich hier auch mit den archaischen Grundprinzipien des Generationenwechsels befassen. Die Mythen enthalten einen großen Reichtum an Wissen über solche Vorgänge. Die wissenschaftliche Forschung auf dem Gebiet der Familiendynamik bestätigt dieses Wissen und macht es oft auch in seiner ganzen Komplexität erst voll verständlich. Die Hegemoniekrise der Weltmächte und ihre Dynamik entspricht in den Phantasien der vielen an ihr beteiligten Einzelpersonen dem Übergang von der Herrschaft des Vaters zur Herrschaft des Sohnes. Der Vater altert und erstarrt. Er spürt die Last des (Rüstungs- und Versorgungs-)Aufwandes, die er bisher getragen hat und die er nun nicht mehr, zumindest nicht mehr alleine oder überwiegend, tragen will. Gleichzeitig fühlt er sich bedroht durch jeden selbständigen Schritt der ihn verlassenden Kinder und potentiellen Nachfolger.

Mit dem Verlust der Hegemonie ist immer auch ein Trennungsvorgang verbunden. Wie sich die Kinder von ihren Eltern trennen müssen, so trennen sich die bisherigen Vasallen von ihren jeweiligen Hegemonialmächten. In den familiären Beziehungen geht diese Trennung um so leichter vor sich, je weniger das Selbstbewußtsein der sich Trennenden auf Herrschaft bzw. auf Opposition gegen Herrschaft aufgebaut ist. Wenn das Selbstbewußtsein des Vaters davon abhängt, daß der Sohn kein erwachsener Mann und damit kein Rivale für ihn wird, dann geht es in dem Trennungsprozeß zwischen den beiden um die Frage, wer von beiden die Trennung überlebt. In einer solchen Beziehung kann nur einer überleben, Laios oder Ödipus. Drohung und Erpressung sind die Beziehungsformen, die die Ablösungsphase dann bestimmen.

Gegenwärtig ist zu beobachten, daß das »Land der unbegrenzten Möglichkeiten« im Bewußtsein der Weltöffentlichkeit ständig an Wertschätzung verliert. Die Verbindung zwischen den USA und ihren Verbündeten beruhte zu einem großen Teil auf der Bewunderung der amerikanischen Lebensart. Die erste Nation der Welt mußte aber schwere Niederlagen ihres Selbstbewußtseins erleiden, so durch den Verlust des Nuklearmonopols, durch Vietnam, durch Watergate, durch das Kartell der OPEC-Staaten usw. Die größte Bedrohung in diesem Sinne stellt allerdings wohl die zunehmende Selbständigkeit des öffentlichen Bewußtseins in den westeuropäischen Staaten dar. Die Idealisierung löst sich auf, sie macht sogar zum Teil einer Verteufelung Platz. Das Bewußtsein von unterschiedlichen, ja von gegensätzlichen Interessen wächst. Sowohl in den USA als auch in Westeuropa wird deutlich, daß kein Interesse besteht, den Bündnispartner im Kriegsfall zu schützen, wenn mit diesem Schutz der eigene Selbstmord verbunden ist.

Aber auch das Alt- und Starrwerden des »Vaters« wird immer deutlicher. Man liest immer wieder Berichte über einen drohenden Zusammenbruch der hypertrophen Wirtschaft in den USA. Im Land selbst wächst das Mißtrauen gegen das eigene Bankensystem. Die Farmer der USA, einst die Vorkämpfer und Idole des nationalen Selbstbewußtseins, haben zu hoch gespielt. Viele von ihnen sind jetzt vom Konkurs bedroht oder haben schon aufgeben müssen. Die bisher diese Hypertrophie aufrechterhaltende Ausbeutung der Länder der Dritten Welt wird immer durchschaubarer und schwieriger zu rechtfertigen. Die Gefahr der Umverteilung, das heißt des Zusammenbruchs der einseitigen Ausbeutung und Bereicherung der Industrienationen wächst. Damit wächst auch die Angst vor dem Chaos, vor dem Untergang des bestehenden Systems. Die USA als führende Industrienation sind von dieser Bedrohung am stärksten betroffen. »Die Krise von Reagans ökonomischer und militärischer Traumpolitik hat schon begonnen«, sagt der Washingtoner Politikwissenschaftler Richard Barnet. »Die Unvereinbarkeiten dieser Politik werden über unseren Köpfen zusammenkrachen. Unheimliche Begegnungen mit der Wirklichkeit stehen bevor.«[3] Die raumgreifende Überlebensstrategie des »Let's go West« ist brüchig. Auch die in der »perfekten« Schauspielerehe des Präsidenten sich ausdrückende Phantasie einer konfliktfreien Beziehung stellt sich als irreal heraus. Immer mehr Menschen begreifen, daß zwischenmenschliche Beziehungen nicht dauerhaft auf den stereotypen Satz »You are wonderful« gegründet werden können. Das ausgeschlossene Böse droht wieder in diese heile Welt einzudringen. Der Traum geht dem Ende zu.

Nun könnten sich die bisherigen »Kleinen«, die Söhne, triumphierend über diese Schwäche des »Großen«, des Vaters, freuen, jedenfalls soweit sie nur darauf gewartet haben, daß er abtritt, um selbst eine Führungsposition (gleicher Qualität) zu übernehmen. Aber sie haben keinen Grund zur Freude, sie haben viele Gründe zur Angst. Der drohende Verlust der Hegemonie setzt nämlich den Versuch in Gang, neue Träume zu träumen, die den Absturz ins Chaos und das Auftauchen des Bösen aus der Verdrängung verhindern sollen. Und diese gewaltsam geträumten Träume sind gefährlich für die ganze Menschheit.

Aus der Psychoanalyse ist bekannt, daß Abwehr und Aufrüstung um so größer und gewalttätiger sind, je größer die Angst vor dem Prestigeverlust und vor der Umverteilung ist. Dabei wird diese Angst zumeist nicht als solche erkannt. Statt dessen wird ein aggressiver Feind phantasiert, dessen scheinbare Existenz oder scheinbare spontane Bösartigkeit die bestehende, aber primär gegen andere Gefahren aufgebaute Rüstung legitimiert. Würde die wirkliche Ursache der Gefahr und der Angst erkannt, nämlich die Gefahr des Prestigeverlustes, dann müßte und könnte in der Person selbst eine Veränderung vor sich gehen. Das zur Legitimierung der Waffen und zur Aufrechterhaltung des narzißtischen Selbstwertgefühls (ich bin nur wertvoll, wenn ich der Größte bin) nötige Feindbild stünde dann nicht mehr zur Verfügung. Der Verlust der Vormachtstellung könnte betrauert und schrittweise zugelassen und die Umverteilung im Dialog mit den Armen möglich gemacht werden.

Soweit diese gesunde Entwicklung nicht möglich ist, werden

gegen die Angst vor dem Prestigeverlust Größenphantasien gebildet, die mehr oder weniger irrationalen Charakter haben. Die wichtigste dieser Größenphantasien ist die Phantasie von der Unverwundbarkeit oder von der Möglichkeit, sich unverwundbar zu machen. Man verdrängt die Tatsache des persönlichen Todes und des Ersetztwerdens durch Nachkommen oder Nachfolger. Gleichzeitig verleugnet man die Abhängigkeit von den eigenen »Wurzeln«, von der eigenen Herkunft und von der angestammten Umgebung. So entsteht die Phantasie, im direkten und im übertragenen Sinn, einen archimedischen Punkt außerhalb der Welt erreichen und von ihm aus die Welt aus den Angeln heben, die Bedrohung des Lebens durch Krankheit und Tod abschaffen zu können. Alle diese Phantasien enthält das SDI-Projekt. Aber auch die Phantasie von der Führbarkeit und der Gewinnbarkeit nuklearer Kriege gehört in den Bereich »wahnsinniger« Ideen zur Abwehr der existentiellen Angst vor dem Verlust von Prestige und absoluter Macht. Eine ähnliche psychodynamische Grundlage hat nach meinem Verständnis die Vorstellung, Prozesse, die auf der Sonne stattfinden, ohne Gefahr hier auf der Erde reproduzieren zu können und so über unendliche Energiereserven verfügen zu können.

Das US-amerikanische Ideal des einsamen Helden, der seine Familie und seine Gesellschaft verläßt und gegen die ganze Welt antritt, ist auch ein Teil solcher Größenphantasien. Mit diesem Ideal verbunden ist die Vorstellung, daß Umwelt und Gesellschaft dem individualistischen Glücksucher von Natur aus feindlich gegenüberstehen. Er muß sie unter Kontrolle bringen oder besiegen, damit seinem persönlichen Glück nichts mehr im Wege steht.

Wie im persönlichen Bereich, so werden auch auf der politischen Ebene jeweils die besten intellektuellen Fähigkeiten in diesem Kampf gegen die Angst eingesetzt, so der Vorsprung der USA im Bereich der Mikroelektronik und der Datenverarbeitung. Beides soll im Rahmen von SDI ausgebaut werden, um den drohenden Hegemonieverlust zu verhindern. Demonstrationen der eigenen Macht und Größe, und vor allem auch der eigenen Aggressivität und Souveränität (zum Beispiel gegenüber dem Internationalen Gerichtshof und auch gegenüber der Weltmeinung in den Konflikten um Grenada, Nicaragua und El Salvador) kommen hinzu. Sie dienen hauptsächlich der Stabilisierung des Gefühls von Überwertigkeit und Unantastbarkeit. Willkürliche Schreckensherrschaften von Tyrannen im privaten und im politischen Bereich dienen vor allem der Selbstbestätigung und der Vermeidung der Angst vor der Ohnmacht.

Je größer die Angst vor dem Verlust des ersten Platzes (in der Familie, bei der Mutter, unter den Völkern der Welt), desto stärker wird auch die Spaltung in Weiß und Schwarz, in Gut und Böse. In allen Lagern ist zu beobachten, daß eigene Unsicherheiten durch Abspaltung bewältigt werden. Das Böse wird jeweils auf einen Dauerfeind projiziert, das Gute wird der eigenen Person, Gruppe oder Nation zugeschrieben. Selbst die Friedensbewegung ist in der Gefahr, nur einfach Freund und Feind zu vertauschen und die Spaltung dabei bestehen zu lassen; denn das Vertauschen von Freund und Feind ist weniger ängstigend als die Auflösung der Spaltung. So wird in konservativen Kreisen, die weitgehend von der Trennung zwischen Gut und Böse leben, bedauert, daß die westdeutsche Bevölkerung wegen der Agitation der Friedensbewegung allmählich nicht mehr weiß, was überhaupt verteidigt werden soll und von welcher Seite uns Gefahr droht (nämlich ausschließlich vom Osten her). Man bedauert deshalb auch, daß der Friedensnobelpreis an eine Ärztevereinigung vergeben wurde, die in Ost *und* West vor dem Atomkrieg warnt – schiebt allerdings einen anderen Grund vor. Für ein Bewußtsein, dessen Sicherheitsgefühl auf dem Prinzip Spaltung beruht, bedeutet die Überwindung der Spaltung Destabilisierung und Chaos. Deshalb werden uns von der jeweiligen Propaganda die beiden Gesellschaftsordnungen absolut schwarz gegen weiß gezeichnet. Wie sonst sollte das wahnsinnige Waffenarsenal an der deutsch-deutschen Grenze legitimiert werden, wenn nicht dadurch, daß das, was die Waffen verteidigen sollen, den höchsten Wert gegenüber dem absoluten Bösen darstellt. Daß die Waffen hier viel weniger zum Schutz vor dem Feind als zum Schutz vor der Auflösung der Spaltung stationiert sind, wird kaum bewußt. Und doch wäre diese Erkenntnis eine wichtige Voraussetzung für eine Verringerung der Waffen.

Da die westeuropäischen Staaten Anstalten machen, sich abzusetzen, wird ein grandioses Projekt nötig, das die Bündnispartner gleichzeitig lockt, dazubleiben, und bedroht, wenn sie sich weiterhin absetzen. Hier sind zwischen den USA und ihren Verbündeten ähnliche Mechanismen zu beobachten wie zwischen der Sowjetunion und ihren Verbündeten. Im Westen scheinen, dem kapitalistischen System entsprechend, die Versprechungen zu überwiegen, im Osten, der vorwiegend militärisch abgesicherten Hegemonie zufolge, die Drohung.

Im Prinzip werden den Westeuropäern drei Arten von Versprechungen gemacht: (1) Wenn ihr unter unserem Schirm seid und ihn mit uns zusammen baut, dann kann euch der böse Wolf Sowjetunion nichts mehr tun. (2) Wenn ihr bei uns bleibt, werdet ihr teilhaben an unserem wirtschaftlichen und technischen Fortschritt. (3) Wenn ihr bei uns bleibt, dann werdet ihr auf der Sonnenseite der Welt leben, im Reich des Guten und der überlegenen Sicherheit. Es wird also Schutz, Versorgung und narzißtische Bestätigung versprochen, damit die Kinder sich nicht ablösen *können,* damit sie die personen- und staatstragende Ideologie der Sicherheit durch Stärke nicht in Frage stellen können.

Wie im Märchen vom bösen Wolf wird die Möglichkeit des Kreidefressens angewandt, um die Partner und möglichen Dissidenten zu halten. So greift die Propaganda für SDI zum Teil die Positionen der Friedensbewegung auf und versucht sie in die eigene Argumentation einzubinden. SDI verspricht ein Ende des Gleichgewichts des Schreckens. Es soll nicht mehr auf Abschrekkung durch Gegenangriff gebaut werden, sondern auf die Erfolglosigkeit des Angriffs. Ronald Reagan sagt: »Es ist besser, Menschenleben zu retten, als sie zu rächen.« Und Edward Teller argumentiert damit, daß Schilde billiger zu bauen seien als Schwerter (was im Fall von SDI gerade umgekehrt ist). So werden die durch die Friedensbewegung ins allgemeine Bewußtsein getretenen Erkenntnisse »Wer als erster schießt, stirbt als zweiter, sterben werden auf jeden Fall beide« und »Wir müssen unsere Rüstung auf reine Verteidigung umstellen, um dem Gegner keine Angst zu machen« in das alte Konzept der Sicherheit durch Stärke eingebaut. Ja sogar das Angebot eines gemeinsamen Raketenabwehrsystems für beide Seiten wird gemacht, eine irrationale, für manche aber attraktive und großmütig erscheinende Lösung. Doch solange die politischen Beziehungen sich nicht verändern, wird ein solches Angebot weder im Ernst gemacht noch angenommen werden können. Und wenn die politischen Beziehungen sich ändern, sind sowohl Schwert als auch Schild auf diesem wahnsinnigen, beide Volkswirtschaften schwer schädigenden Niveau überflüssig.

Kreide frißt der Wolf, damit man nicht merkt, daß er nicht die Mutter, sondern der Wolf ist. Der »Wolf« USA ist abhängig von der weiterten wirtschaftlichen Kolonialisierung Westeuropas, er braucht ebenso wie die Sowjetunion seine Verbündeten als Verbrauchermärkte. Soll die Position der Nummer Eins aufrechterhalten werden, dann muß weiterhin Kapital und technisches Wissen, dann müssen weiterhin Unternehmen und Wissenschaftler auf der Einbahnstraße in Richtung USA wandern. Dieses Spiel ist andererseits riskant, da der Bogen leicht überspannt werden kann. Die beiden Ängste, abgehängt und ausgebeutet zu werden, halten sich oft nur sehr knapp die Waage. In Trennungsprozessen zwischen Eltern und Kindern wird der Bogen manchmal von beiden Seiten absichtlich überspannt, um die Trennung endlich, wenn auch im Streit, vollziehen zu können. Darin ist dann die oft lange verdeckte Gegenläufigkeit der Motivation zu erkennen. Eltern und Kinder wollen nämlich nicht *nur* für immer zusammenbleiben; sie wollen sich auch trennen und sich jeweils aus eigener Kraft für ihr zukünftiges Leben neu orientieren. Soweit der Verzicht auf die überwertige Position der einen Seite und auf parasitäre Versorgung der anderen möglich ist, wird eine Trennung und Neuorientierung auch ohne »Rückstoß« möglich.

An diesem Verzicht sind nun ganz deutlich beide Teile beteiligt. Die alte Frage, warum die Vasallen oft nicht auf ihre Funktion als Vasallen und damit als Ausgebeutete verzichten können, ist ebenfalls aus der narzißtischen Problematik – jetzt der Vasallen – zu beantworten. Der Soldat nimmt Haltung an, er spannt befehlsgemäß die Gesäßmuskeln an, *damit* der Vorgesetzte nichts an ihm aussetzen kann. Er vermeidet dabei die Auseinandersetzung mit dem Vorgesetzten – die natürlich in dieser Situation auch schwierig wäre. Doch gleichzeitig zwingt er den Vorgesetzten durch seine Haltung dazu, ihn an dessen Größe und Rechtschaffenheit teilhaben zu lassen. Die Angst, ausgebeutet zu werden, ist bei ihm kleiner als die Angst, ausgestoßen und bestraft zu werden. Die Größenphantasien auch des Vasallen dienen zur Aufrechterhaltung des parasitären Bündnisses zwischen beiden.

Viele unserer Führer und weite Teile unseres Volkes sind entsprechend ihrer psychischen Struktur in ihren narzißtischen Bedürfnissen auf die Teilhabe an Größe und Rechtschaffenheit, auf aktive und passive Gefolgschaft angewiesen. Ein kritisches Ausbrechen, ein Infragestellen der elterlichen Versprechen ist unbewußt gleichgesetzt mit Vernichtung sowohl der Eltern als auch der eigenen Person. Das hat sich seit den Zeiten des Dritten Reiches in Deutschland nur unwesentlich verändert. Wir glauben wie damals an die ausschließlich »friedlichen Absichten« unserer Führer und an die ausschließlich kriegerischen Absichten unserer »Feinde«. Wie damals erleben wir die Alternative zwischen absoluter Gefolgschaft und Feindschaft: Wer nicht mit Haut und Haaren für mich ist, ist gegen mich. Viele phantasieren sich einen Führer, den Führer der westlichen Welt, als »strahlenden Kämpfer gegen das Reich des Bösen«, als »Ritter gegen Tod und Teufel«. Dieser Glaube an einen moralisch überwertigen Führer bestätigt die positive Identität seiner Anhänger. Alle anderen Meinungen über einen solchen Führer brächten die einzelnen in Konflikte, die ihnen zu gefährlich erscheinen. Haben sie nicht in ihrer Kindheit gelernt, daß der sicherste Platz auf Erden immer beim absolut guten und (vor allem moralisch) überlegenen Elternteil und in Front zum bösen, minderwertigen Elternteil ist? Die innere psychische Notwendigkeit so vieler einzelner, sich auf der Seite der Guten und Überlegenen zu phantasieren, führt, wie die Entwicklung des Dritten Reiches zeigt, unter Umständen bis zum gemeinsamen Selbstmord. Mit einem Führer, der die narzißtischen Bedürfnisse seines Volkes intuitiv erahnt und in der Phantasie erfüllt, geht das Volk in den Tod. Es geht lieber mit diesem Führer unter, als ihn und damit sich selbst in Frage zu stellen.

Wichtig für die Aufrechterhaltung dieses Bündnisses auf Leben und Tod ist die Erhaltung des Feindbildes. Die Propaganda verbreitet zwar offiziell, daß der Wunsch bestehe, der Feind würde zum Freund. Die Qualität der innerpsychischen und interpsychischen Beziehungsstörungen läßt jedoch vermuten, daß große und unerkannte Ängste davor bestehen, den Feind als

Feind zu verlieren. Deshalb wird der Feind auch immer im rechten Moment wieder bedroht und erpreßt; nur dann hält er seinerseits die feindliche Position aufrecht. Die Angst vor der Berührung mit dem »Bösen« außerhalb entspricht für jeden einzelnen Menschen seiner Angst vor der Berührung mit dem Verdrängten in der eigenen Person. Wenn sich diese kollektive Beziehungsstörung nicht ändert, wird die Motivation in Verhandlungen nur immer auf den Ausbau der eigenen Überlegenheit und Stärke und gleichzeitig auf die Aufrechterhaltung einer Fassade der Schuldlosigkeit gerichtet sein. Nur Veränderungen des kollektiven Bewußtseins und damit zusammenhängend eine zunehmende politische Berührungsfähigkeit können daran etwas ändern. Solange die Beziehungsstörung in dieser Form besteht, können und werden auch immer nur Waffen gebaut werden, die *auch* Angriffswaffen sind. Angriff und Verteidigung sind in dieser Beziehungsform dasselbe. Der Schutz des einen ist die Bedrohung des anderen. Eine wirklich *nur* defensive Rüstung hat eine Qualität des politischen Klimas zur Voraussetzung, die wir erst noch erreichen müssen.

### *b) Der Wahn: Paranoia und irreale Rettungsphantasien*

Ich möchte jetzt den Wahn beschreiben, der nach meiner Ansicht in den Projekten zur Weltraumrüstung zu erkennen ist, und versuchen, ihn parallel zur Wahnbildung beim psychisch kranken Individuum zu verstehen. Dieser Versuch wird von manchen traditionellen Psychiatern nicht akzeptiert werden, da in der klassischen Psychiatrie ein Wahn dadurch definiert wird, daß er nicht einfühlbar ist. Die Normalität unserer Welt kann nach diesen Kriterien nicht als Wahn bezeichnet werden; sie weicht ja nicht von sich selbst ab. Erst in einer psychoanalytischen Betrachtungsweise wird die typische Psychodynamik eines Wahns erkennbar, dann allerdings auch in vielen »normalen« Erscheinungen unseres gesellschaftlichen und politischen Lebens.

Die Entwicklung eines schizophrenen Wahns mit paranoiden Zügen ist vor allem durch die Überwertigkeit zweier Ideen gekennzeichnet: Es wird wahnhaft eine Verfolgung oder Bedrohung von einer Seite wahrgenommen, von der bei nüchterner Betrachtung keine Gefahr droht, und es werden Rettungsmöglichkeiten phantasiert, die irreal sind und den Kranken selbst schädigen. Gleichzeitg muß die Umgebung des Kranken, und zwar Freund *und* Feind, von diesem sehr genau kontrolliert werden, um sicherzustellen, daß sich die Fronten nicht verschieben und das Gebiet seiner Einflußsphäre sich nicht verkleinert.

Ich sehe in den Phantasien zum SDI-Projekt Ähnlichkeiten mit der Entwicklung einer schweren psychischen Erkrankung beim Individuum. Je mehr der Verlust der Hegemonie droht, desto mehr müssen die eigenständig werdenden »Freunde« überwacht werden, was am besten mit einem staatlichen Rahmenprogramm für die wissenschaftliche und technische Forschung möglich ist. Die militärische Qualität des Programms legitimiert Kontrollen des Technologietransfers, die die wissenschaftliche, technische und wirtschaftliche Vorherrschaft sichern. Gleichzeitig wird versucht, die Überwachung des Feindes durch immer bessere militärische Satelliten zu perfektionieren: Wenn ich den anderen kontrollieren kann, brauche ich nicht mehr mit ihm in Kontakt zu treten. Die paranoide Projektion einer Gefahr hängt mit der Unterdrückung von Minderheiten im weitesten Sinn im eigenen Land bzw. in der eigenen Person zusammen. Je stärker die Spaltung im Inneren, desto größer die wahnhaft wahrgenommene Gefahr von außen. Der wahnhafte, irreale Charakter dieser paranoischen Projektion ist auch daran zu erkennen, daß die Möglichkeit, sich gegenseitig zu bedrohen, bei nüchterner Betrachtung gar nicht existiert. Jeder atomare Angriff wäre gleichzeitig eine suizidale Handlung.

Nicht minder irreal als die Bedrohungsphantasie ist die Rettungsphantasie. Vertrauenswürdige Wissenschaftler sagen immer wieder: SDI ist weder technisch durchführbar noch sicher noch bezahlbar. Und dennoch wird an einer solchen Rettungsphantasie festgehalten. Eine Erklärung dafür ist nach meinem Verständnis die, daß es sich bei SDI zumindest nicht nur um eine Anstrengung zum Schutz gegen den »bösen Wolf« Sowjetunion handelt, sondern vor allem um den Versuch, den ersten Platz in der Welt und in der Weltmeinung für die USA zu erhalten oder zurückzugewinnen. Es kann einfach nicht sein, was nicht sein darf, nämlich, daß Hegemonialstaaten vom Verlust ihrer Hegemonie bedroht sind und dagegen nichts unternehmen können. Die Phantasie des Größenwahnsinnigen beinhaltet immer Vorstellungen von Unverletzbarkeit. Schwäche, Alter, Krankheit und Tod werden als so bedrohlich erlebt, daß sie einfach wegphantasiert werden müssen. Der Ausgangspunkt für das jetzt groß angekündigte SDI-Projekt war die plötzliche Erkenntnis des amerikanischen Präsidenten, daß die USA einem sowjetischen Angriff mit Interkontinentalraketen hilflos ausgeliefert wären. Das Bewußtsein, ausgeliefert und damit abhängig zu sein, ist für eine narzißtische Charakterstruktur ganz besonders schwer auszuhalten. Es müssen dagegen alle (letztlich aussichtslosen) Anstrengungen unternommen werden, um das Gefühl der Unverletzbarkeit, ja eigentlich der Unsterblichkeit, wiederzuerlangen.

Das Ausmaß der Irrealität der Rettungsphantasien ist auch ein Hinweis auf den Grad der subjektiv erlebten Bedrohung. Je deutlicher sich im Zweiten Weltkrieg die Katastrophe für Deutschland abzeichnete, desto verzweifelter versicherte Göring, daß kein feindliches Flugzeug Deutschland je erreichen werde, desto starrsinniger wurde der Glaube der Führung und großer Teile des Volkes an die demnächst zur Verfügung stehende Wunderwaffe. Das Volk glaubt lieber an eine Rettung, die es nicht gibt, als die bestehende Ordnung in Frage zu stellen. Viele Europäer phantasieren jetzt, daß der sogenannte Schutzschild über den USA auch Europa schützen könnte und sollte. Ebenso scheint die Bevölkerung in den USA großenteils zu glauben, daß der Schutz durch SDI flächendeckend, also auch für die Bevölkerung und nicht nur für die Silos der Interkontinenralraketen möglich und geplant sei. All dies entspricht offensichtlich nicht den Tatsachen. »Das wichtigste ist der Optimismus«, das ist die Leitidee vieler Politiker und vieler Privatpersonen. Sie fürchten, daß Pessimismus direkt in den Untergang führt. Der dritte Weg, die möglichst genaue Wahrnehmung der Realität, würde Veränderungsimpulse in Gang setzen. Und das wird am meisten gefürchtet.

Ein irreales Abwehrgebäude bedingt einen Aufwand, der den psychisch Kranken und oft auch seine Umgebung allmählich selbst zerstört. Der aus psychischen Gründen nötige Schutz führt regelmäßig zu einer erhöhten Gefährdung des Kranken selbst. Viele Physiker und Militärs weisen darauf hin, daß die Entwicklung neuer Waffen die Sicherheit verringert, daß die zivile Technik *nicht* von der militärischen profitiert und daß im Gegenteil die militärische Forschung die zivile Forschung schwächt, weil zu viele begabte Wissenschaftler und Ingenieure aus dem zivilen Bereich abgezogen werden. Da außerdem Atombomben im Ruck-sack an jeden Punkt der Erde gebracht werden können, ist der überdimensionale Versuch, die Interkontinentalraketen abzuwehren, überflüssig. Er bietet nicht den erhofften Schutz gegen die Zerstörung und provoziert die Erhöhung der Raketenzahlen auf der Seite des Gegners. Es handelt sich also um eine suizidale Überversicherung, um einen Versuch, sich gegen etwas zu versichern, wogegen es keine Sicherheit, zumindest keine militärische Sicherheit, geben kann. Die Endzeitstimmung und die Endzeitphantasien, die allenthalben auftauchen, sind weitere deutliche Anzeichen für mehr oder weniger latente Suizidabsichten. Auch hier erscheint wieder das Bild der eingemauerten Antigone, die gleichzeitig zerstört wird und sich selbst zerstört.

Ein paranoider Mensch ist in höchster Not, auch wenn er seine Ohnmacht in Macht zu verkehren versteht. Seine Macht steht auf einer sehr brüchigen Basis, auf verdrängter Angst und Schuld, auf »unterdrückten Minderheiten«, auf verdrängten Wünschen und Abhängigkeiten. Die Gefahr geht immer von den unterdrückten Anteilen aus. So »stehen« die »Staaten der Wende«, USA, Großbritannien und die Bundesrepublik, derzeit »auf« den durch starke Kürzungen im Sozialetat zunehmend unterprivilegierten Schichten im eigenen Volk. Die USA stehen auf unverarbeiteter und unbetrauerter Schuld wegen der Atombombenabwürfe auf Hiroshima und Nagasaki, wegen der Vertreibung und Ausrottung der indianischen Ureinwohner ihres Landes, wegen der Unterdrückung der verschiedenen farbigen Minderheiten usw. Die Bundesrepublik und die DDR stehen auf der unbetrauerten Ermordung der Juden und auf der Schuld wegen des kriegerischen Überfalls auf die europäischen Nachbarn, die UdSSR auf der Unterdrückung des eigenen Volkes in der Stalinzeit. Unverarbeitete Schuldgefühle drohen immer wieder in Form von Angst ins Bewußtsein zurückzukehren. Sie werden dann oft manisch abgewehrt, das heißt, es wird phantasiert: Ich kann und darf alles, für mich gibt es keine Hindernisse und keine Schuld auf der Welt. Die Kriege in Grenada und Falkland, aber auch in Afghanistan haben wohl unter anderem diese Funktion, das Gefühl der Überwertigkeit und Schuldlosigkeit wiederherzustellen oder aufrechtzuerhalten.

Im Grunde genommen ist diese Reaktion eine ständig wiederholte Unabhängigkeitserklärung, wie sie oft auch Jugendliche abgeben, die sich nur schwer von ihren Eltern trennen können. Wenn die Trauer der Trennung nicht erlebt werden kann, weil sie als Ohnmachtsgefühl erlebt würde, müssen auch Jugendliche in ein Land der unbegrenzten Möglichkeiten ziehen wie die Vorfahren der jetzigen Amerikaner. Unter der Devise: Ich kann alles, und ich darf auch alles, wird dann jedes Hindernis wie etwa die Indianer – oder in Hitler-Deutschland die Juden – einfach niedergetreten. Diese Bewegung des Niedertretens muß immer wiederholt werden, solange die Unabhängigkeit nur auf der Opposition gegen die (in Europa zurückgebliebenen) Eltern beruht und solange die Trauer über den Verlust der Eltern und der Heimat vermieden wird. Natürliche Abhängigkeiten werden verdrängt und künstliche – mörderische und selbstmörderische – Abhängigkeiten an ihre Stelle gesetzt. Die lebenslange natürliche Abhängigkeit von einer guten Beziehung zu den Eltern und zur Umwelt wird trotzig mit Füßen getreten. Ein Mensch, der sich nicht mehr als hilfloses, von der natürlichen Umwelt und von der Beziehung zu seinen Mitmenschen abhängiges Wesen erleben kann, wird abhängig von einem sich immer mehr verselbständigenden Apparat innerhalb und außerhalb der eigenen Person. Dieser Apparat bestimmt dann über Leben und Tod. Diese automatisierte Abwehr mit ihren mehr oder weniger wahnhaften Ideen ist von den wahren und ursprünglichen Wünschen und Gefühlen der Person nicht mehr zu beeinflussen. Es ergeben sich psychische Sachzwänge, die dem Overkill in der gegenwärtigen Weltrüstung durchaus vergleichbar sind. Die Rüstungsrunden entsprechen den Verleugnungsrunden gegen die natürliche Abhängigkeit.

Das findet in der Politik seinen Ausdruck in der Computerisierung der Kriegsplanung. Die Verselbständigung der Abwehr bewirkt nicht etwa eine zunehmende Selbständigkeit des Individuums oder der Völker und Regierungen. Sie bewirkt Unselbständigkeit und Ohnmacht. Nicht Menschen und ihre Gefühle entscheiden mehr über Leben und Tod, über Krieg und Frieden, sondern Computer. Die irreale Phantasie, die solche Symptome produziert, ist der Glaube, nur noch mit militärischen Programmen und technischem Fortschritt Sicherheit erreichen zu können. Die Krankheit nähert sich allmählich dem Endstadium, in dem alles total und totalitär wird: der totale Krieg, der totale Angriff, die totale Zerstörung, die totale Verteidigung. Die Kriegsmaschinerie hat sich verselbständigt wie der Besen des Zauberlehrlings: Innerhalb von Minuten wird von Computern entschieden, ob Erstschlag und Zweitschlag stattfinden. Doch ist die milliardenfache Todesangst aller Menschen dieser Erde nicht in die Computer einprogrammiert. Wäre sie einprogrammiert, und zwar mit ihrem ganzen Gewicht, die Computer würden sich in jedem Fall gegen Erst- *und* Zweitschlag entscheiden. Der Wahnsinn hat die Angst ausprogrammiert. Das Resultat ist der Größenwahn, die Phantasie, noch im Untergang siegen zu können oder einen Gewinn davon zu haben, wenn man den Feind mit ins Grab nimmt. Auch dieser Wahnsinn hat sich in die Programmierung der Computer umgesetzt. Je mächtiger die Waffen, je größer die Automatisierung, desto ohnmächtiger ist der Mensch. Der »Freiraum der Verrückten« ist immer auch ein Gefängnis, ein Raum der absoluten Ohnmacht.

Die Angst vor Kontakt und Berührung hat sich ins Unermeßliche gesteigert. Alle Außenobjekte scheinen böse und unberührbar zu sein. Anstatt den Versuch zu unternehmen, die Arme auszustrecken, wird mit höchster Anstrengung an Angriffs- und Abwehrwaffen gebaut. Die verschiedentlich gestaffelte Todesmaschinerie der A-, B- und C-Waffen erweckt den Eindruck einer perversen, sadistischen Lust, den Feind zu vergewaltigen und zu vernichten. Auch dazu braucht man den Feind. Wie sollte man sonst zu seiner Lust kommen?

### *c) Die Auflösung des Wahns: Jeder einzelne ist daran beteiligt*

Alles was ich bisher über die Entstehung und die Psychodynamik des Wahns geschrieben habe, wird relativiert, wenn ich mich jetzt der Frage nach der Auflösung dieses Wahns zuwende. Der Wahn läßt sich ohne große Mühe von außen beschreiben und auch als Perversion anprangern, solange man sich ihm *gegenüber,* als normale, von diesem Wahn nicht selbst ergriffene Person, als »gesundes« Familienmitglied oder auch als »gesunder« Psychiater phantasiert. Gerade diese Außenposition, in der der andere, der Wahnsinnige aus dem Abstand des Unbeteiligten beschrieben wird, bewirkt aber auch die typische Ohnmacht dem Wahn und dem Wahnsinnigen gegenüber. Man kann dann über den Wahn lachen, ihn fürchten, ihn mit Medikamenten unterdrücken, aber man hat keine Chance, ihn auch nur ansatzweise aufzulösen. Solange die jeweiligen Partner der Wahnsinnigen nicht erkennen, wie sie selbst komplementär zu diesen in einer verrückten Normalität beziehungsweise in einer normalen Verrücktheit leben, können sie an dem Wahn und an seiner Bedrohlichkeit nichts verändern. Nur wenn ich erkenne, wie ich zum Spiegelbild meines »Feindes« geworden bin, kann ich an dieser, den Status quo stabilisierenden Beziehung etwas verändern. Ich kann dann schrittweise wahrnehmen, welche Wünsche, Ängste und Gefühle ich selbst in dieser Beziehung verdrängt habe, welche unterdrückten Minderheiten sich bei mir, in meinem eigenen »Staat« gebildet haben. Parallel dazu entfällt die Anprangerung der Unterdrückung beim anderen (vergleichbar den stereotypen Vorwürfen von Menschenrechtsverletzungen der UdSSR gegenüber). Ich gewinne ein dynamisches Verständnis für die Notwendigkeit der Unterdrückung bei ihm und bei mir; aber ich beginne auch, die Befreiungswünsche bei ihm und bei mir zu sehen. Nur diese Art von Beziehung, in der Wünsche und Ängste, und das heißt: die lebendigen Anteile bei beiden Partnern, erlebbar werden, ermöglicht eine Auflösung der Starre des gemeinsamen Wahns. Nur so kann ich mich selbst aus der Fixierung auf das Symptom des Wahnsinnigen (Feindes) befreien und aufhören, dieses Symptom zu bekämpfen oder immer wieder mehr oder weniger triumphierend beim anderen zu diagnostizieren – was bekanntlich zur Verstärkung des Symptoms führt.

Die Alternative zur Bekämpfung von Symptomen ist der Versuch, die Ursache der Symptome zu erkennen und durch dieses Erkennen zu verändern. Das bedeutet aber, das die Symptomatik tragende kollektive Bewußtsein bei *allen* Beteiligten zu verändern. Wenn ich nun Ronald Reagan und seine Weltraumrüstung nicht mehr als meinen Feind ansehe, sondern die Psychodynamik dieser Person, ihrer Anhänger und ihrer Symptomatik verstehe, dann sieht das aus dem Blickwinkel des bisherigen krankhaften Systems so aus, als unterwürfe ich mich der nun erkannten Notwendigkeit dieses Wahnsinns. Ich kämpfe ja nicht mehr gegen ihn. Also nehme ich ihn hin. Aber wie gesagt: Aus dem Blickwinkel des krankhaften Systems sieht das so aus. Nur dort besteht die Phantasie, daß derjenige untergeht, der nicht über den anderen siegt; daß ich den Feind, den Verrückten, angreifen und ihn besiegen muß, um die Gefahr, die von ihm ausgeht, zu beseitigen. Die Erkenntnis, daß ein solcher Angriff immer zur Verstärkung der Symptomatik und zum Gegenangriff führt, wird in solchen Situationen schnell vergessen – vor allem, wenn man selbst Partei ist. Als Beobachter der Rüstungseskalation zwischen Russen und Amerikanern, kann man deutlich sehen, wie ähnlich sich diese beiden Feinde sind und wie sie beide auf diese Weise das verrückte Beziehungssystem aufrechterhalten.

Die Alternative, die ich beschreiben will, ist nicht die Friedfertigkeit und Wehrlosigkeit des Lammes, das sich zur Schlachtbank führen läßt, sondern der Versuch, die kollektive Verdrängung von Lebenswünschen und Todesängsten als Ursache des gemeinsamen Wahns aufzudecken. Unsere Feind- und Symptomfixierung läßt uns übersehen, daß wir selbst unsere Wünsche nach sicheren und befriedigenden Lebensbedingungen für uns und unsere Kinder oft für weniger wichtig halten als die Bekämpfung der »Verrückten« dieser Welt. Auch wir brauchen oft für die Stabilisierung unseres eigenen Gefühls von Überwertigkeit einen Feind, den wir nicht berühren und doch auch nicht aufgeben können, einen Feind, den wir durch diese Nichtberührung in seinem »Freiraum der Verrücktheit« belassen, indem wir uns gleichzeitig für ohnmächtig und schuldlos erklären. Die Arroganz der Ohnmacht unterscheidet sich oft nur wenig von der Arroganz der Macht. Auch wir wiederholen wie Ronald Reagan immer wieder die Behauptung: Wir selbst sind ja friedliebend, aber die anderen, die wollen den Krieg. Vor lauter Feinden oder auch gleichgesinnten Freunden sehen wir nicht mehr die kollektive Beziehungsstörung, deren Ausdruck auch die Weltraumrüstung ist. An der kollektiven Beziehungsstörung ist jeder von uns als ein Teil des gemeinsamen Bewußtseins beteiligt. Jeder von uns ist deshalb auch an der Veränderung oder Nichtveränderung dieses kollektiven Bewußtseins beteiligt. Könnten wir die Beziehungsstörung und nicht nur jeweils die Symptomatik der anderen als Problem sehen, dann würden wir beginnen, auch unsere eigenen Berührungsängste mit den »Wahnsinnigen« zu erleben, und wir könnten allmählich aufhören, die Symptomträger in unserem Bewußtsein und in unserem Verhalten aus der Gemeinschaft auszugrenzen und dadurch noch verrückter und gefährlicher zu machen. Es geht nicht nur um eine Symptombeseitigung. Es geht um eine gesamtgesellschaftliche Veränderung, um die Entwicklung eines politischen Bewußtseins bei vielen einzelnen. Nur so ist die Delegation von Macht und Überwertigkeit an wenige »Obere« rückgängig zu machen. Nur so können allmählich andere, risiko- und konfliktfähigere politische Vertreter gewählt werden und andere Formen von Politik möglich werden. Dieser Vorgang braucht Zeit. Dennoch führt die Symptombekämpfung nicht schneller ans Ziel. Im Gegenteil, sie verhindert die notwendige Veränderung der psychischen und sozialen Strukturen.

Auch im Endstadium einer Krankheit kann man versuchen, die gesunden Kräfte in sich selbst und beim anderen zu entdecken und zu pflegen. Gerade wenn die Gefahr so deutlich wird, ist es nötig und möglich, mit Luther das Apfelbäumlein zu pflanzen, um wenigstens kurz vor dem Tod noch gelebt zu haben – oder vielleicht auch, um gerade noch rechtzeitig eine Veränderung herbeizuführen, die den Zwang zum gemeinsamen Selbstmord aufhebt. Wir können das Leben nicht haben ohne den Tod, aber wir können das Leben versäumen, indem wir uns phantasieren, Krankheit und Tod könnten durch immer höhere Leistungen unseres Intellekts und unserer Technik aufgehoben werden. Der Mensch hat vielleicht nicht nur überlebt, weil er überlegen war, wie Darwin entsprechend dem Selbstverständnis seiner Zeit glaubte, sondern vor allem, weil und wenn er sich als abhängiger und verantwortungsvoller Teil der Schöpfung erlebte und verhielt. Unter der allgemeinen Bedrohung ist auf den verschiedensten Gebieten derzeit eine Bewußtseinsveränderung zu erkennen, in der die Fähigkeit des Menschen zum Mitgefühl und zur Hilfe für die anderen Geschöpfe und für *alle* anderen Menschen als Vorbedingung für das gemeinsame Überleben wiederentdeckt wird. Wir brauchen nicht in den Weltraum zu fliegen, wenn wir die Befriedigung zulassen können, die ein Nebeneinanderstehen auf unserem Mutterboden mit sich bringt. Wir brauchen unsere Mitmenschen nicht zu überwachen und zu bekriegen, wenn wir unsere eigene Veränderung, unser eigenes Geborenwerden und Sterben annehmen können.

Aber die Selbstmordgefahr? Ist sie so einfach aus der Welt zu schaffen? Beruhen nicht Suizidabsichten auch auf Erlösungsphantasien, auf der Phantasie, sich durch Selbstmord und *nur* durch Selbstmord aus dem unerträglich und übermäßig bedrohlich gewordenen Leben befreien zu können? Ist diese Phantasie nicht schon zu einer kollektiven Sucht geworden, die unaufhaltsam ihre (suizidale) Befriedigung sucht? Kommen wir nicht vielleicht wie Haimon zu spät, um Antigone zu retten? Der Versuch, einen Wahn aufzulösen, ist immer riskant. Es gibt keine Garantie dafür, daß er gelingt. Es gibt sogenannte unbehandelbare Fälle, es gibt Fälle, in denen der Patient seinem Absturz aus hegemonialer Höhe durch Selbstmord und/oder Mord zuvorkommen muß, ohne daß das von anderen verhindert werden kann. Ich halte es auch in diesen Fällen für wichtig, die Unbehandelbarkeit nicht nur auf den Zustand des Patienten zurückzuführen, sondern zu sehen, daß in solchen Fällen auch die den Patienten umgebenden Personen nicht die Kraft und den Mut hatten, die zum Selbstmord führende Resignation aufzulösen. Das ist keine Schuldzuschreibung an Ärzte und Familienangehörige. Es ist vielmehr der Versuch, die Beteiligung aller an einer solchen Entwicklung zu sehen, auch wenn sie nicht aufzuhalten war oder ist.

Um dem Selbstmord zuvorzukommen, muß der tödliche Narzißmus als *Not*lösung verstanden und dadurch aufgelöst werden. Ödipus durfte nicht das Kind seiner Eltern sein. Weil seinem Vater Laios prophezeit worden war, daß sein Sohn ihn töten würde, wurde er verstoßen, trotzdem aber in Korinth als Königskind aufgezogen. Was er tut, ist ihm unbewußt. Alle Versuche, der Prophezeiung zu entgehen, schlagen gerade deswegen fehl, weil sie unternommen werden. Ödipus erschlägt seinen Vater mit überlegener Kraft und löst mit überlegener Intelligenz das Rätsel der Sphinx. So wird er zum König von Theben und zum Mann seiner Mutter. Aber dieser unaufhaltsame Aufstieg ist gleichzeitig sein und seiner Kinder Unglück. Wesentlich an dem narzißtischen Aufstieg zu einsamer Höhe ist, daß der Patient – und das sind mehr oder weniger wir alle – seinen Platz als Kind, als dritte Person in bezug zu den Eltern nicht ein- und annehmen kann. Dieser Platz würde Abhängigkeit von den Eltern und Dankbarkeit ihnen gegenüber bedeuten. Statt dessen entwickeln wir narzißtische Patienten Größenphantasien, und zwar als *Ersatz* für die fehlende Geborgenheit des Kindes. Man muß größer, besser, lieber, fähiger, schöner, intelligenter, stärker sein als alle Konkurrenten auf der Welt, und man ist deshalb ständig von imaginären und realen Feinden bedroht, die einem die Vormachtstellung streitig machen. Man entwickelt alle Arten von Fähigkeiten, technische und wissenschaftliche, immer in Konkurrenz zu anderen, die dabei besiegt werden müssen. Man muß an der Spitze der Hochtechnologie sein und gleichzeitig an der Spitze der Moral. Man muß Hegemonialmacht sein und bleiben, und wenn das nicht möglich ist, doch wenigstens der treue Vasall einer Hegemonialmacht. Man muß über unerschöpfliche Energien verfügen, auch wenn das alles die Zerstörung der eigenen Lebensgrundlagen zur Folge hat. Der Rückfall in die Bedeutungslosigkeit macht mehr Angst als die Zerstörung der ganzen Welt. Sicherheit kann in diesem krankhaften Zustand nur noch in der Entwicklung überdimensionaler Stärke gesucht und gefunden werden. Die Not steigert sich oft bis zur Aussichtslosigkeit. Selbstmord und/oder Mord scheinen dann die einzige Rettung aus den Verstrickungen, Lasten und Ängsten dieses verzweifelten Lebens zu sein.

Am Anfang dieser Entwicklung stand die Unfähigkeit, ein abhängiges Kind zu sein. Das ist also der Ausweg aus der allgemeinen Rüstungseskalation, der uns noch bleibt. Die quantitative

Konzentration und Inflation von Energie und Waffen in den Händen weniger kann nur aufgelöst werden, wenn statt dessen ein qualitatives Verständnis der Probleme als Beziehungsprobleme entwickelt wird. Wenn wir die für unsere Existenz als abhängige Kinder dieser Welt nötigen Bedingungen in der Umwelt und in den zwischenmenschlichen Beziehungen für das wichtigste halten, werden wir für die Erhaltung und Verbesserung dieser Bedingungen unsere Kräfte einsetzen und nicht mehr für den Aufbau und die Erhaltung unserer narzißtischen Größe und Überlegenheit. Es wird uns nicht mehr so wichtig sein, mit einer kleinen Fußbewegung auf dem Gashebel unverhältnismäßig große Energien freizusetzen und gleichzeitig dadurch unsere Umwelt zu zerstören. Es wird nicht mehr so wichtig sein, daß die riesige Kriegsmaschinerie auf der ganzen Welt auf einen Knopfdruck hin unsere scheinbare Sicherheit vor dem Feind gewährleistet. Wir werden lieber zu unseren »Feinden« hingehen und sie besuchen, als Raketen aufzustellen, die sie und uns selbst bedrohen. Wir werden uns zum Beispiel in Deutschland oder in Europa primär um unsere eigene individuelle und gesellschaftliche Gesundung im Sinne der Integration des bisher abgespaltenen Bösen bemühen und weniger oder gar nicht mehr an der Entwicklung einer Europäischen Verteidigungsinitiative (EVI) nach amerikanischem Vorbild arbeiten. Die Alternative zur Vasallentreue ist nicht der Aufbau einer eigenen Atomstreitmacht, wie das aus nationalnarzißtischen Gründen in Frankreich versucht wird, sondern eine intensive Orientierung an den eigenen echten Lebensinteressen. Dazu gehört eine intensive Forschung über sanfte Technologien und vor allem über »sanfte Politik«. Die ökologischen und sozialen Folgen jeder Entscheidung in Wissenschaft, Technik und Politik sind unter der Voraussetzung, daß wir Menschen abhängige, ausgelieferte Wesen auf dieser Welt sind, in ihrem ganzen Gewicht zu erforschen und zu bewerten. Hier ist die Zusammenarbeit aller Natur-, Geistes- und Sozialwissenschaftler gefordert. Jeder einzelne kann sich an der Bewußtseinsveränderung und an der Neudefinition der menschlichen Interessen beteiligen. Jeder einzelne wird bei dieser »Lebenserhaltungsinitiative« gebraucht. Sie kostet finanziell weniger als der Versuch, unser Leben militärisch zu retten. Psychisch kostet sie mehr. Bei dem Versuch, mit dem bisher abgespaltenen Bösen Kontakt aufzunehmen, wird die Phantasie der Sicherheit durch Stärke und Abschirmung in Frage gestellt. Die Anerkennung der natürlichen Abhängigkeiten bringt ein Gefühl von Angreifbarkeit und Ausgeliefertsein mit sich, das nicht leicht auszuhalten ist, vor allem, wenn man bisher sein Sicherheitsgefühl auf Überlegenheit und Distanz aufgebaut hatte. Das Gewicht verschiebt sich bei diesem Vorgang wieder zurück, von oben nach unten. Wo vorher der automatisierte Wahnapparat war, werden jetzt wieder die Lebenswünsche der einzelnen in ihrer Konflikthaftigkeit erkennbar und erlebbar. Ein derart verändertes Volk wird lieber die bestehende Ordnung in Frage stellen als mit seinem Führer in den Tod gehen. Die denaturierte Frage »Bin ich der Größte?« wird wieder auf die ursprüngliche Frage zurückgeführt: »Geht es mir gut? Fühle ich mich sicher und zufrieden?« Damit löst sich der Narzißmus auf; denn es geht mir nur gut, wenn ich nicht übermächtig und isoliert oder eingemauert bin. Die Veränderung der privaten und politischen Beziehungen, an der sich jeder beteiligen kann, bringt sicher auch eine Chance der Symptomauflösung mit sich. Ob wir dazu noch genügend Zeit haben, kann niemand wissen. Aber ich meine, es lohnt sich, die Zeit, die jeder von uns noch hat, mit dem Versuch zu verbringen, wieder lebendiger und das heißt auch politisch aktiver zu werden.

# D. Der einzelne und die Gesellschaft

In Gesprächen mit Gruppen aus den neuen sozialen Bewegungen taucht immer wieder die Frage auf: Was kann denn der einzelne für die Veränderung tun? Wir wollen uns ja gerne einsetzen, aber wir wissen nicht, wie. Die große Politik ist von uns Kleinen ja doch nicht zu beeinflussen. Wie können wir mit unserer persönlichen Friedensproblematik zurechtkommen, mit den Kriegen, die wir in unseren Familien und in unseren Friedensgruppen führen?

Ich sehe die Möglichkeit des einzelnen, zur Veränderung des Ganzen beizutragen, zumeist weniger pessimistisch als meine Gesprächspartner. Ein Grund für diesen Optimismus ist meine Erfahrung, daß in einem Beziehungssystem, an dem ich beteiligt bin, sofort eine Veränderung eintritt, wenn ich mich als *Teil* des Ganzen verstehe und mir meine eigene Beteiligung an der Aufrechterhaltung des Status quo bewußt mache. Aus dem Bewußtwerden meiner eigenen Betroffenheit und meiner eigenen Beteiligung entsteht für mich zweierlei: Das Erleben der eigenen Betroffenheit macht es *nötig,* daß ich etwas verändere; das Erleben der eigenen Beteiligung macht es *möglich,* daß ich auch zur Veränderung des Ganzen beitrage.

Die wissenschaftlichen Theorien über das Verhältnis des einzelnen zur Gesellschaft bewegen sich zwischen den beiden Extremen einer ausschließlichen Betrachtung des Individuums und einer ebenso ausschließlichen Betrachtung der Gesellschaft. Einmal scheint nur das Individuum wichtig zu sein und einmal nur das Gesamtsystem. Auch in unserem Alltagsbewußtsein ist diese Trennung in Persönliches und Politisches zu erkennen. Politisch, so scheint es, ist das, was außerhalb des einzelnen und mit dem einzelnen geschieht. Als persönlich wird das angesehen, was im einzelnen und zwischen Privatpersonen abläuft. Politiker sind aus dieser Sicht und wegen dieser Trennung entweder Drahtzieher oder Marionetten in einem Theater, das der einzelne, die Privatperson, scheinbar nicht beeinflussen kann. Dieses Theater kann ihn plötzlich in eine Kriegsszene einbeziehen. Plötzlich kann ihm gesagt werden, daß er Feinde hat, die er zwar gar nicht kennt, die er aber trotzdem bekämpfen und womöglich töten muß oder von denen er aus Gründen, die mit ihm nichts zu tun zu haben scheinen, bedroht wird. (Hätten wir vielleicht keine Feinde, wenn wir keine Politiker oder wenn wir keine solchen Politiker hätten?)

Eine Person, die sich außerhalb der Gesellschaft phantasiert, in der sie lebt, entwickelt entweder Gefühle der Macht oder der Ohnmacht. Das Gefühl der Macht, ja der Allmacht, entwickelt ein solcher Mensch dann, wenn es ihm gelungen ist, seine Normen »dem Volk« zu diktieren. Das Gefühl der Ohnmacht entsteht – natürlich sehr viel häufiger – dann, wenn dem Individuum die Normen der Gesellschaft diktiert werden. Wieder steht der einzelne der Gesellschaft *gegenüber;* dieser werden die Normen zugeordnet, ihm selbst bleiben die Wünsche, die gegen diese Normen stehen. Es sieht dann so aus, als müßte das Individuum *gegen* alle antreten, wenn es sich von den gesellschaftlichen Zwängen befreien will. Und das ist aussichtslos. Ich halte diese Phantasien, die sich dann auch im realen Verhalten ausdrücken, für die Folge einer Spaltung im Bewußtsein. Es wird dabei nicht wahrgenommen, daß im Individuum *und* im Kollektiv sowohl Wünsche als auch zur Kontrolle dieser Wünsche eingesetzte Normstrukturen anzutreffen sind und daß Individuum und Gesellschaft in Entsprechung und Interdependenz zueinander stehen. Wenn sich im einzelnen etwas verändert, dann bedeutet das eine Veränderung in der Gesellschaft, deren Teil er ist; und wenn sich in der Gesellschaft eine Veränderung in bezug auf die gemeinsamen Wünsche, Ängste und Abwehrstrukturen ergibt, dann bedeutet das eine wichtige Veränderung auch für den einzelnen.

Dieses Problem bildet sich für mein Verständnis gegenwärtig in der konkreten Politik ab. Im Streit zwischen »Fundamentalisten« und »Realpolitikern« der Grünen geht es unter anderem um das Problem, ob man »autonom«, also frei von Regierungskoalitionen, bleiben muß, um nicht für die Kompromisse einer Regierungspolitik mitverantwortlich zu werden, oder ob man gerade versuchen muß, an die Macht zu kommen, um die Politik durchsetzen zu können, die man für richtig hält. Eine Überlegung, die mit dem hier Vorgetragenen zusammenhängt, scheint mir dabei immer wieder unbewußt zu werden: Die Vorstellung, daß nur die Regierungsmitglieder für die jeweilige Regierungspolitik verantwortlich sind, entstammt dem System unserer derzeitigen Machtpolitik, die zwischen Regierung und Opposition mit Hilfe und Schuldzuweisungen hin und her schaukelt. Von einem Standpunkt der »sanften Politik« aus gesehen, kann niemand seiner persönlichen Verantwortung für das Ganze entgehen, auch nicht der Mitverantwortung für das, was seine »Gegner« tun. Es geht also aus dieser Sicht nicht um die Alternative zwischen Macht und Verantwortung einerseits und Ohnmacht, gleichgesetzt mit Freiheit von Verantwortung, andererseits. Es geht vielmehr um die Frage, ob man lieber nach dem Prinzip von Druck und eventuell von Erpressung seine Ziele verfolgen will (als »Mehrheitsbeschaffer« oder »Zünglein an der Waage«) oder ob man auf Ansteckung bzw. auf die Wirkung von Konkurrenz hofft, wenn man in der Opposition neue, kreative Möglichkeiten in der Politik erarbeitet und sich um eine adäquate Vermittlung dieser politischen Errungenschaften an konkurrierende Parteien und an die Wähler bemüht. Durch ein Verbleiben in der Opposition ist der Ausstieg aus der Machtpolitik ebensowenig garantiert, wie die Übernahme von »Regierungsgewalt« per se eine Stabilisierung des herrschenden Systems bedeutet. Der Ausstieg aus einem durch Machtstrukturen gekennzeichneten starren System ist prinzipiell an jeder Stelle dieses Systems möglich, und er muß an jeder Stelle versucht und gewagt werden.

Ich will mit diesem Beispiel sagen, daß es nicht darum geht, erst den »richtigen Platz« im System zu erreichen, um dann Veränderungen in Gang zu setzen. Lebendige Veränderungen kann man nur bewirken, wenn man an dem Platz, an dem man sich befindet, zu verstehen versucht, was dieser Platz politisch bedeutet und welche Möglichkeiten es gibt, *hier* mündiger zu werden. Vielleicht bedeutet dieser Versuch, mündiger zu werden, für einzelne, daß sie sich um einen Ministersessel bemühen.

In der von so vielen erhofften lebendigeren Gesellschaft, in der Konflikte möglichst wenig juristisch und immer mehr politisch, das heißt durch persönliche Auseinandersetzung, gelöst werden, geht es darum, die Stärke des einzelnen an seinem jeweiligen Platz zu entdecken. Die Devise »Einigkeit macht stark« ist überholt. Schulterschluß und Gleichschritt, auch in politischen Fraktionen, führen bestenfalls zu undifferenzierter Geschlossenheit einer ansonsten amorphen Masse. Solche amorphen Massen oder Gruppen müssen in ihrer Politik zum Mittel der Gewalt greifen, weil sie als Gruppe keine oder nur wenig lebendige Kräfte haben. Die Einigkeit geht auf Kosten der Freiheit, und das bedeutet Starrheit in den jeweiligen Innen- und Außenbeziehungen.

Die Mündigkeit jedes einzelnen Bürgers ist die einzige Sicherheit, die wir gegen die uns bedrohenden Katastrophen erreichen können. Diese Mündigkeit geht von der psychischen Entwicklung des einzelnen aus und läuft parallel mit der psychischen Entwicklung und Reifung unserer Gesellschaft. Wir brauchen neue Formen der Solidarität, wir brauchen die Fähigkeit vieler einzelner zur kritischen Auseinandersetzung. Neue Inhalte sind nur auf der Basis neuer Beziehungsformen zu erreichen und durchzusetzen. Es geht um den Mut, in der Masse erkennbar zu werden als der, der man wirklich ist, als ängstlicher, trauriger, mutiger, ehrgeiziger, lustiger, anspruchsvoller, freundlicher oder auch aggressiver Mensch.

# 9. Kann der einzelne die Gesellschaft verändern?

Kann ein Mensch einen anderen Menschen oder eine Gruppe von Menschen verändern, und wenn ja, wie? Das ist die Grundfrage der Psychotherapie. Sie wurde in den verschiedenen Psychotherapieformen sehr unterschiedlich beantwortet, was die Methode der Veränderung betrifft. Was die Frage selbst betrifft, so stellt sie sich gegenwärtig vielen von uns, nicht nur im Rahmen der Psychotherapie. Die Krise, in der wir uns befinden, mit allen ihren sozialen, politischen, ökonomischen, ökologischen und kulturellen Aspekten, drängt jedem reflektierenden Menschen die Frage auf: Kann ich einzelner überhaupt an dieser bedrohlichen Situation etwas ändern? Bin ich nicht ohnmächtig gegenüber den starken Kräften und starren Strukturen des Kollektivs? Ist es nicht Größenwahn zu glauben, als einzelner etwas ausrichten zu können?

Die Antwort »Ich kann nichts ändern, und weil ich so ohnmächtig bin, bin ich einzelner auch unschuldig« folgt dem Prinzip »Alles oder nichts«: Wenn ich nicht alles verändern kann, brauche ich gar nichts zu versuchen. Gleichgültigkeit, Passivität und Resignation sehen aus wie Bescheidenheit, wenn sie als Alternative zum Größenwahn dargestellt werden. Oft wird die Frage auch moralisch beantwortet: »Jeder ist verpflichtet, sein Scherflein dazu beizutragen, daß sich die Gesellschaft verändert.« Ich werde im folgenden ausführen, warum nach meiner Ansicht auch das Prinzip Moral allein wenig dazu beitragen kann, die ungeheure Anstrengung zu tragen, die wir gegenwärtig unternehmen müssen, damit die Menschheit eine Überlebenschance hat.

Ich habe mich als Psychoanalytikerin in den letzten 15 Jahren intensiv mit der Erforschung der Bedingungen von Veränderungen zwischenmenschlicher Beziehungen in Familien, Gruppen und Großgruppen beschäftigt. Ich glaube, auf diesem Weg Ansätze zu einer neuen Psychotherapie gefunden zu haben, die vergleichbar sind mit den verschiedentlich veröffentlichten Ansätzen einer neuen Physik, Chemie oder Medizin. Vor dem Hintergrund dieser Erkenntnisse möchte ich hier meine Überlegungen zur Veränderungsmöglichkeit zwischenmenschlicher Beziehungen durch jeden einzelnen, der daran beteiligt ist, darstellen. Wenn ich hier von »Gesellschaft« spreche, meine ich damit die Gesamtheit der zwischenmenschlichen Beziehungen, wie sie sich in charakteristischen Strukturen von kleinen und großen und sehr großen Gruppen (Völkern) zeigen. Ich hoffe, durch die Darlegung meiner Vorstellungen zu einer interdisziplinären Diskussion beizutragen, die das Erkennen ähnlicher Prinzipien der Veränderung in der wissenschaftlichen Forschung auf vielen verschiedenen Gebieten möglich macht.

*a) Zielorientiertes und prozeßorientiertes Denken*

Für die Veränderung zwischenmenschlicher Beziehungen in der Psychotherapie wurde mir im Lauf der Zeit die Unterscheidung zwischen zielorientiertem und prozeßorientiertem Denken immer wichtiger. *Zielorientiertes Denken* bedeutet im Rahmen der Psychotherapie zum Beispiel die Überlegung, wie eine bestimmte Symptomatik möglichst rasch und effektiv beseitigt werden kann. Auf den Erfolg kommt es an, nicht so sehr auf den Weg dorthin. Erfolg wird in diesem Rahmen nicht als grundsätzliche Veränderung verstanden, die immer auch den Therapeuten miterfaßt, sondern oft als oberflächliche Korrektur eines anomalen, von der Norm abweichenden Verhaltens. Dieser Haltung entspricht im politischen Bereich eine häufig zu beobachtende Form des Aktivismus, der versucht, einen bestimmten Soll-Zustand zu erreichen, koste es, was es wolle, und dabei vergißt, darauf zu achten, ob die Qualität des Weges, also die Methode, mit der Qualität des angestrebten Zieles übereinstimmt. So wird sowohl in der Psychotherapie als auch in der Politik gelegentlich behauptet, daß Freiheit und Friede sogar durch Unterdrückung und kriegerische Bedrohung erreicht werden könnten.

Das Primat der Frage nach der Effektivität in diesem eingeschränkten Sinn ist bis in die Wissenschaftstheorie hinein erkennbar. Die Unterscheidung in »richtige« und »falsche« Sätze mit Hilfe des »Erfolges« bei Anwendung dieser Sätze, also die klassische naturwissenschaftlich-empirische Methode, bedient sich, so Heisenberg, einer »Verarmung der Begriffe« und entspricht einer »statischen« Darstellung der Wirklichkeit, in der ein »starres Schema von Verknüpfungsregeln zwischen den Begriffen und von Begriffen und Erfahrungsinhalten gebildet [wird], so daß von jedem Satz, der dieses Begriffssystem benützt, eindeutig entschieden werden kann, ob er ›richtig‹ oder ›falsch‹ ist.«[1]

Dieses wissenschaftstheoretische Prinzip, das eine Einteilung der Aussagen von Menschen in »richtige« und »falsche« ermöglicht und eng mit dem Primat der Effektivität, mit der Kontrolle über die Mitmenschen und über die Umwelt, verbunden ist, wurde mir auch bei der Erforschung zwischenmenschlicher Beziehungen in Familien deutlich. Wie viele Konflikte in Familien laufen unter der Devise: Das Richtige muß gemacht werden, das Falsche ist zu lassen. Richtige Aussagen können daran erkannt werden, ob sie zum Erfolg führen, falsche Aussagen werden an dem ihnen folgenden Mißerfolg erkannt. Jeder ist dabei bestrebt, zu beweisen, daß er selbst das Richtige denkt und sagt, jeder hat einen Soll-Zustand im Auge, den die anderen nur herbeizuführen bräuchten, damit er zufrieden und die Welt in Ordnung ist. Der ständige Kriegszustand ist in diesem System vorprogrammiert und kann nur aufgelöst werden, wenn die Beziehungsstruktur der Familie sich verändert, das heißt, wenn das Interesse an Kontrolle, Machtausübung, Ausbeutung und Effektivität den Wünschen nach Kontakt, Austausch und gemeinsamer Befriedigung wieder Raum läßt.

Je ausschließlicher Einzelpersonen oder Familien der Ideologie des Soll-Zustandes folgen, desto weniger Leben ist in ihnen möglich, desto mehr müssen sie sich selbst und andere unterdrücken und ausbeuten. Je mehr die westliche Zivilisation glaubte, die Natur wissenschaftlich und technologisch in den Griff bekommen zu können, desto mehr produzierte sie Stoffe, die nun ihrerseits die Menschheit bedrohen. Das Plutonium zum Beispiel wird die Menschen und alles Leben auf der Erde mindestens 500000 Jahre lang bedrohen – eine unvorstellbar lange Zeit.

Die Alternative zu diesem vergewaltigenden Umgang mit den Menschen und mit der Natur, der durch Zielorientierung, Macht und Kontrolle gekennzeichnet ist, ist das *prozeßorientierte Denken*. Heisenberg nennt es die »dynamische« Art der Darstellung der Wirklichkeit. Er schreibt: »Hier kann ein Satz im Allgemeinen nicht ›richtig‹ oder ›falsch‹ sein. Aber man kann einen Satz, der fruchtbar zu einer Fülle weiterer Gedanken Anlaß gibt, als ›wahr‹ bezeichnen. Das Gegenteil eines ›richtigen‹ Satzes ist ein ›falscher‹ Satz. Das Gegenteil eines ›wahren‹ Satzes wird aber häufig wieder ein ›wahrer‹ Satz sein.«[2] Solche wissenschaftstheoretischen Aussagen relativieren unser dichotomes Weltbild ebenso wie Freuds Entdeckung, daß sich im Unbewußten Widersprüche nicht ausschließen, sondern ergänzen. Die Qualität eines »wahren« Satzes wird nach Heisenberg daran erkannt, daß er »fruchtbar zu einer Fülle weiterer Gedanken Anlaß gibt«. Habermas sagt, daß ein solcher Satz die »Fortsetzung des Bildungsprozesses« ermöglicht.[3] Die (relative) Richtigkeit von Aussagen und Mitteilungen kann sich also nur in einer am Prozeß, nicht am Endergebnis orientierten Betrachtungsweise bestätigen. Der Weg wird in dieser neuen Wissenschaftlichkeit wichtiger als das Ziel, bzw. der Weg *ist* das Ziel. Das Leben *ist* das Leben, ist der Veränderungsprozeß, in dem wir uns alle befinden. Auch für den Psychotherapeuten kommt es unter dieser Sicht der Dinge nicht mehr so sehr auf den Enderfolg an, sondern auf die Frage: Befriedigt mich die Qualität meines Lebens – meiner Beziehung zu meinem Patienten – *jetzt?*

Der Gegenstand der Forschung verändert sich mit der Methode: In dieser Konzeption muß ich nicht mehr die Abweichung des Ist-Zustandes vom Soll-Zustand untersuchen und beseitigen, ich muß jetzt nur noch den Ist-Zustand untersuchen. Die Veränderung besteht in der vollständigeren Erkenntnis des Ist-Zustandes, also in der Aufhebung von Wahrnehmungsbeschränkungen. Die dadurch mögliche Zunahme an Erkenntnis des Ist-Zustandes hat automatisch eine Veränderung im äußeren Verhalten zur Folge. Für mich als Therapeutin ist es vor allem wichtig, den Veränderungsprozeß zu verstehen, in dem wir uns alle zusammen befinden, um zu erkennen, an welchen Stellen und auf welche Weise *ich selbst* diesen lebendigen Prozeß behindere. Die neue Theorie der Veränderung beruht also nicht mehr auf der Herstellung eines Soll-Zustandes, sondern auf der Erkenntnis der Beteiligung jedes einzelnen an der Aufrechterhaltung des Status quo.

Bei dieser Erforschung des Status quo geht es vor allem darum, zu erkennen, um welche Veränderungen es in dem jeweiligen System eigentlich gerade geht, welche Wünsche und Ängste in dem System wirksam sind und welche Abwehrmechanismen oder Widerstände aufgrund der gegebenen Ängste nötig sind. Im folgenden möchte ich in bezug auf unsere gegenwärtige Krisensituation versuchen, aus meiner Sicht einige Veränderungsschritte darzustellen, um die es geht, ich möchte daran anschließend zeigen, welche Wünsche und Ängste mir dabei wirksam zu sein scheinen und wie die Widerstände gegen die Veränderung aussehen.

*b) Um welche Veränderungen geht es?*

Wie in den meisten Familien, so geht es auch in der großen Politik und in allen anderen sozialen Beziehungen um die Auflösung von Blockbildungen und damit um die Differenzierung der zwischenmenschlichen und politischen Beziehungen. Auf welcher Ebene auch immer man zwischenmenschliche Systeme betrachtet, überall findet man Zustände des kalten oder heißen Krieges, die auf Blockbildung und auf Feindbildern beruhen, die diese Blockbildung stützen. Den Begriff »Feindbild«, der in der gegenwärtigen Friedensdiskussion so häufig verwendet wird, möchte ich so definieren: Ein Feindbild ist dadurch gekennzeichnet, daß derjenige, der dieses Feindbild einem anderen gegenüber entwickelt hat, resigniert hat in bezug auf die Beziehung zu diesem Menschen. Er sagt in dem oder durch das Feindbild: »Ich habe es aufgegeben, mit dir in Kontakt zu kommen.« Solche Feindbilder oder Stellen der Resignation, wie sie z. B. in jeder Ehe vorkommen, halten die gefährlichen Gräben zwischen den Personen oder Blöcken aufrecht. Es geht bei der Bewältigung jeder Krisensituation darum, ob man versuchen kann, dort Kontakt aufzunehmen, wo man bisher ein Feindbild als Schutzschild und zur Rechtfertigung des Kriegszustandes brauchte, und ob man es wagen kann, die das eigene Lager zusammenhaltende Ideologie in einem »Freundbildungsprozeß« mit den bisherigen Feinden in Frage zu stellen. Gefahren und Ängste, die bei solchen Schritten der Auflösung von Blockbildungen auftreten, werde ich später noch beschreiben. Die Differenzierung der Beziehungsstrukturen wird deutlich als Alternative z. B. zum Regierungsprogramm von Ronald Reagan, in dem er anläßlich seiner Nominierung zum Präsidentschaftskandidaten sagte: »Die amerikanische Politik ist einfach: Wir werden unsere Freunde nicht im Stich lassen, die Feinde der Freiheit nicht belohnen und nicht zulassen, daß Furcht und Rückzug die amerikanische Politik werden.«[4] Abgesehen vom propagandistischen Anteil dieser Aussage, stellt Reagan darin fest, daß er die Blöcke aufrechterhalten will. Er will zwischen Freunden und Feinden unterscheiden, den Freunden helfen und sich vor den Feinden nicht zurückziehen. So einfach ist nach Reagan die amerikanische Politik, aber auch so gefährlich ist eine Politik, die oft als

Zuverlässigkeit, Bündnistreue oder Berechenbarkeit dargestellt wird.

Das Prinzip der Blockauflösung und Differenzierung der Beziehung hängt eng mit dem Prinzip der Beendigung von Ausbeutung und Vergewaltigung zusammen. In Familien geht, wie schon ausgeführt, Ausbeutung und Vergewaltigung im weitesten Sinn immer in verklammerten Zweierbeziehungen vor sich. Ein Beziehungspartner, z. B. die Mutter, bindet das Kind als Ersatzpartner an sich, reduziert es damit zu einem Objekt mit bestimmten, von ihr benötigten Funktionen und erpreßt diese Funktionen durch ein Gegenangebot von Liebe, Wertschätzung, Versorgung und ähnlichem. Parallel dazu die große Politik: Wer zu Reagans »Freunden« gehört, läßt sich ausbeuten als Abschußrampe von Raketen, als Rohstofflieferant, zur Stützung seiner Hochzinspolitik etc. Wer sich nicht ausbeuten läßt und auf Selbstbestimmung und Unabhängigkeit besteht, ist nicht sein Freund, sondern sein Feind. Es gibt in solchen Systemen nur diese beiden Kategorien.

Ein Veränderungsschritt, um den es gegenwärtig geht, ist also auch die Beendigung von Ausbeutung und Vergewaltigung, die, wie schon gesagt, eng mit dem Prinzip der Blockbildung zusammenhängen. Im Prinzip Ausbeutung und Vergewaltigung wird das Objekt, sei es der Mensch, das Tier oder die sonstige lebende und tote Umwelt, auf eine bestimmte Funktion reduziert und nur noch in dieser Funktion »gebraucht«. Mit dieser Aussage will ich aber nicht nur Opfer und Täter feststellen. Ich will vielmehr deutlich machen, daß das »Opfer« sich regelmäßig auch selbst als Objekt in diesem Sinne definiert, das heißt, es glaubt selbst, daß nur die Qualitäten an ihm wertvoll sind, die der andere, der »Ausbeuter«, brauchen kann. Ein Stück Prostitution ist an jeder Ausbeutung beteiligt, deutlich zu sehen in Beziehungen zwischen Eltern und Kindern, aber auch in den Beziehungen zwischen Industrienationen und den Völkern der Dritten Welt.

Was auf seiten der »Ausgebeuteten« wiedergefunden werden muß, ist deshalb ein Selbstverständnis, das unabhängig von den Bedürfnissen des Ausbeuters die eigenen Bedürfnisse und Qualitäten für wertvoll hält. Auf seiten der Ausbeuter muß wieder erkannt werden, daß die Reduktion des »Opfers« auf eine Funktion symmetrisch dazu auch den »Täter« auf die dazugehörige Komplementärfunktion reduziert. Eltern, die ihre Kinder zur Bestätigung des eigenen Selbstwerts (»miß«-)brauchen, sind von dieser Bestätigung und damit von den Kindern abhängig. Sie wagen es nicht, ihre eigenen Bedürfnisse und Gefühle für eine den Selbstwert tragende Qualität zu halten. Industrienationen, die rohstoffreiche Länder der Dritten Welt ausbeuten, sind von der unbegrenzten Zufuhr dieser Rohstoffe abhängig und damit auch von der politischen Kontrolle über diese Länder. Sie entwickeln keine Techniken, ihre eigenen Ressourcen, und sei es die Sonnenenergie oder der Wind, so zu nutzen, daß sie mit dem auskommen können, was sie im eigenen Land haben und was ihnen in einem gesunden Austausch aus anderen, selbständigen Staaten aus deren echtem Überfluß angeboten werden kann. Die Grenze zwischen Ausbeutung und »gesundem Handel« ist im politischen wie im persönlichen Bereich oft schwer zu finden. Als Unterscheidungskriterium dient mir in der Psychotherapie die Frage, ob es sich um ein lebendiges, lustvolles Miteinander autonomer Personen handelt oder um ein gequältes Gegeneinander, bei dem jeder gegen den anderen kämpft, weil nur das, was er gegen den anderen durchsetzt, für ihn von Wert zu sein scheint.

Um auf die Wissenschaftstheorie und damit auch auf eine neue Wissenschaftstechnik zurückzukommen, möchte ich noch auf einen weiteren Aspekt des Prinzips Ausbeutung verweisen, der über den Bereich der Sozialwissenschaften hinaus für alle Wissenschaften von Bedeutung ist. Ausbeutung und Vergewaltigung beruhen nicht nur auf der Reduktion des Objekts auf eine bestimmte Funktion, sondern auch auf einer charakteristischen Spaltung zwischen Subjekt und Objekt. Diese Spaltung korrespondiert in Wissenschaft und Technik mit einer ganz spezifischen Wenn-dann-Beziehung: »Wenn ich so ... mit dem Objekt umgehe, reagiert es so ..., also muß ich so ... mit ihm umgehen, damit es so ... (wie ich es wünsche) reagiert.« Diese Form von Wissenschaft und Technik, deren Grundprinzip die Manipulation des Objekts ist, hat uns eine enorme Macht über Menschen und Materie gebracht. Erst jetzt erkennen wir, daß diese Wenn-dann-Beziehung die Verantwortlichkeit des Wissenschaftlers und Technikers/Therapeuten ausklammert. Es geht dabei immer nur um ein möglichst »günstiges« Ergebnis, nicht um die Reflexion der Art des Umgangs oder der Art der Beziehung des Wissenschaftlers / Technikers / Therapeuten zu seiner Umwelt.

Wird die Subjekt-Objekt-Spaltung aufgehoben, dann heißt die neue Wenn-dann-Beziehung: »Wenn ich so ... mit dem Objekt umgehe, dann bin *ich* so mit ihm umgegangen«, also: »Wenn ich vergewaltigend mit der Natur oder mit Patienten umgehe, dann habe ich ein anderes Subjekt vergewaltigt, und das Ergebnis wird der Art meiner Beziehung zu diesem anderen Subjekt entsprechen.« Wenn ich in der Psychotherapie einen Konflikt anspreche, dann habe ich ihn angesprochen mit allen diesem Vorgang entsprechenden Folgen, wenn ich ihn nicht anspreche, dann habe ich ihn nicht angesprochen bzw. dann habe ich unter Umständen durch dieses Nichttun dazu beigetragen, daß er noch weiter unentdeckt bleibt.

Der Unterschied zwischen den beiden Positionen ist, daß es einmal heißt: »Wenn *ich* das ... mit dem Objekt tue, dann reagiert das *Objekt* so ...«, und das andere Mal: »Wenn *ich* die ... Qualität der Beziehung zu meiner Umgebung wähle, dann wähle *ich* diese Beziehung mit ihren Konsequenzen. Wenn *ich* weniger Gewalt in der Beziehung möchte, dann muß *ich* versuchen, weniger Gewalt auszuüben.« Ich glaube, es wird deutlich, daß nicht nur Wissenschaft, Technik und Psychotherapie von diesem Paradigmawechsel betroffen sind, sondern genauso die Politik und letztlich auch alle privaten Beziehungen.

Diese neue Wissenschaftstheorie und Wissenschaftsethik hat allerdings das manipulative, den anderen steuernde Element verloren. Der Gewinn ist die Einbeziehung des Wissenschaftlers / Technikers / Psychotherapeuten / Politikers in die Betrachtung des Beziehungssystems, in dem er sich sowieso befindet. Unsere bisherige Wissenschaftstheorie, die auch für die Psychoanalyse zum großen Teil noch ausschlaggebend war, postuliert einen Außenstandpunkt für den Wissenschaftler. Die Vorstellungen vom »abstinenten« Psychoanalytiker, der von außen in ein System eingreift, als Techniker, der scheinbar als Person nicht betroffen und beteiligt ist, objektiv unberührt, ein Spiegel des Patienten, sind dabei durchaus parallel zu sehen zu den bisher überwiegenden Vorstellungen über die Objektivität und Unberührbarkeit des Naturwissenschaftlers und Technikers. Ich glaube, daß wir uns gegenwärtig auch in diesen Vorstellungen in einer Umbruchsituation befinden. Wir erkennen langsam auf allen Gebieten, daß Methoden, die die Beziehung zwischen Subjekt und Objekt außer acht lassen, sehr oft eine »blinde« Vergewaltigung des Objekts bedeuten und Folgen für das Subjekt haben, die der Qualität der Subjekt-Objekt-Beziehung entsprechen – weil, und das wird in unserem Kulturkreis auch erst jetzt deutlich, Subjekt und Objekt nicht voneinander trennbar sind. Es kann nicht dem einen wirklich gut gehen und gleichzeitig dem anderen schlecht. Wenn wir uns selbst schützen wollen, müssen wir unsere Umwelt schützen, müssen wir zum Beispiel die Bevölkerung der Sowjetunion schützen. Wenn wir gewaltsam in die Materie eingreifen, entstehen zerstörte und zerstörende Stoffe, wenn wir gewaltsam in den anderen Menschen eingreifen, zerstören wir dessen und zugleich unsere Lebensmöglichkeiten. Wir können die Lebensmöglichkeiten eines Patienten nicht schaffen, sondern bestenfalls entdecken, genauso wie die Lebens- und Überlebensmöglichkeiten der Menschheit.

Ich glaube, die Wissenschaft hat an diesem Punkt der grundsätzlichen Veränderung unserer Gesellschaft eine wichtige Verantwortung und Aufgabe. Es geht um eine neue Art der Grundlagenforschung. Es geht um den Erwerb von Kenntnissen, die uns bisher gefehlt haben und deren Fehlen zur einseitigen Ausbeutung und Vergewaltigung von Mensch und Umwelt geführt haben. Es geht darum, die Verschleierung der Tatsache aufzuheben, daß Subjekt und Objekt in ihrem Wohlergehen nicht voneinander trennbar sind. Solche Erkenntnisse haben nichts mit einer verbesserten Moral zu tun, sie dienen ausschließlich einer verbesserten Möglichkeit, *für uns selbst* und unser Überleben zu sorgen. In der Psychotherapie geht die Erkenntnis der Nichtspaltbarkeit von Subjekt und Objekt damit einher, daß man aufhören kann, darauf zu warten, daß endlich der *andere* die Beziehung verbessert, mit Gewalt und Rüstung aufhört. Man kann dann selbst damit anfangen, sich nicht mehr als Objekt zu definieren, das nur auf den anderen reagiert und rüstet, weil der andere auch rüstet. Man erlebt, daß man weder ohnmächtig noch unschuldig ist, sondern daß man in jedem Moment prinzipiell die Möglichkeit hat, selbst an der Qualität der Beziehung zum anderen etwas zu verändern.

Die damit verbundene Zunahme an Handlungsmöglichkeit *für einen selbst* läuft parallel mit der Abnahme der Handlungsmöglichkeiten *gegen den andern.* Wenn die Zerstörung des anderen die eigene Zerstörung bedeutet, ist der Gewalt und der Ausbeutung ein natürliches Ende gesetzt. Der Fortschrittsglaube und die ständige Weiterentwicklung der Technik dienten bisher vor allem dem Zweck, Abhängigkeiten aufzuheben. Jetzt sind wir an dem Punkt angelangt, an dem es deutlich wird, daß das nicht möglich ist. Die Gleichung Unabhängigkeit = Freiheit stimmt nicht mehr. Es muß eine neue Gleichung aufgestellt werden, die heißt: Freiheit = Wahrheit, und Wahrheit bedeutet, daß wir nichts anderes sind als wir sind, ein Teil der Natur, in gegenseitiger Abhängigkeit mit der Natur und mit unseren Mitmenschen lebend. In der Psychotherapie bedeutet die Anerkennung der Abhängigkeit das Aufgeben des Größenwahns. Es ist dies ein Verzicht auf phantasierte Unverwundbarkeit und auf totale Macht über andere und ein Gewinn an Lebensmöglichkeiten, weil die Selbst- und Fremddestruktivität im gleichen Maße abnimmt, wie Sicherheit nicht mehr durch Überlegenheit, sondern durch Kontakt gesucht wird. Die Parallelen in der Politik sind deutlich zu sehen.

Wenn sich das Bewußtsein entwickelt, daß der Größenwahn den eigenen Lebensinteressen widerspricht, ist keine Moral mehr nötig, um eine Veränderung des Verhaltens herbeizuführen. Diese erfolgt von selbst. Moral ist nur nötig, um den anderen zu zeigen, daß man selbst der Bessere ist. Auf das Machbare verzichten, wo es unseren Lebensinteressen widerspricht, können wir nur, wenn wir begreifen, daß wir Leben grundsätzlich nicht machen, sondern nur erhalten können und daß die Erhaltung des eigenen Lebens die Erhaltung allen anderen Lebens auf der Erde zur Voraussetzung hat. Gesetze können diesen Überlebenswunsch des Kollektivs ausdrücken, wenn sie zum Beispiel die Schonung der Umwelt vorschreiben. Was die Veränderung tatsächlich bewirkt, sind nicht die veränderten Gesetze, sondern es ist das veränderte Bewußtsein.

Und dieses Bewußtsein, so glaube ich, verändert sich gegenwärtig ziemlich schnell. Immer mehr Menschen wird die Alternative »Veränderung oder Vernichtung« klar, in jedem großen und in jedem kleinsten Schritt. Die Vorstellungen vom Jüngsten

Gericht und Weltende, das irgendwann von außen auf uns zukommt, verändern sich insofern, als wir immer deutlicher sehen können, daß wir selbst die Apokalypse herbeiführen – oder auch nicht herbeiführen – und statt dessen in einen Veränderungsprozeß eintreten. Apokalypse bedeutet nicht nur Zerstörung, sondern auch Offenbarung. In der Bibel heißt es, daß Feuer und Schwefel vom Himmel fallen werden. Vor zweitausend Jahren konnten sich die Menschen noch nicht vorstellen, daß wir selbst Feuer und Schwefel vom Himmel fallen lassen können. Vielleicht wird es in dieser apokalyptischen Zeit möglich, die Wahrheit bewußt werden zu lassen, daß wir selbst es sind, die den Weltuntergang machen – oder auch nicht.

### *c) Wünsche, Ängste und Widerstände*

Nachdem ich nun verschiedene Veränderungsprinzipien beschrieben habe, die nach meiner Ansicht nötig sind, möchte ich in meiner Analyse fortfahren und mich damit beschäftigen, welche Wünsche und Ängste in dieser Situation zu erkennen und welche Abwehrmechanismen oder Widerstände wirksam sind. Lebendige Veränderungen gehen nur aufgrund von Lebenswünschen vor sich, weshalb es auch in der Psychotherapie ungeheuer wichtig ist, solche Wünsche nicht zu übersehen und statt dessen gegen die Widerstände zu kämpfen. Moral und intellektuelle Einsicht oder gar Zwang können nur oberflächliche Korrekturen mit sich bringen.

Solche *Lebens- und Überlebenswünsche* sind gegenwärtig in verschiedenen Formen sichtbar. Immer mehr Menschen suchen nach einer Verbesserung ihrer zwischenmenschlichen Beziehungen, um zugleich mehr Befriedigung und mehr Sicherheit als bisher zu haben. Die Sicherheit wird zunehmend in der Gemeinschaft gesucht.

Die übermäßigen Ausgaben für Rüstung und Konsum werden immer deutlicher als Ersatzbefriedigungen erkannt, und die Folge solcher Erkenntnis ist das Anwachsen der Bedürfnisse nach menschlicher Nähe, nach kleinen, überschaubaren, dezentralisierten Einheiten. Demokratie, die wirklich diesen Namen verdient, scheint nur in vielen kleinen Gruppen entstehen zu können, in denen der einzelne seine persönliche Verantwortung nicht an irgendwelche fernen, von einer anonymen Masse gewählten Macht- oder Mandatsträger abgeben muß. Die wirklichen Wünsche und Ängste der Bevölkerung können nur persönlich vertreten werden, weshalb gegenwärtig immer mehr »interessierte Vielheiten« anstelle der oft zu Machtzwecken verwendeten »Mehrheiten« entstehen. Vom Standpunkt der etablierten Parteien aus sieht das oft so aus, als bräche damit das Chaos aus, weil viele wieder ihre eigene Meinung selbst vertreten und keine einheitliche Linie feststellbar zu sein scheint. Daß in dieser Differenzierung, in diesem Persönlichwerden der Politik gerade das neue Prinzip und die neu oder wieder auftretenden Lebenswünsche und Wünsche nach Selbstbestimmung vieler einzelner enthalten sind, ist vom Standpunkt der Machtpolitik aus oft nicht als neues Ordnungsprinzip zu erkennen. Ich kenne diese Umgestaltung der Beziehungsstruktur in Familien, wenn im Lauf einer Therapie Ordnung nicht mehr durch Normen oder durch Mehrheiten (Koalitionen) garantiert wird, sondern zunehmend durch das Persönlichwerden der einzelnen Familienmitglieder mit allen, oft auch widersprüchlichen Wünschen und Ängsten. Die Ideologie der Sicherheit durch Strafen, durch Stärke, durch Koalitionen verwandelt sich in einem solchen Prozeß in ein Vertrauen auf Sicherheit durch Kontakt- und Konfliktfähigkeit.

Zur Motivations- und Beziehungsanalyse einer Krisensituation gehört aber neben der Suche nach der bewegenden Kraft der Lebenswünsche auch die Erkenntnis der Ängste, die diese Wünsche begleiten. Ich meine hier nicht so sehr die Ängste vor dem drohenden Tod, also etwa vor der atomaren oder ökologischen Katastrophe. Die Analyse dieser Ängste ist in der Analyse der Lebens- oder Überlebenswünsche schon enthalten. Ich meine die Ängste vor der drohenden Lebendigkeit, also vor der drohenden Verunsicherung, die das Aufgeben bisheriger Machtstrukturen mit sich bringt.

Bei all diesen Unsicherheiten sind natürlich *Mechanismen* nötig, *die solche Ängste in erträglichen Grenzen halten*. Ich möchte nur einige anführen, um auch hier die Parallelen zwischen individuellen und kollektiven Abwehrmechanismen zu zeigen. Wenn man Angst hat, kann man entweder versuchen, sich von der Gefahr zu schützen oder die Gefahr nicht mehr zu sehen. Nur die zweite Form der Angstbewältigung wird in der Psychoanalyse als Abwehrmechanismus im engeren Sinn bezeichnet. Sie wird nötig, wenn die Gefahr zu groß ist und der Versuch, mit ihr umzugehen, noch gefährlicher zu sein scheint als die Verleugnung der Angst und damit der Gefahr. Es gibt verschiedene Möglichkeiten, die Gefahr zu verleugnen. Die wichtigste (und für uns heute gefährlichste) ist die Projektion der Gefahr auf Personen oder Regierungen außerhalb der eigenen Person oder des eigenen Volkes. Durch diesen Mechanismus wird die Angst kanalisiert, man weiß, daß man sich vor einem »Feind« fürchtet. Dieser wird gleichzeitig disqualifiziert, dann kann man ihn leichter bedrohen und notfalls Krieg gegen ihn führen. Die Phantasie, ihn, wenn er gar nicht anders will, notfalls auch in einem gerechten (»Abwehr«-)Krieg besiegen zu können, verhilft zu einem Gefühl von Stärke und Sicherheit, das sehr attraktiv ist, braucht man sich doch in diesem Gefühl nicht auf die Unsicherheiten der Situation einzulassen. Man glaubt einfach, daß »unsere politischen Führer« das schon alles gut machen werden, dazu sind sie ja da, und unsere Wissenschaftler und Techniker sind heute sowieso schon so weit, daß sie alles im Griff haben. Außerdem, so sagt man, ist alles ganz normal und war schon immer so. Wer sich aufregt, ist nur ein Panikmacher, der aus der Panik der Menschen seine (Macht-)Vorteile ziehen will. Auch hier dient Projektion und Feindbildung zur Abwehr von Angst.

Ein anderer Mechanismus, mit der Angst fertigzuwerden, besteht in dem Versuch, den Konsum noch zu steigern. Schon als Kinder haben wir gelernt, daß wir uns wohl und sicher fühlen können und müssen, wenn wir möglichst viel haben und verbrauchen. Man kann Angst auch »wegessen«. Man kann versuchen, ein Flugzeug, das vom Absturz bedroht ist, mit dem letzten Treibstoff noch höher und schneller fliegen zu lassen, Wirtschaftswachstum wenigstens für kurze Zeit noch einmal zur Beschwichtigung der eigenen und der allgemeinen Angst zu verwenden.

In meiner psychotherapeutischen Praxis höre ich sehr oft den Satz: »Das bringt ja doch nichts.« Ich habe es allmählich gelernt, diesen Satz, der Resignation und gleichzeitig eine Abwertung meiner Bemühungen ausdrückt, auf eine neue Art zu verstehen. Ich verstehe ihn jetzt als eine Art Totstellreflex des einzelnen, der immer dann eintritt, wenn die Gefahr besteht zu merken: Jetzt bin ich dran, jetzt könnte ich etwas verändern, und wenn gleichzeitig die Angst vor der Veränderung zu groß ist, als daß sie zugelassen werden könnte. An solchen Stellen tendieren wir alle dazu, uns und anderen zu sagen: »Ich kann leider (und Gott sei Dank) gar nichts tun. Wenn ich einzelner etwas täte, brächte das doch nichts, weil so viele andere nichts tun. Außerdem war das schon immer so – wenn ich mich ruhig verhalte, passiert sicher nichts, jedenfalls nichts, woran ich schuld sein könnte.« Die Summierung dieser reflexhaften Schutzhaltung führt zu der stummen Ohnmacht, die wir in unserer Gesellschaft immer wieder als kollektives Abwehrmuster erleben können.

Ein letzter Abwehrmechanismus, an dem immer mindestens zwei Personen beteiligt sind, ist die Spaltung oder Polarisierung in zwei oppositionelle Meinungsträger. In jeder Paarbeziehung, in jeder Familie, in jeder kleineren oder größeren Gruppe bis hin zu den politischen Parteien sind diese Spaltungen zu erkennen. Polarisierung bedeutet immer eine Fixierung der Beziehung, die dadurch möglich wird, daß die eine Seite einfach das Gegenteil von dem fürchtet, hofft, wahrnimmt, für richtig hält, was die andere Seite fürchtet, hofft, wahrnimmt, für richtig hält. Jeder der beiden Partner kann sich die eigene Extremposition nur deswegen leisten, weil der andere das Gegenteil vertritt. Bei genauer Beobachtung wechseln die Positionen meist schneller, als man annehmen würde, aber die Spaltung als gemeinsamer Mechanismus zur Abwehr von Angst bleibt bestehen. Keiner hört mehr, was der andere fühlt, denkt und sagen will, weil er die eigenen abgespaltenen Anteile an diesen als an einen »Feind« delegiert hat und dort bekämpft. Viele Polarisierungen nicht nur zwischen West und Ost, sondern genauso zwischen Regierungsparteien und Opposition, zwischen DKP-Angehörigen und »Autonomen« in der Friedensbewegung usw. dienen der (gemeinsamen) Abwehr der (gemeinsamen) Angst vor Veränderung und Relativierung. Wo aber die Angst vor der Veränderung nicht zugelassen und mitgeteilt werden kann, sondern als Angst vor dem jeweiligen Feind verschleiert werden muß, wird auch die Veränderung blockiert.

*d) Kampf gegen den Widerstand oder Lernen am Widerstand?*

Nach dieser analysierenden Darstellung der wichtigsten Wünsche, Ängste und Abwehrmechanismen möchte ich nun noch einige Erfahrungen darüber vortragen, durch welche Haltung ein Psychotherapeut anstehende Veränderungen verhindern kann und welche Haltung Veränderungen zwischenmenschlicher Beziehungen weniger behindert. Ich glaube, auch hier ist vieles auf die Beziehungen jedes einzelnen im privaten und öffentlichen Bereich übertragbar.

Jede Abwehr hat zwei Seiten, sie ist immer ein Kompromiß zwischen Wünschen und Ängsten. Nur wenn beide Seiten gesehen werden, kann sich die Abwehr auflösen und eine Veränderung der Beziehung eintreten. Einer einseitigen Sichtweise entspricht es zum Beispiel, wenn ich den oben zitierten Satz eines Patienten »Das bringt ja doch nichts« aus meiner Kränkung heraus als dessen Widerstand verstehe und ihm, um meine narzißtische Unversehrtheit wiederherzustellen, wegen dieses Widerstands diagnostizierend fehlende Therapiefähigkeit unterstelle. Diese Haltung kennzeichnet den oben beschriebenen Vorgang der Feindbildung bzw. der Resignation: »Ich gebe es auf, mit dir in Kontakt zu kommen.« Die andere, auch schon angedeutete Möglichkeit ist die, in dem Satz des Patienten »Das bringt ja doch nichts« dessen Wünsche nach Veränderung zu hören und gleichzeitig auch seine Angst davor. Wenn ich in der Abwehr bzw. in dem Widerstand die Wünsche und Ängste des Patienten noch sehen kann, brauche ich nicht gegen diese Abwehr als gegen einen »Feind« vorzugehen und dabei meinen eigenen Veränderungswunsch zu sabotieren. In der doppelten Sicht der Abwehrmechanismen wird das Veränderungspotential wieder wahrgenommen, nämlich der Wunsch zu leben, und das bringt immer Bewegung in die Beziehung.

Es ist völlig sinnlos und hat nur eine weitere Fixierung der Beziehung zur Folge, wenn ich einem Patienten sage: »Du sollst eigentlich Angst haben«, oder auch: »Du sollst eigentlich keine Angst haben.« Jede Fehlersuche blockiert den Veränderungsprozeß. Verändern kann sich nur, wer so sein darf, wie er ist, und wer in diesem seinem Ist-Zustand verstanden wird. Wer anders sein soll, als er ist, kann sich höchstens anpassen oder sich grundsätzlich verweigern. Die beschriebenen Abwehrmechanismen oder Widerstände als »schlecht« darzustellen wäre demnach selbst ein Schutzmechanismus, der zwar recht häufig vorkommt, aber eben doch die Beziehung und damit den Status quo fixiert. Ein Beispiel für eine solche Fixierung scheint mir die gegenwärtige Verherrlichung und komplementär dazu die Verteufelung der Angst in verschiedenen politischen Lagern zu sein. Es sieht so aus, als hätten die einen nur Angst und keine Zuversicht, während die anderen nur Zuversicht und keine Angst hätten. Beides ist nicht die ganze Realität. Aber die Wirklichkeit, nämlich die Tatsache, daß beide Seiten sowohl Angst haben als auch Zuversicht – wenn auch vielleicht in unterschiedlicher Hinsicht –, kann nicht mehr deutlich werden, wenn sich beide Seiten gegenseitig als unrealistisch, utopisch, ja als psychisch krank darstellen.

Jeder Mensch wägt Risiken ab, wenn er sich entschließt, etwas zu tun oder nicht zu tun. Aus diesem Grund halte ich es für sinnvoll, sich immer wieder mit dem Vergleich der Risiken bei Veränderung oder Festhalten am Status quo zu beschäftigen. Oft besteht die Phantasie, daß durch den revolutionären Veränderungswunsch »alles« in Frage gestellt und damit zerstört würde. Schon der Vorwurf, jemand wolle »eine andere Republik«, scheint zu greifen, sonst würde er nicht öffentlich gemacht. Veränderung scheint also schon an sich bedrohlich zu sein. Diese Bilanz gilt genau so lange, wie die Risiken der Nichtveränderung nicht gesehen werden. In Therapien ist es mir immer wieder wichtig herauszuarbeiten, daß mit dem Ernstnehmen der wahren Wünsche und Ängste nicht die Existenz der Person gefährdet wird, sondern »nur« die – allerdings auch existenzgefährdende – Abwehr. Ähnlich wird durch das Auftauchen der beschriebenen Lebenswünsche und Ängste nicht unsere Gesellschaft als Ganzes in Frage gestellt. Allerdings wird ein Staat, eine Familie oder auch eine Einzelperson, die sich mit der eigenen Abwehr identifiziert oder im direkten oder übertragenen Sinn »von der Rüstung lebt«, immer wieder glauben, daß das Ernstnehmen der Wünsche und Ängste in der Bevölkerung oder im Unbewußten eine Bedrohung für die Existenz des Staates, der Familie oder des Individuums darstellen muß.

Wenn ich die Abhängigkeit eines Menschen, einer Familie oder eines Staates von seiner Rüstung nicht bekämpfe, sondern zunächst akzeptiere, tritt dadurch nicht, wie man vielleicht annehmen könnte, eine grenzenlose Relativierung oder eben auch Resignation ein. Es bleibt nicht alles beim alten, weil ich nicht gegen die Abhängigkeit von der Rüstung vorgehe, sondern es kann sich etwas verändern, wenn der einzelne Mensch, die Familie und vielleicht das die Regierung tragende Kollektiv zunächst diese Abhängigkeit von der Rüstung als Notlösung erkennt und dann allmählich in der Abwägung der Risiken bemerkt, daß die Rüstung an vielen Stellen weniger Sicherheit bietet als ein schrittweises Ablegen der Rüstung, dem zunehmenden Vertrauen entsprechend.

Jede grundsätzliche Veränderung in der Gesellschaft ist von der Veränderung des allgemeinen Bewußtseins abhängig. Daran ist jeder einzelne beteiligt. Jeder einzelne kann sich damit beschäftigen, um welche Veränderungsschritte es im ganzen und für ihn persönlich geht, welche Lebenswünsche er bis jetzt durch Ersatzbefriedigungen verdrängt hat und welche Ängste vor der Veränderung er mit anderen teilt. Die drohende Zerstörung der Umwelt und der ganzen Menschheit ist der symptomatische Ausdruck des Zustands unserer Kultur. Wir sind immer wieder versucht, mit Korrekturen nur an der Symptomatik anzusetzen, anstatt uns auf die grundsätzlich anstehenden Veränderungen auch in der eigenen Wahrnehmung einzulassen. Wer nur an Symptomen kuriert, verleugnet zumeist die eigene Betroffenheit von und die eigene Beteiligung an der kritischen Situation. Er versucht nicht, sich selbst im allgemeinen Veränderungsprozeß zu finden, sondern er stellt fest, was richtig und was falsch, wer richtig und wer falsch ist. Wenn es gegenwärtig um eine allgemeine Bewußtseinserweiterung als Grundlage für eine Veränderung geht, die vielleicht die schlimmste Katastrophe noch vermeiden oder mildern helfen kann, dann ist für mich die Frage »Kann ich einzelner die Gesellschaft verändern?« so zu beantworten: Ich kann nicht nichts, und ich kann nicht alles, aber ich kann so viel, wie ich kann, und dieses, was ich kann, wird von mir selbst und von allen anderen dringend gebraucht.

# 10. Das Persönliche ist politisch

Das Politische ist persönlich – das Persönliche ist politisch. Das heißt eigentlich: Jeder Politiker ist ein Mensch, und jeder Mensch ist ein Politiker. Da die erste These, daß jeder Politiker ein Mensch ist, wahrscheinlich spontan mehr Zustimmung finden wird, habe ich die zweite als Schwerpunkt meines Referates gewählt: Das Persönliche ist politisch, jeder Mensch ist ein Politiker, ein politisch wirksamer Teil der Gesellschaft.

## *a) Die Trennung von Persönlichem und Politischem*

Obwohl wir formal in einer »freiheitlichen Demokratie« leben, die nach Carlo Schmid[1] »die Chance [darstellt], den Staat zu vermenschlichen«, wird diese Chance auch in unserer Gesellschaft an vielen wichtigen Stellen nicht genützt. Ungenützte Chancen drohen verlorenzugehen, je länger man sie ungenützt läßt. Aus diesem Grunde wird es gegenwärtig vielen Menschen in allen Lagern immer wichtiger, sich auf die Grundlagen und Chancen unserer Demokratie zu besinnen. Für viele Bürger genügt es nicht mehr, sich auf die formale Verankerung der Demokratie in unserer Verfassung zu verlassen und gleichzeitig in ihren privaten und politischen Beziehungen, im Innern unseres Staates und nach außen hin, »unmenschliche« Verhältnisse entstehen zu lassen.

»Die Politik« erschien bisher vielen Bürgern wie ein Theaterstück, das sie im Zuschauerraum oder über die Medien ausschnittweise mitverfolgen konnten, zum Teil aber auch nur wenig zur Kenntnis nahmen. In gewissen Abständen schickten die Zuschauer ihre Vertreter auf die Bühne und erwarteten vor allem, daß diese Vertreter in dem Theaterstück »eine gute Figur machten«.

Um eine gute Figur zu machen, muß man auf dieser Bühne ganz besondere Rollenvorschriften beachten: Man muß mächtig erscheinen, nie hilflos oder unsicher, immer erfolgreich und unfehlbar, man muß so tun, als glaubte man stets an eine bessere Zukunft und an die Machbarkeit des Glücks. Zweifel an sich selbst und an dem einmal eingeschlagenen Weg dürfen nicht erkennbar werden. Unbeirrbar und »stark« muß man seinen Weg verfolgen, der nur immer geradeaus führt und der von Anfang an richtig geplant war. Unsichere Politiker will und wählt das Volk nicht, so scheint es. Das Volk will beruhigt werden, auch wenn der Schauspieler selbst an die Beruhigung nicht glaubt, auch wenn er seine eigenen Versicherungen und Versprechungen nicht für einlösbar hält. Wie Eltern, die glauben, daß ihre Kinder ihre Beunruhigung nicht bemerken, wenn sie selbst ihre Beunruhigung nur geschickt genug verbergen, so halten es viele Politiker für gut, wenn das Volk im Glauben an eine sichere Gegenwart und glückliche Zukunft und an sichere, mächtige Führer ruhig bleibt, lenkbar in seinen Ängsten und Feindbildern – *Demokratie als sichere Führung des Volkes zum Besten des Volkes*.

Um diese Form der Demokratie zu gewährleisten und die Menschen beruhigt und ruhig in ihrem Zuschauerraum zu halten, dürfen die Schauspieler nicht aus ihren persönlichen Wünschen und Ängsten heraus handeln, bzw. die Verbindung zwischen ihren Handlungen und ihren persönlichen Gefühlen darf nicht erkennbar werden. Sonst würde in den Zuschauern ebenfalls die Phantasie aufkommen, daß man die persönlichen Wünsche und Ängste zur Grundlage des eigenen Handelns machen könnte, und dann wäre zumindest Unruhe im Saal. Die Politiker müssen also ihre Handlungen als von Sachzwängen motiviert erklären und sich selbst als Funktionsträger verstehen, die immer nur das Beste für das Volk wollen und immer nur die beste Entscheidung treffen. Nur dann werden sie gewählt, und das heißt ja auch: Nur dann sind sie wertvoll und werden sie geliebt, wenn sie ihre schwierigen Rollen gut spielen, als Mehrheitsbeschaffer, Imagepfleger, Spitzenkandidat usw. Spielen sie diese Rollen schlecht, dann werden sie ausgewechselt. Das Spiel muß weitergehen, die Personen und ihre Gefühle sind dabei nicht so wichtig.

Das politische Spiel, so hören und denken die Zuschauer, ist im Gegensatz zu ihren persönlichen Spielen eine Angelegenheit »harter Fakten«, es hat nichts mit den psychischen Zuständen und den persönlichen Beziehungen von Individuen zu tun. Politiker sind Techniker, die – Übermenschen gleich – sich nur an den Erfordernissen der Realität und an der größtmöglichen Effektivität ihrer Strategien orientieren.

Wären sie das nicht, dann wären sie nicht oder weniger lenkbar und könnten auch das Volk weniger lenken. Und wenn die Lenkung oder die Lenkbarkeit in einem Gefährt ausfällt, das auf Lenkung angewiesen ist, dann muß man Instabilität und Chaos fürchten. Eine Möglichkeit, dieses Chaos zu vermeiden, besteht darin, daß man das Persönliche aus dem Politischen bzw. aus den zwischenmenschlichen Beziehungen überhaupt ausschaltet.

Der Versuch, das Persönliche im Politischen unkenntlich zu machen, wird mir immer wieder besonders deutlich an der Definition des Begriffes »Macht« bei vielen Politikern und Politikwissenschaftlern. Für sie, und natürlich auch für viele andere Menschen, bedeutet Macht oft nur die Fähigkeit, etwas zu bewirken. In dieser Definition wirkt das Wort »Macht« völlig unbedenklich. Weshalb sollte es problematisch sein, wenn man versucht, Macht auszuüben, also jemanden dazu zu bringen, daß er etwas tut, was man selbst für richtig und gut hält? Und würde man sich nicht selbst der Ohnmacht ausliefern und damit sogar schuldig werden, wenn man auf solche Macht verzichtete und dadurch den »bösen Mächten« ihren Lauf ließe? Ist es nicht idealistisch und damit illusorisch zu glauben, man könne in zwischenmenschlichen Beziehungen oder gar in der Politik auf Macht verzichten?

Das Problem, das für mich bei diesem Verständnis von Macht auftaucht, ist, daß bei diesem »Bewirken« unter Umständen wichtige Anteile der eigenen Person unterdrückt und gleichzeitig damit auch andere Personen mit ihren Wünschen und Ängsten nicht wahrgenommen bzw. »überrollt« werden. Wenn ich meine Beziehung zu einem anderen Menschen auf die Überlegung reduziere, wie ich am besten bewirken kann, daß er das tut, was ich für richtig halte, dann habe ich auf ein Stück Auseinandersetzung im Sinn des Dialogs verzichtet und gleichzeitig auf ein wichtiges eigenes Bedürfnis, *mit* dem anderen und *von* der Beziehung zu ihm zu leben, nicht *gegen* ihn oder *über* ihm. Die Unterdrückung eigener Lebensinteressen ermöglicht zwar die Manipulation anderer, diese Lebensinteressen sind dadurch aber nicht einfach beseitigt: »Im Untergrund« werden sie sozusagen terroristisch, das heißt, sie wirken sich aus in Selbst- und Fremdzerstörung.

Dies wird mir immer wieder am Bild der jetzt überall ins Bewußtsein tretenden Abfalldeponien deutlich. In den 50er und 60er Jahren und danach, als diese Abfalldeponien entstanden, glaubten wir, wir könnten es uns leisten, »etwas zu bewirken«, nämlich den wirtschaftlichen und damit politischen Wiederaufstieg nach dem Krieg. Dabei übersahen wir, daß wir giftigen Abfall produzierten, und wir phantasierten, dieser wäre schon deshalb ungefährlich, weil wir ihn nicht zur Kenntnis nahmen. Macht oder Potenz als Fähigkeit, etwas zu bewirken ohne die Reflexion darüber, was dabei in uns selbst und bei anderen unterdrückt wird, was als Abfall, als Minderheit oder auch als »Feind« abgespalten und dadurch scheinbar beseitigt wird, solche Macht ist selbstzerstörerisch, auch wenn wir das oft erst spät entdecken.

Die Entdeckung der Giftigkeit solcher »Abfälle« oder der Gefährlichkeit solcher »Feindbeziehungen« verzögert sich um so mehr, je mehr wir fürchten, daß wir durch die *Wahrnehmung* unserer Abfälle, unserer Minderheiten, unserer Feinde ohnmächtig werden, je mehr wir fürchten, nichts mehr bewirken zu können, wenn wir auf die persönlichen Dinge in uns und zwischen uns Rücksicht nehmen und sie nicht als überflüssig oder zum Abfall gehörend betrachten. Solche »Abfälle« werden aber um so gefährlicher, je länger wir sie unreflektiert ablagern und je länger wir ihre Lagerstätten unintegriert, nicht wahrgenommen stehen lassen.

Mit dem Verlust des Persönlichen in der Politik geht der Verlust des politischen Bewußtseins im persönlichen oder privaten Leben einher. Die Rolle der »Zuschauer« ist das exakte Gegenbild zur Rolle der »Schauspieler«. So wie die Zuschauer auf der Bühne stets »mächtige«, erfolgreiche, zuversichtliche Führer sehen wollen, so wollen die Schauspieler im Zuschauerraum nur vertrauensvolle, ruhige, lenkbare Bürger sehen, die die Handlungen ihrer Politiker und ihrer bürokratischen »Staatsdiener« durch generelles Vertrauen, Zustimmung und Gehorsam legitimieren. »Ruhe ist die erste Bürgerpflicht.«

Nun werden diese Rollen aber nicht nur jeweils von der Gegenseite zugeschrieben und gefordert. Jeder Mensch, der eine Rolle spielt, hat gute Gründe, weshalb er auf ein Stück seiner Individualität verzichtet und statt dessen äußere Formen annimmt, die ihn einerseits schützen, andererseits aber auch manipulierbar machen. Die durchschnittliche Erziehung in unserer Kultur beruht auf Gehorsam und Anpassung, auf Leistung, Ordnung und Opferbereitschaft für das Nötige und Gute. Diese Normen helfen jedem einzelnen, persönliche Konflikte zu vermeiden und trotzdem wenigstens einen Teil dessen zu erreichen, was er im Leben braucht. Dadurch, daß er als Kind den Rollenvorschriften seiner Familie, als Staatsbürger den Rollenvorschriften seiner Gesellschaft folgt, erwirbt er sich einen Rechtsanspruch auf das, was er braucht und möchte. Dem »guten« Bürger helfen die Verwaltung und die Polizei bei der Durchsetzung seiner Ansprüche, dem »Bösen« helfen sie nicht. Der »Gute« gehört dazu; er hat das Gefühl von Sicherheit und Ordnung, auch in der sehr großen Gruppe eines Staates, die er als einzelner nicht mehr persönlich überblicken kann, die aber die Politiker, die Regierenden und der »Apparat« in seinem Auftrag überblicken und regulieren. So kann er mit verhältnismäßig geringem Kraftaufwand in relativ großer Harmonie leben, immer vorausgesetzt, er vertraut den »Oberen«, er wird nicht ungeduldig oder ängstlich, er begehrt nicht auf. Wenn trotzdem jemand aufbegehrt, gerät die Ruhe des »unpolitischen« Bürgers in Gefahr, er fürchtet verständlicherweise, alle die Errungenschaften zu verlieren, die er durch seine Passivität und durch seinen Gehorsam erworben hat. Je mehr er gewöhnt ist, seine Orientierung von außen zu erhalten, desto mehr muß er auch in seiner eigenen Person Orientierungslosigkeit und Chaos fürchten, wenn durch andere das Prinzip der Lenkung und der Lenkbarkeit in Frage gestellt wird.

Wie in Michael Endes »unendlicher Geschichte«[2] der Leser plötzlich entdeckt, daß er selbst eine Figur des Buches ist, das er gerade liest, so entdecken gegenwärtig immer mehr Menschen, daß sie nicht unbeteiligte Zuschauer eines Schauspiels sind. Sie entdecken, daß politische Verantwortung nicht übertragbar ist, das heißt, daß die Ruhe, die sie sich durch Gleichgültigkeit und die Abtretung von »Macht« an die Politiker erwarben, trügt. Die Übertragung von Macht und Verantwortung brachte letztlich nicht Sicherheit, sondern extreme Unsicherheit, nämlich die akute Gefahr, durch Kriegs- oder Umweltkatastrophen umzukommen. Sie entdecken, daß sie nicht nur zur Ruhe und für den gelegentlich angeforderten Applaus eingeplant waren, sondern auch als Zahlen in einem Planspiel mit Millionen Kriegstoten, verrechnet und verplant zum (aussichtslosen) Einsatz im Kriegsfall. Sie erkennen, daß sie ein Teil des Spiels sind, daß ihre Passivität nicht die selbstverständliche Vorbedingung für das allgemeine Wohlergehen ist, sondern eine Rolle, die die komplementäre Rolle eines sich verselbständigenden Apparats mitbedingt.

»Ach Herr, die Not ist groß, die ich rief, die Geister werd' ich nun nicht los«, so schrie schon Goethes Zauberlehrling, als er bemerkte, daß der Besen, den er für seinen Diener gehalten hatte, sich selbständig machte und ihn vergewaltigte. Wir hielten die Politiker für unsere Diener, die das alles leisten sollten, was wir nicht tun wollten oder konnten, nämlich zum Beispiel unseren Abfall beseitigen oder dafür sorgen, daß unsere Auspuffgase keinen Schaden anrichten. Wofür hatten wir denn eigentlich den Staat? Wofür zahlten wir Steuern? Wofür waren wir im Zweifel immer ruhig? Die Elektrizität, die Atomkraft, wir hielten sie für Diener, die uns die körperliche Anstrengung abnehmen sollen, die Elektronik der Computer, sie soll uns das Denken und vor allem die Entscheidungen abnehmen. Wir erhofften uns das Paradies als Freiheit von körperlichen und geistigen Anstrengungen und als Möglichkeit, unschuldig zu bleiben, weil wir die Entscheidungen und die Verantwortung an andere abgetreten hatten. Wir ließen rüsten in dem Glauben, dadurch sicherer leben zu können, und bemerken jetzt, daß sich die Rüstung gegen uns selbst richtet. Jetzt gebieten die »Helfer« oder die »Hilfsmittel« über uns und bedrohen direkt oder indirekt unser Leben.

Trotz unserer freiheitlich-demokratischen Staatsform erleben sich viele Bürger als unterdrückte, vergewaltigte und ohnmächtige Rädchen in der Maschinerie eines politischen Theaters, das unabhängig von diesem einzelnen Rädchen weiterläuft und das Rädchen sofort zermalmen oder ausstoßen würde, wenn es nicht mehr reibungslos funktionierte. Deshalb schauen sie lieber gar nicht so genau hin, in welche Abgründe die Maschine laufen könnte. Andere sehen die Abgründe sehr deutlich und glauben, daß sie *alleine* die Maschine aufhalten könnten und müßten. Einem so »gewaltigen« Apparat *gegenüber* glaubt man, daß dies nur durch Gewalt möglich sei. Die verlorene Macht scheint nur durch Gewalt zurückgewinnbar zu sein.

Viele Bürger schauen aber auch die Bühne und die Schauspieler jetzt genauer an. Dabei entdecken sie, daß es sich um eine doppelte Bühne handelt und daß die Schauspieler doppelte Gesichter haben – und sie fühlen sich getäuscht. Sie entdecken, daß sich hinter oder über der ihnen bisher sichtbaren Bühne eine zweite Bühne befindet, die sie bis jetzt nicht wahrgenommen haben. Dort sitzt die Wirtschaftsmacht, die die Politiker wie Marionetten an bisher unsichtbaren oder schwer durchschaubaren Fäden dirigiert. Und diese Wirtschaftsmacht ist weder wählbar noch abwählbar. Hinter den als Sachzwänge (»Dies alles ist unbedingt nötig und richtig«) und als Mystifikation (»Wir wollen ja nur euer Bestes«) vorgetragenen Absichten der Politiker steht allzuoft die Gewalt der wirtschaftlichen Potentiale, also letztlich die Gier von Menschen und von Apparaten, die sich »im Dienst« der Menschen gegen die Menschen verselbständigt haben.

Die »doppelten Gesichter« der Politiker werden erkennbar, wenn der Bürger nicht nur seine eigene Rolle als Zuschauer, sondern auch die der Politiker als Schauspieler erkennt. Dann sieht er mehr und mehr, daß diese Schauspieler zwar Gefühle zeigen, daß die gezeigten Gefühle aber sehr oft nicht mit den wirklichen Gefühlen übereinstimmen. Die Propaganda, also die psychische Lenkung des Volkes, macht es nötig, bestimmte Gefühle zu zeigen, andere nicht, bestimmte Dinge zu sagen, andere nicht. Und die erwachenden Bürger merken, daß nicht nur die Politiker Marionetten in den Händen von Wirtschaftsinteressen sind, sondern daß sie selbst auch Marionetten in den Händen der Politiker sind, gelenkt durch die Fäden der Propaganda, die ihnen Feinde zeigte, wo sie gar keine hatten, »Sachzwänge«, die sie gar nicht nachvollziehen wollen, und die ihnen (Schein-)Sicherheit vorspielte, wo das Bewußtsein der realen Unsicherheit für eine gemeinsame Anstrengung zur Erhaltung des Lebens auf dieser Erde unbedingt nötig wäre.

Wenn man nun die Beziehung zwischen Bürgern und Politikern noch weiter untersucht, entdeckt man, daß auch diese Machtbeziehung keine einseitige ist. So wie die Bürger über die Propaganda von den Politikern wie Marionetten geführt werden, so lassen sich die Politiker durch die Ergebnisse von Meinungsumfragen führen. Die Kommunikation zwischen beiden Lagern ist so indirekt und gleichzeitig so manipulativ geworden, daß in diesem Spiel jeder beides ist, Spieler und Marionette. Wie ein schönes Märchen klingen angesichts dieser Verhältnisse gegenseitiger (Fern-)Lenkung die Artikel 20, Absatz (1) und 38, Absatz (1) unseres Grundgesetzes: »Alle Staatsgewalt geht vom Volke aus«, und: »Die Abgeordneten des Deutschen Bundestages ... sind Vertreter des ganzen Volkes, an Aufträge und Weisungen nicht gebunden und nur ihrem Gewissen unterworfen.«

Durch Gesetze allein können Beziehungen nicht lebendig erhalten werden. Sie drohen abzusterben, das heißt in Marionettenspiele überzugehen, wenn die Kommunikation, und das heißt vor allem die lebendige Auseinandersetzung, nicht gepflegt wird. Wie in einer absterbenden Partnerbeziehung kommt es dann zur Verteilung komplementärer Rollen und zur Lenkung und Lenkbarkeit anhand dieser Rollen, als Ersatz für einen befriedigenden Austausch. Und wie in abgestorbenen Partnerbeziehungen glaubt jeder Partner, der jeweils andere sei an diesem Zustand schuld. Würde der andere sich ändern, dann könnte alles besser werden. Es ist in einem solchen Zustand nur schwer zu sehen, daß nicht der »Feind« das Problem ist, sondern die *Spaltung der Beziehung:* hier die Spaltung in Politisches und Persönliches, in Politiker und Privatpersonen. Das Ergebnis ist eine »sprachlose Ohnmacht« beider Partner, wobei die Ohnmacht durch die Sprachlosigkeit entsteht, obwohl es immer wieder so aussieht, als wäre die Sprachlosigkeit die Folge einer »objektiven« Ohnmacht.

Ich glaube, daß diese Dynamik nicht nur bei den bisher stummen Bürgern zu beobachten ist, sondern ganz ähnlich auch für die politischen Mandatsträger zutrifft. Soweit auch sie Marionetten sind in den Händen ihrer Partei- und Fraktionsführung, in den Händen der Meinungsforschungsinstitute, in den Händen der vielfältigen Wirtschaftsinteressen, gilt auch für sie die Frage: Bin ich deswegen stumm, äußere ich deswegen nicht meine wahren Gefühle und Wünsche, weil das nicht gehört würde, oder bin ich deswegen ohnmächtig, weil ich mich nicht äußere?

So haben nach meiner Beobachtung Politiker und Bürger gleichermaßen Angst davor, als Personen bzw. als politisch verantwortlich erkannt zu werden. In dem Maße aber, wie der Bezug zwischen Person und Verhalten, zwischen persönlichem Verhalten und dessen politischer Bedeutung wiederhergestellt wird, vermindert sich schrittweise die gegenseitige Lenkbarkeit von Individuen in einem sozialen System. Von dem Standpunkt aus, der Demokratie begreift als »sichere Führung des Volkes zum Besten des Volkes«, scheint diese Entwicklung ins Chaos zu führen. Das Volk wird weniger führbar, die Mandatsträger ebenfalls. Von einem Standpunkt aus, der Demokratie begreift als »Chance, den Staat zu vermenschlichen«, scheint dies der einzige Weg zu sein, der die Möglichkeit mit sich bringt, daß viele Individuen für ihr jeweils persönlichstes Interesse kämpfen, nämlich für das gemeinsame Interesse, zu überleben – und die Überlebensmöglichkeiten ihrer Nachkommen zu sichern.

### *b) Die private und die gesellschaftliche Unbewußtheit und ihre Folgen*

Warum sage ich das alles als Psychoanalytikerin? Was hat das alles überhaupt mit meinem Fachgebiet zu tun? Es gibt eine neue Forschungsrichtung in der Psychoanalyse, an der ich mich beteilige und die die Zusammenhänge von Unbewußtheit und Macht untersucht.[3] Diese Frage ist zwar schon so alt wie die Psychoanalyse selbst und letztlich noch viel älter, sie wird aber für mein Verständnis gegenwärtig zu einer Überlebensfrage für uns alle, und deswegen ist sie auch für mich in letzter Zeit besonders wichtig geworden.

Bestimmte Strukturen, Gewohnheiten oder auch Symptome einer Person erscheinen immer wieder unveränderbar. Als Beziehungspartner oder auch als Psychotherapeut steht man diesen Erscheinungen oft hilflos gegenüber. Es sieht so aus, als hätte man nur die Wahl, sich mit dem Symptom abzufinden oder wegzulaufen, das heißt, die Beziehung abzubrechen. Eine Veränderung scheint nicht möglich zu sein. Freud entdeckte eine Möglichkeit, auch solche Strukturen aufzulösen, indem er ihr Zustandekommen und ihre Zusammensetzung studierte. Er entdeckte, daß die Vorbedingung für solche starren, immer wiederkehrenden Verhaltensweisen oder auch für psychosomatische Symptome *die Unbewußtheit ihrer Geschichte und ihrer Anteile* ist. Und er entdeckte, daß solche Strukturen unter anderem die Aufgabe haben, Macht und Kontrolle über die Person selbst und über ihre Beziehungspartner auszuüben.

Ähnliche Strukturen gibt es zwischen Individuen und in jeder Gesellschaft. Auch sie scheinen auf den ersten Blick unabänderlich vorgegeben, selbstverständlich und – unüberschaubar. Man hat den Eindruck, daß man sich entweder mit ihnen abfinden oder die Gesellschaft in irgendeiner Weise verlassen muß, da Widerstand oder der Gedanke an die Auflösung dieser Strukturen das gesellschaftliche Gefüge ins Chaos stürzen und einen selbst ins Abseits bringen würde.

Die Psychoanalyse hat erkannt, daß das Verhalten eines Menschen viel weniger von seinen bewußten Absichten abhängt als von seinen zum Teil unbewußten Phantasien. Verändertes Verhalten beruht auf veränderten Phantasien, und das heißt: auf einer veränderten Beziehung der Person zu ihrer Umwelt. Ob Machtstrukturen als unabänderlich, weil »objektiv«, erlebt werden, hängt davon ab, welche Beziehung der Betrachter zu diesen Strukturen hat, und diese seine Beziehung drückt sich wiederum in seinen Phantasien über die Machtstrukturen aus.

Für die ohnmächtige Position gegenüber »unabänderlichen« Machtstrukturen sind verschiedene Phantasien charakteristisch:

- Man sieht nicht, daß diese Strukturen durch *Konvention* zustande gekommen sind und durch Konventionen aufrechterhalten werden.
  Man hält sie für *absolut* gegeben.
- Man sieht nicht, daß diese Machtstrukturen auf *Unbewußtheit* beruhen, das heißt, daß ein Tabu besteht, ihre Existenz zu hinterfragen.
  Man hält sie für *selbstverständlich*.
- Man sieht nicht, daß das *Bewußtwerden der Bedingungen und der Auswirkungen* dieser Machtstrukturen im Volk ihre Auflösung mit sich bringen kann.
  Man glaubt, diese Strukturen entweder *mit Gewalt zerstören zu müssen oder* von ihnen *zerstört zu werden*.
- Man sieht nicht, inwiefern man selbst von der Erhaltung dieser

Strukturen *abhängig* ist und in welchem Maß man deswegen nicht auf sie verzichten kann.

Man hält sie für *entbehrlich oder überflüssig*.

Gerade der letzte Punkt, die Unbewußtheit der eigenen Abhängigkeit von den gegebenen Strukturen, scheint mir besonders wichtig zu sein. Wenn die eigene Abhängigkeit – und sei es eine Gegenabhängigkeit im Sinne eines Feindbildes zur eigenen moralischen Stabilisierung – nicht erkannt wird, muß jeder »Angriff« auf die »feindlichen Strukturen« unbewußt rückgängig gemacht werden. Ein Feind, auf den man nicht verzichten kann, darf nicht zum Freund werden. Verdrängungen, auf denen das eigene Selbstwertgefühl beruht, dürfen nicht aufgehoben werden. Den Ast, auf dem man sitzt, wird man nicht absägen, auch wenn man vor sich selbst und vor anderen behauptet, dies vorzuhaben.

### *c) Prinzipien der Veränderung unmenschlicher Herrschaftsstrukturen*

Ich möchte die eben beschriebenen Formen der Unbewußtheit nun am Beispiel einiger uns alle bedrohender – und gleichzeitig auch sichernder – Strukturen aufzeigen und mich mit den Möglichkeiten befassen, was die Prinzipien der Veränderung solcher zunächst unveränderbar erscheinenden Herrschaftsstrukturen sind. Es geht also im Bild des Zauberlehrlings jetzt um die Frage, worauf die Macht des Besens beruht und wie der Besen in den Schrank zurückgeschickt werden kann. Oft denken wir, dazu müßten wir zaubern können wie der Meister des Zauberlehrlings, also übermenschliche Kräfte haben. Aber vielleicht brauchen wir doch nur menschliche Kräfte, die uns allerdings nicht zur Verfügung stehen, solange wir auf übermenschliche Kräfte oder auf eine Übergewalt hoffen.

In der Friedensbewegung wird in diesem Zusammenhang seit Johan Galtungs gleichnamigem Buch viel von der »strukturellen Gewalt« gesprochen. Galtung[4] versteht darunter »den Typ von Gewalt, der in die gesellschaftliche Organisation, in die Sozialstruktur eingebaut ist – im Gegensatz zu der Gewalt, die willentlich von einem Subjekt gegen ein anderes Subjekt angewendet wird«. Gemeint ist die Gewalt, die von den expliziten und impliziten Normen der Gesellschaft ausgeht, wie soziale Ungleichheit, Ungerechtigkeit, Klassenverhältnisse und Unterdrückung von Freiheit[5]. Solche Normen bieten die Möglichkeit, Gewalt gegen andere, sozial Schwache, Arbeitnehmer, Völker der Dritten Welt etc. auszuüben, ohne dabei im eigenen und fremden Bewußtsein schuldig zu werden. Die Anwendung solcher Gewalt verstößt nicht gegen die »selbstverständlich« von den meisten Beteiligten anerkannten Normen. Die Macht der Gesetze, der Bürokratie, der Wirtschaftsimperien, der Drohung durch Waffen, ja selbst die Macht der demokratisch gewählten Volksvertreter beruht auf Konventionen, die als solche oft nicht mehr erkennbar sind, deren Hinterfragung tabuisiert ist, deren Bedingungen und Auswirkungen der Verdrängung anheimfallen und deren Stabilisierungsfunktion von denen unterschätzt wird, die sie zu bekämpfen versuchen.

Alle diese Formen struktureller Gewalt werden getragen durch die *Ideologie der Sicherheit durch Stärke,* durch den Glauben, daß man in zwischenmenschlichen Beziehungen nur sicher ist, wenn man stark ist (im Gegensatz zur Sicherheit durch Kontakt). Deshalb folgen sie auch alle dem Prinzip der Erstarrung und der Verselbständigung *gegen* die Menschen.

Normen, die erstarrt sind und deshalb nicht mehr die Funktion erfüllen, den Individuen größtmögliche Freiheit für ein befriedigendes Leben zu sichern, sondern die Herrschaft von wenigen über viele, von Reichen über Arme sicherzustellen, solche Normen beruhen auf kollektiven Verdrängungsmechanismen. Zum Beispiel gilt es in unserer Gesellschaft noch weitgehend als normal und selbstverständlich, daß die Angehörigen eines Staates in großem Ausmaß registriert und verwaltet werden, daß mit Geld Geld verdient werden kann und so andere Menschen, die nur mit Arbeit Geld verdienen können, ausgebeutet werden. Es gilt als selbstverständlich, daß Feinde mit Waffen bedroht werden. Es fällt kaum auf, wenn die gewählten Vertreter des Volkes nicht die Interessen des Volkes vertreten, sondern die Interessen ihrer Partei oder ihrer Fraktion an der Erhaltung der Macht. Propagandistische Verwendung von Ideologien (»Das muß jetzt unbedingt sein, weil es strategisch günstig ist«) und Mystifizierungen (»Alles, was wir tun, geschieht nur zum Besten des Volkes«) sind immer wieder wirksam, weil wir schon in unserer Kindheit lernen, daß die Eltern zum Besten der Kinder über diese immer genau Bescheid wissen müssen, daß der am größten und am wichtigsten ist, der am meisten besitzt, der sein Geld am günstigsten anlegt, und daß der am sichersten ist, der am besten gerüstet ist.

Erstarrte Selbstverständlichkeiten in Form struktureller Gewalt ersetzen den direkten Kontakt und die direkte Auseinandersetzung in Familien wie in der Politik. Menschen setzen sich nicht mit Menschen auseinander, in dem Sinn, daß die Wünsche des einen mit den Wünschen des anderen in Kontakt und eventuell in Konkurrenz treten. Menschen hängen wie Marionetten an den Fäden der strukturellen Gewalt oder der unbewußten Vereinbarungen, bzw. sie ziehen an diesen Fäden. Als Spieler klagen sie höchstens über die gelegentliche Widerspenstigkeit der Puppen, als Puppen über die Gewalttätigkeit der Spieler. Die Fäden selbst bleiben so lange erhalten, wie sie von beiden Seiten nicht in Frage gestellt werden. Und sie werden so lange nicht in Frage gestellt, wie alle Beteiligten von der Existenz und der Funktion der Fäden bewußt oder unbewußt profitieren.

Daß die Mächtigen, die Marionettenspieler dieser Welt, die Fäden, mit denen sie ihre Marionetten lenken, nicht in Frage stellen, ist direkt einzusehen. Warum aber die Marionetten selbst daran oft nicht interessiert sind, ist eine Frage, die die Menschheit schon sehr lange in verschiedenen Variationen beschäftigt. Bleibt man im Bild, dann sieht man, daß Marionetten, solange sie Marionetten sind, auf die Spieler und auf die Fäden angewiesen sind. Ohne Spieler und Fäden würden sie in sich zusammenfallen. Zu eigener Bewegung sind sie nicht fähig. Wir alle, Politiker und Nichtpolitiker haben Marionettenanteile in uns. Wir alle haben schon in unserer Kindheit gelernt, daß es besser ist, das zu tun, was man soll, als das, was man will. Am besten ist es, das zu wollen, was man soll. Tut man das, was man will, so haben wir gelernt, dann droht das Chaos. Es muß immer ein bestimmtes Maß an Lenkung und Lenkbarkeit erhalten bleiben, und unsere Wünsche müssen so weit zurückgehalten oder verdrängt werden, daß sie die Vereinbarungen über die gegenseitige Lenkbarkeit nicht durchbrechen. Nur im Rahmen dieser Vereinbarungen, also im Rahmen der strukturellen Gewalt, können Wünsche erfüllt werden.

Unsere Sozialisation ist eine Sozialisation *zur* Unbewußtheit *in* Unbewußtheit, denn die meisten dieser Normen übernehmen wir unbewußt von unseren Eltern und Familien. Auch unseren Eltern oder uns als Eltern sind diese Normen zum größten Teil nicht bewußt; sie sind selbstverständlich, »ganz normal«. So lernt jeder Mensch, daß er nur dann eine Lebensberechtigung hat, wenn er das Bestehende für legitim hält, wenn er die Verhaltensweisen der Erwachsenen bzw. der Regierenden für richtig ansieht, wenn er seiner Rolle und ihren Vorschriften gemäß funktioniert und wenn er alles, was ihm und anderen zu viel Angst machen würde, nicht wahrnimmt.

Der kollektiven Verdrängung fällt alles anheim, was die Ordnung der strukturellen Gewalt zu sehr stören würde. Dazu gehören sowohl Triebwünsche der Individuen als auch die Wahrnehmung der Gefährlichkeit von Situationen, die unabwendbar zu sein scheinen, wie zum Beispiel gegenwärtig die Gefahr einer atomaren Katastrophe. Der kollektiven Verdrängung fällt aber auch all das anheim, dessen Wahrnehmung Konsequenzen hätte, die uns zu viel Angst machen würden. So erleben wir unsere Abhängigkeit von der Umwelt und von unseren »Feinden« nur in dem Maß, wie unsere Größenphantasien es erlauben. Wir phantasieren uns einen Rechtsanspruch auf eine unseren Lebensbedürfnissen entsprechende Umwelt und auf die Erhaltung des Friedens und folgern daraus, daß – da ja nicht sein kann, was nicht sein darf – »irgendwie« schon alles weitergehen wird. Irgend jemand muß doch alles im Griff haben; unsere innere Ordnung, unser Bewußtsein von Sicherheit beruht doch auf der Selbstverständlichkeit, daß wir ein Recht auf Unversehrtheit haben. Wir sind doch gewöhnt, daß Zweifel an dieser selbstverständlichen Sicherheit bestraft werden, daß dem Überbringer schlechter Nachrichten mit Spott, Ausstoßung und Isolierung begegnet wird. Also nehmen wir lieber nur gute, ins Bild der kollektiven Sicherheitsphantasien passende Nachrichten wahr. Und wenn wir trotzdem die Augen vor den drohenden Gefahren dieser Zeit nicht ganz verschließen können, dann erklären wir uns einfach für ohnmächtig, hilflos und unschuldig, um nicht wahrnehmen zu müssen, daß wir vor den Schritten, die nötig wären, um die Gefahr abzuwenden, noch größere Angst haben als vor der Gefahr selbst.

So entstehen durch kollektive Verdrängung Strukturen, die dann »unabänderliche Tatsachen« zu sein scheinen, unveränderlich auch deswegen, weil wir zu viel Angst haben, über verändernde Alternativen auch nur nachzudenken. Die Unbewußtheit, die uns diese Angst vermeiden hilft, läßt uns diese »Gegebenheiten« wahrnehmen, als wären sie nicht durch Vereinbarungen entstanden und deshalb prinzipiell auch kündbar, als wären sie selbstverständlich und deshalb nicht hinterfragbar, als wären wir nicht von ihnen abhängig und als könnten sie nur durch übermenschliche Kräfte zerstört werden.

Woher nehme ich nun die Hoffnung, daß wir vielleicht doch »nur« menschliche Kräfte brauchen, um solche unmenschlichen Strukturen aufzulösen, die die Grundlage für die uns allen drohenden Katastrophen sind? Ich meine ja sogar, daß wir nur *menschliche* Kräfte brauchen *können,* um in unserer Demokratie die Chance zu nützen, den Staat und seine Politik zu vermenschlichen. Die menschlichen Kräfte, die die Psychoanalyse zur Auflösung von Machtstrukturen im Individuum und zwischen Individuen entdeckte, bestehen darin, daß das Individuum versucht, seine Unbewußtheit schrittweise aufzuheben, die Selbstverständlichkeiten zu hinterfragen, ihr Zustandekommen zu untersuchen und dadurch die Bedingungen für ihr Weiterbestehen zu erkennen.

Auf unser politisches und gesellschaftliches Leben übertragen besteht dieser Vorgang darin, daß das Individuum die eigene *Betroffenheit* von und die eigene *Beteiligung* an dem Status quo erkennt[6]. Solange wir unsere persönliche Betroffenheit, die Gefahr, in der wir leben, bewußt oder unbewußt verleugnen, haben wir keinen Grund, etwas zu verändern. Es ist ja dann für uns alles in Ordnung, »ganz normal«. Aber die Erkenntnis der eigenen Betroffenheit alleine genügt noch nicht, um einen Impuls zur Veränderung entstehen zu lassen. Die Betroffenheit, das eigene Leiden kann so lange als nur von außen kommend phantasiert werden, als von »Feinden« verursacht, wie die eigene Beteiligung an der Aufrechterhaltung des Status quo noch nicht erkannt wird. So lange sind immer noch die anderen schuld, oder andere sind noch viel schlimmer. So lange setzt sich das Dilemma im Kampf gegen die bösen Feinde fort, und wir sehen unter Umständen nicht, wie wir in diesem Kampf unsere Kraft zur Aufrechterhaltung unserer Feindbilder verbrauchen, ohne an der fatalen Lage selbst etwas zu ändern.

Eine echte Notwendigkeit, aber auch eine echte Möglichkeit zur Veränderung ergibt sich erst, wenn zur Erkenntnis der eigenen Betroffenheit auch die der eigenen Beteiligung hinzukommt. Ich meine damit nicht die Erkenntnis von Schuld oder Mitschuld im moralischen Sinn, sondern ein Erkennen der eigenen Position im Gesamtsystem. Es ist ein großer Unterschied, ob ich mich *außerhalb* eines zu bekämpfenden oder zu verändernden Systems erlebe oder ob ich mich als *Teil* dieses Systems erkenne. Phantasiere ich mich außerhalb, dem System gegenüberstehend, dann stellt sich zwangsläufig die Frage, ob ich allmächtig oder ohnmächtig bin. Dann meine ich, daß ich entweder das System durch übermenschliche Kräfte verändern müßte und könnte oder daß ich gar nichts ausrichten kann. Das Gefühl der Aussichtslosigkeit hängt damit zusammen, daß wir uns außerhalb von unserer Umgebung phantasieren. Die abendländische Phantasie, der Natur *gegenüber* zu stehen, brachte die Möglichkeit, sich die Erde untertan zu machen, im Bild des Zauberlehrlings: den Besen zum Diener zu machen. Der Grund, weshalb wir den Besen nicht mehr anhalten können, liegt in derselben Phantasie: Solange wir uns außerhalb der Natur phantasieren, diese und unsere Mitmenschen als manipulierbare Objekte betrachtend, können wir den Besen nicht in den Schrank zurückbefördern. Er wird uns beherrschen und mit seiner Wasserflut ertränken, wenn wir die Ursache seiner Verselbständigung nicht erkennen und verändern. Die Alternative zur Ohnmacht ist nicht die Allmacht. Diese beiden gehören zusammen. Die Alternative zu beidem ist die Erkenntnis, ein ganz bestimmter Teil des Ganzen zu sein, der an *seiner* ganz spezifischen Stelle leidet und an eben dieser Stelle Veränderungen in Gang setzen kann, die zunächst nur diese seine Stelle betreffen. Die Veränderung des Ganzen, die so eintritt, hat eine völlig andere Qualität als eine Veränderung nach dem alten Muster der Manipulation von außen. Sie verwendet »menschliche Kräfte« und *kann* deswegen nichts zerstören, was zum Leben nötig wäre.

Allerdings ist es sehr schwer, auf die Phantasie von den übermenschlichen Zauberkräften zu verzichten und sich auf die vielfältigen Abhängigkeiten einzulassen, in denen wir tatsächlich leben. Und doch verwandelt sich im Laufe solcher Erkenntnis der bisher »unbeeinflußbare Apparat«, der Besen des Zauberlehrlings, wieder zurück in einen Besen, den man in die Hand nehmen kann und muß, um ihn zu bewegen. Man erfährt, daß die bisher unveränderlich erscheinenden Strukturen von Menschen gemacht sind und von Menschen aufrechterhalten werden, daß man es mit Menschen und deren Bedürfnissen und Ängsten zu tun hat, die man anfassen kann und muß, um mit ihnen in Kontakt zu kommen und um sich nicht mehr einer übermächtigen Maschine ausgeliefert zu fühlen. Ein verändertes Bewußtsein hat veränderte Beziehungen zur Folge, und veränderte Beziehungen haben eine veränderte Politik zur Folge. Kein einziger Schritt auf diesem Weg ist verloren, wenn wir auch sehr viele Schritte von dieser Qualität machen müssen, um aus unserem Dilemma herauszufinden, in das wir seit vielen Generationen durch Schritte der anderen Qualität hineingeraten sind. Sobald wir uns als je spezifischen Teil des Ganzen begreifen, erkennen wir das Persönliche als Politisches und das Politische als Persönliches.

# Anmerkungen

*1. Kapitel*

1 Vgl. die verschiedenen Definitionen von Macht im Überblick bei U. Wesel: Kein Staat zu machen. Zur Genealogie von Macht und Herrschaft. Kursbuch 70, S. 119–148.
2 M. Weber: Wirtschaft und Gesellschaft. Bd. 1. Köln 1964, S. 38.
3 E. Eppler: Ist Macht nur ein psychologisches Problem? Vortrag auf dem Kongreß »Das Politische ist persönlich – das Persönliche ist politisch« am 19.4.1985 in München.
4 Vgl. H. Becker und C. Nedelmann: Psychoanalyse und Politik, Frankfurt 1983, S. 94ff: Krieg und Veralten von Machtpolitik.
5 Vgl. F. Wölpert: Sexualität–Sexualtherapie–Beziehungsanalyse. München 1983.
6 Vgl. Th. Bauriedl: Beziehungsanalyse – Das dialektisch-emanzipatorische Prinzip der Psychoanalyse und seine Konsequenzen für die psychoanalytische Familientherapie. Frankfurt 1980, und dies.: Psychoanalyse ohne Couch – Zur Theorie und Praxis der Angewandten Psychoanalyse. München 1985.
7 Vgl. W. Schulz: Philosophie in der veränderten Welt. Pfullingen 1972, S. 781–840.
8 S. Freud: Massenpsychologie und Ich-Analyse. Studienausgabe Bd. IX, S. 61–134 (1921).
9 Ich will nicht übergehen, daß es auch sehr fruchtbare Verbindungen zwischen Psychoanalyse und Gesellschaftswissenschaften gegeben hat und gibt, so z. B. in der Frankfurter Schule und in dem von Th. Leithäuser und B. Volmerg vertretenen Ansatz der Integration psychoanalytischer Erkenntnisse in die Sozialpsychologie. Überwiegend ist aber immer wieder kaum eine Verbindung zwischen den beiden Wissenschaften vom Menschen zu sehen: Die Psychoanalyse konzentriert sich vorwiegend auf das Individuum; die Soziologie schließt unbewußte Prozesse aus ihrer Betrachtung aus und bleibt dadurch auf die Ebene bewußter Prozesse beschränkt.
10 Vgl. die ausführliche Darstellung der aus der Psychoanalyse bekannten Abwehrmechanismen im gesellschaftlichen und politischen Bereich bei H. Becker und C. Nedelmann: Psychoanalyse und Politik. Frankfurt 1983.
11 Vgl. W. Schulz, a. a. O., S. 715.
12 Vgl. z. B. A. Buschenreiter: Unser Ende ist euer Untergang. Düsseldorf 1983.
13 S. Freud: Die zukünftigen Chancen der psychoanalytischen Therapie. Studienausgabe. Ergänzungsband, S. 129 (1910).
14 Z. B. Th. Bauriedl: Das systemische Verständnis der Familiendynamik in der Psychoanalyse. Praxis der Psychotherapie und Psychosomatik, Bd. 28. S. 255–266. Dies.: Die politische Verantwortung des psychologischen Beraters. In: Th. Bauriedl: Psychoanalyse ohne Couch. München 1985.

15 S. Freud: Erinnern, Wiederholen und Durcharbeiten. Studienausgabe. Ergänzungsband, S. 212 (1914).

16 Vgl. die Arbeiten von K. Horn, z. B. Bemerkungen zur Situation des »subjektiven Faktors« in der hochindustrialisierten Gesellschaft kapitalistischer Struktur. In: ders. (Hrsg.): Gruppendynamik und der subjektive Faktor. Frankfurt 1972, S. 17–116.

*2. Kapitel*

1 E. Hurwitz: Otto Groß, Paradies-Sucher zwischen Freud und Jung. Frankfurt 1979, S. 90.

2 a. a. O.

3 a. a. O., S. 274ff.

4 Zit. nach B. A. Laska: Wilhelm Reich. Reinbek 1981, S. 52.

5 Hurwitz, a. a. O., S. 119.

6 A. a. O., S. 85; M. Green: Else und Frieda, die Richthofen-Schwestern. München 1980, S. 70.

7 Vgl. Hurwitz, a. a. O., S. 86ff.

8 Vgl. E. Modena: Marxismus, Freudismus, Psychoanalyse. Psychoanalyse 1, 1980, S. 224.

9 Zit. nach Hurwitz, a. a. O., S. 163.

10 Vgl. H. M. Lohmann: Psychoanalyse in Deutschland – eine Karriere im Staatsapparat? Psyche 34, S. 945–957

11 Z. B. S. Freud: Die Frage der Laienanalyse. Studienausgabe. Ergänzungsband (1926).

12 R. Jacoby: Soziale Amnesie – eine Kritik der konformistischen Psychologie von Adler bis Laing. Frankfurt 1978, S. 142/143.

13 P. Parin: Der Widerspruch im Subjekt. Frankfurt 1978; Becker/Nedelmann: Psychoanalyse als Beruf. Merkur 390, S. 1126–1143, 1980; H. M. Lohmann: a. a. O. 1980; J. Cremerius: Die Präsenz des Dritten in der Psychoanalyse. Psyche 35, S. 1–41, 1981.

14 Parin, a. a. O., S. 14.

15 Hurwitz, a. a. O., S. 100.

16 Z. B. H. E. Richter: Psychotherapie in der Krise. Merkur 381, S. 136–146, 1980, S. 145; ders.: Die Psychoanalyse und das Problem der sozialen Abhängigkeit, Psyche 31, 1977, S. 866.

17 S. Freud: Das Unbehagen in der Kultur. Studienausgabe Bd. IX (1930) S. 211.

18 Vgl. K. Horn und A. Lorenzer in J. A. Schülein: Das Gesellschaftsbild der Freudschen Theorie. Frankfurt 1979.

19 Z. B. Marcuse: Triebstruktur und Gesellschaft. Frankfurt 1971 (Original 1955)

20 W. Reich: Die Funktion des Orgasmus – die Entdeckung des Orgons. 1942. Ausgabe Frankfurt 1972.

21 Vgl. Th. Bauriedl: Zwischen Anpassung und Konflikt. Göttingen 1982.

22 Z. B. J. Habermas: Erkenntnis und Interesse, Frankfurt 1968; A. Lorenzer: Zur Begründung einer materialistischen Sozialisationstheorie. Frankfurt 1972; ders.: Die Wahrheit der psychoanalytischen Erkenntnis. Frankfurt 1974; H. Dahmer: Libido und Gesellschaft. Frankfurt 1973; ders.: Psychoanalyse und Gesellschaftstheorie. Psyche 29, S. 991–1010.

23 S. Freud: Warum Krieg? Studienausgabe Bd. IX, 1933.

24 Th. Bauriedl: Beziehungsanalyse. Frankfurt 1980.
25 S. Freud: Psychoanalyse und Libidotheorie. G. W. XIII (1923), S. 223.
26 Vgl. Bauriedl, a. a. O. (1982)
27 Vgl. auch Jungs Verherrlichung des nationalsozialistischen Antisemitismus in C. G. Jung: Zivilisation im Übergang. G. W. X. Olten 1934, S. 190ff.
28 Vgl. Jacoby, a. a. O., S. 143.
29 Bauriedl, a. a. O. (1982)
30 K. Horn: Zur Bedeutung der Freudschen Psychanalyse heute. Merkur 381, 1980, S. 150.
31 S. Freud: Triebe und Triebschicksale. Studienausgabe Bd. III (1915)
32 S. Freud: Die Traumdeutung. Studienausgabe Bd. II (1900).
33 S. Freud: Die Sexualität in der Ätiologie der Neurosen. Studienausgabe Bd. V (1898).
34 Vgl. Hurwitz, a. a. O., S. 100.
35 H. E. Richter: Der Gotteskomplex. Reinbek 1979.
36 H. Marcuse: Der Sieg über das unglückliche Bewußtsein: repressive Entsublimierung. In: H. Dahmer (Hg.): Analytische Sozialpsychologie. Bd. 2. Frankfurt 1980, S. 441–470.
37 Vgl. Hurwitz, a. a. O., S. 117ff.
38 Vgl. die ausführliche Darstellung dieser Problematik: Th. Bauriedl: Beziehungsanalyse – Das dialektisch-emanzipatorische Prinzip der Psychoanalyse und seine Konsequenzen für die psychoanalytische Familientherapie. Frankfurt 1980.
39 Ebda.
40 E. Eppler: Die tödliche Utopie der Sicherheit. Reinbek 1983.
41 Vgl. F. Wölpert: Sexualität, Sexualtherapie, Beziehungsanalyse. München 1983.
42 Bauriedl: Beziehungsanalyse, a. a. O. Vgl. auch Kapitel 5 in diesem Band.
43 Vgl. auch Richter, 1977, a. a. O.
44 P. Parin, 1978, a. a. O.
45 J. Cremerius: Die Bedeutung des Dissidenten für die Psychoanalyse. Psyche 36, S. 481–514.
46 Z. B. Parin, 1978, a. a. O., S. 12ff.
47 H. E. Richter: Psychotherapie in der Krise. Merkur 381, S. 141.
48 P. Parin, 1978, a. a. O., S. 19.
49 A. a. O., S. 33.
50 A. a. O., S. 34ff.
51 A. a. O., S. 38.
52 Ebda.
53 Z. B. K. Holzkamp: Kritische Psychologie. Frankfurt 1972.
54 P. Fürstenau: Zur Theorie psychoanalytischer Praxis. Stuttgart 1978, S. 118. Hervorhebung im Original.
55 A. a. O., S. 119.
56 H. Füchtner: Zur politischen Relevanz psychoanalytischer Institutionsberatung. Psychoanalyse 1, S. 90–111 (1980).
57 K. Horn: a. a. O., 1980, S. 152.
58 Laska, a. a. O., 1981, S. 80.

*3. Kapitel*

1 Vgl. Kapitel 2 in diesem Band.
2 S. Freud: Die psychoanalytische Technik. 1938. Studienausgabe. Ergänzungsband.
3 S. Freud: Revision der Traumlehre. 1932. 29. Vorlesung aus der »Neuen Folge der Vorlesungen«. Studienausgabe Bd. 1.
4 Z. B. Th. Bauriedl: Beziehungsanalyse. Das dialektisch-emanzipatorische Prinzip der Psychoanalyse und seine Konsequenzen für die psychoanalytische Familientherapie. Frankfurt 1980.
5 Vgl. Kapitel 8 in diesem Band.
6 S. Freud: Vorlesung zur Einführung in die Psychoanalyse. Studienausgabe Bd. 1, S. 105f.
7 A. a. O., S. 402.
8 Ebda.
9 Ebda.
10 S. Freud: Revision ... 1932, a. a. O., S. 459.
11 S. Freud: Die Traumdeutung. 1900. Studienausgabe Bd. 2, S. 240f. Hervorhebung im Original.
12 S. Freud: Einführung ... 1916, a. a. O., S. 109ff.
13 S. Anm. 11.
14 S. Freud: Revision ... 1932, S. 462.
15 Th. Bauriedl Beziehungsanalyse, a. a. O.
16 S. Freud: Traumdeutung ... 1900, S. 280ff.
17 H. Henseler: Narzißtische Krisen – Zur Psychodynamik des Selbstmords. Reinbek 1974.
18 S. Freud: Einführung ... 1916, S. 142.
19 A. a. O., S. 221.
20 J. Galtung: Strukturelle Gewalt. Reinbek 1975.
21 Vgl. Kapitel 4, 5 und 6 in diesem Band.
22 S. Freud: Traumdeutung ... 1900, a. a. O., S. 144ff.
23 A. a. O., S. 550.
24 Th. Bauriedl: Das Leben riskieren ... In Vorbereitung.
25 S. Freud: Das Ich und das Es. 1922. Studienausgabe Bd. 3, S. 294.
26 S. Freud: Technik. 1938, a. a. O., S. 417.

*Teil B Einführung*

1 S. Freud: Gesammelte Werke. Frankfurt.
Th. W. Adorno: Studien zum autoritären Charakter. Frankfurt 1973.
M. Horkheimer und Th. W. Adorno: Dialektik der Aufklärung. Frankfurt 1969.
M. Horkheimer: Sozialphilosophische Studien. Frankfurt 1972.
H. Marcuse: Triebstruktur und Gesellschaft. Frankfurt 1955.
N. Elias: Was ist Soziologie? München 1970.
N. Elias: Soziologie als Sittengeschichte. Psychologie heute, Februar 1978, S. 33–38.
N. Elias: Über den Prozeß der Zivilisation. Bd. I und II. Frankfurt 1978.
P. Parin: Der Widerspruch im Subjekt. Frankfurt 1978.
M. Erdheim: Die gesellschaftliche Produktion von Unbewußtheit. Frankfurt 1982.

2 Th. Bauriedl: Beziehungsanalyse. Frankfurt 1980.
Th. Bauriedl: Psychoanalyse ohne Couch. München 1985.

*4. Kapitel*

1 Th. Bauriedl: Zwischen Anpassung und Konflikt. Göttingen 1982.
Th. Bauriedl: Beziehungsanalyse. Frankfurt 1980.
2 A. Mitscherlich: Krankheit als Konflikt. Studien zur psychosomatischen Medizin. Bd. I und II. Frankfurt 1966 und 1967.
G. und A. Overbeck (Hrsg.): Seelischer Konflikt – körperliches Leiden. Reinbek 1978.
G. Overbeck: Krankheit als Anpassung. Der sozio-psychosomatische Zirkel. Frankfurt 1984.
3 Vgl. Th. Bauriedl: Die Krise als Chance. In: Th. Bauriedl: Psychoanalyse ohne Couch. München 1985.
4 Th. Bauriedl: Psychoanalyse ohne Couch – ein Widerspruch? In: Th. Bauriedl: Psychoanalyse ohne Couch. München 1985.

*5. Kapitel*

1 G. Hartfiel (Hrsg.): Emanzipation – ideologischer Fetisch oder reale Chance? Opladen 1975.
2 Bachofen 1862; A. Bebel: Die Frau und der Sozialismus. 1879. Berlin / Bonn-Bad Godesberg 1977.
3 Vgl. die Bachofen-Renaissance bei Otto Groß und seinen Anhängern, beschrieben bei M. Green: The von Richthofen Sisters. The Triumphant and the Tragic Modes of Love. New York 1974. Deutsch: Else und Frieda, die Richthofen-Schwestern. München 1980; und E. Hurwitz: Otto Groß, Paradies-Sucher zwischen Freud und Jung. Frankfurt 1979.
4 S. Freud: Einige psychische Folgen des anatomischen Geschlechtsunterschieds. 1925. Studienausgabe Bd. V, S. 266.
5 Vgl. Hurwitz, a. a. O.
6 J. Chasseguet-Smirgel: Die weiblichen Schuldgefühle. In: dies. (Hrsg.): Psychoanalyse der weiblichen Sexualität. Frankfurt 1974.
7 Vgl. A. Lorenzer: Psychoanalyse als Sozialwissenschaft. Frankfurt 1971; ders.: Zur Begründung einer materialistischen Sozialisationstheorie. Frankfurt 1972; K. Horn: Psychoanalyse und gesellschaftliche Widersprüche. In: Psyche 1976/1, S. 26–49; ders.: Wer überliefert Psychoanalyse wozu? – politische Fragen. In: S. Drews u. a. (Hrsg.): Alexander Mitscherlich zu Ehren. Frankfurt 1978.
8 Vgl. Th. Bauriedl: Das Leben riskieren – in Vorbereitung.
9 S. Freud: Zur Einführung des Narzißmus. 1914. Studienausgabe Bd. V, S. 43.
10 Th. Bauriedl: Beziehungsanalyse – Das dialektisch-emanzipatorische Prinzip der Psychoanalyse und seine Konsequenzen für die psychoanalystische Familientherapie. Frankfurt 1980, S. 115ff.
11 A. Miller: Du sollst nicht merken. Variationen über das Paradies-Thema. Frankfurt 1981.
12 Vgl. S. Freud: Drei Abhandlungen zur Sexualtheorie. 1905. Studienausgabe Bd. V; ders.: Die infantile Genitalorganisation. 1923. Studienausgabe Bd. V; ders.:

Der Untergang des Ödipuskomplexes. 1924. Studienausgabe Bd. V; ders.: Über die weibliche Sexualität. 1931. Studienausgabe Bd. V.
13 H. E. Richter: Eltern, Kind und Neurose. Stuttgart 1963; ders.: Patient Familie. Reinbek 1970.
14 Vor allem M. S. Mahler: Symbiose und Individuation. Bd. 1. Stuttgart 1972; dies., F. Pine, A. Bergmann: Die psychische Geburt des Menschen – Symbiose und Individuation. Frankfurt 1978.
15 H. Kohut: Narzißmus. Frankfurt 1973; O. Kernberg: Borderline-Störungen und pathologischer Narzißmus. Frankfurt 1978; A. Miller: Das Drama des begabten Kindes und die Suche nach dem wahren Selbst. Frankfurt 1979; dies.: Du sollst nicht . . ., a. a. O.
16 Chasseguet-Smirgel, a. a. O.
17 A. a. O., S. 163.
18 M. Moeller-Gambaroff: Emanzipation macht Angst. Kursbuch 47, März 1977.
19 A. a. O., S. 4.
20 Th. Bauriedl: Beziehungsanalyse – Das dialektisch-emanzipatorische Prinzip der Psychoanalyse und seine Konsequenzen für die psychoanalytischen Familientherapie. Frankfurt 1980.
21 A. a. O.
22 F. Wölpert: Sexualität–Sexualtherapie–Beziehungsanalyse. München 1983.
23 Z. B. auch bei H. E. Richter: Beide Geschlechter können sich nur gemeinsam befreien. In: H. E. Richter: Engagierte Analysen. Reinbek 1978.
24 A. Lorenzer: Sprachzerstörung und Rekonstruktion. Frankfurt 1970.

*6. Kapitel*

1 Th. W. Adorno: Studien zum autoritären Charakter. Frankfurt 1973.
2 A. a. O., S. 118.
3 A. a. O., S. 135.
4 B. und U. Volmerg, Th. Leithäuser: Kriegsängste und Sicherheitsbedürfnis. Frankfurt 1983.
5 B. Volmerg: Zur Sozialisation struktureller Feindseligkeit. In: Friedensanalysen. Für Theorie und Praxis 6. Frankfurt 1977.
6 Th. Bauriedl: Beziehungsanalyse – Das dialektisch-emanzipatorische Prinzip der Psychoanalyse und seine Konsequenzen für die psychoanalytische Familientherapie. Frankfurt 1980; dies.: Das systemische Verständnis der Familiendynamik in der Psychoanalyse. In: Psychoanalyse ohne Couch. München 1985; dies.: Das Leben riskieren – in Vorbereitung. Sowie Kapitel 5 in diesem Band.
7 A. Miller: Das Drama des begabten Kindes. Frankfurt 1979.
8 Th. Bauriedl: Das systemische . . ., a. a. O.; dies.: Das Leben . . ., a. a. O.; und die Kapitel 2 und 9 in diesem Band.
9 K. Horn: Wie kommen wir zu einer »konstitutionellen Intoleranz« gegen den Krieg? Psyche 38/1984, S. 1082–1104.
10 Th. Bauriedl: Beziehungsanalysen . . ., a. a. O.
11 E. L. Abelin: Some further Observations and Comments on the Earliest Role of the Father. Int. J. Psycho-Anal. 56/1975, S. 293–303; ders.: Triangulation, the Role of the Father and the Origins of Core Gender Identity During the Rapproche-

ment Subphase. In: R. F. Lax, S. Bach and J. A. Burland (ed.): Rapprochement. New York 1980.
12 Vgl. die Kapitel 2 in diesem Band.
13 S. Freud: Jenseits des Lustprinzips. 1920. GW XIII; ders.: Warum Krieg? 1933. GW XVI.

*Teil C Einführung*

1 Stichwort »Gewalt« in: Meyers Enzyklopädisches Lexikon in 25 Bänden (1982).

*7. Kapitel*

1 J. Galtung: Strukturelle Gewalt. Reinbek 1975.
2 A. a. O., S. 48.
3 A. a. O., S. 50.
4 Marx-Engels-Werke. Bd. III, S. 46.
5 S. Freud: Warum Krieg? Studienausgabe Bd. IX, S. 277.
6 U. Volmerg: Gewalt im Alltag oder die Ghettoisierung des Bösen. Friedensanalysen 17. Frankfurt 1983.
7 S. Freud: Das Unbehagen in der Kultur. Studienausgabe Bd. IX.
8 N. Elias: Über den Prozeß der Zivilisation. Bd. 1 und 2. Frankfurt 1978.
9 Der Spiegel, Nr. 41 / 1985, S. 282.
10 K. Horn: Dossier: Die insgeheime Lust am Krieg, den keiner ernsthaft wollen kann. In: K. Horn und E. Senghaas-Knobloch (Hrsg.): Friedensbewegung – Persönliches und Politisches. Frankfurt 1983.
11 A. a. O., S. 295.
12 F. Wölpert: Sexualität-Sexualtherapie-Beziehungsanalyse. München 1983.
13 Probe-Kriege. Psychologie heute, Sonderheft »Warum nicht Frieden«, 1984, S. 63.

*8. Kapitel*

1 Vgl. Th. Bauriedl: Psychoanalyse ohne Couch. München 1985.
2 Vgl. D. Senghaas: Hegemoniekrise und Friedensgefährdung – über aktuelle Probleme der Weltpolitik. In: L. Brock und B. Meyer (Hrsg.): Die Zukunft der Sicherheit in Europa. Jahrbuch für Friedens- und Konfliktforschung. Bd. XI. Baden-Baden 1984.
3 Der Spiegel, Nr. 3 / 1985, S. 110.

*9. Kapitel*

1 W. Heisenberg: Was ist eigentlich Wirklichkeit? Süddeutsche Zeitung, 27. 12. 1981.
2 A. a. O., S. 160.
3 J. Habermas: Erkenntnis und Interesse. Frankfurt / M. 1968.
4 Süddeutsche Zeitung, 25. / 26. 2. 1984.

1 C. Schmid (o. J.): Demokratie – die Chance, den Staat zu vermenschlichen. Sonderbeitrag in: Meyers Enzyklopädisches Lexikon in 25 Bänden. 1980, S. 409–415.
2 M. Ende: Die unendliche Geschichte. Stuttgart 1979.
3 Z. B. P. Parin: Der Widerspruch im Subjekt. Frankfurt 1978; M. Erdheim: Die gesellschaftliche Produktion von Unbewußtheit. Frankfurt 1982; K. Horn: Die Verlockung der Gewalt. Gesellschaftliche und persönliche Mechanismen. Frankfurter Hefte 39 / 1984; ders.: Was wird politisch anders, wenn ich mich ändere? Einstellungsveränderungen als Politikfeld. Zeitschrift für Sozialpsychologie und Gruppendynamik. Themenheft Friedens- und Konfliktforschung. 9. Jg. Heft 1 / 1984, S. 38–47; und Kapitel 4 in diesem Band.
4 J. Galtung: Strukturelle Gewalt. Reinbek 1975, S. 8.
5 A. a. O., S. 48.
6 Th. Bauriedl: Das systemische Verständnis der Familiendynamik in der Psychoanalyse. Praxis der Psychotherapie und Psychosomatik. Bd. 28, 1983, S. 255–266; dies.: Psychoanalyse ohne Couch. München 1985.

# Psychologie und Gesellschaft

Franz Alt
## Frieden ist möglich
Die Politik der Bergpredigt. 21. Aufl., 819. Tsd. 1985. 119 Seiten. Serie Piper 284

Franz Alt
## Liebe ist möglich
Die Bergpredigt im Atomalter. 4. Aufl., 156. Tsd. 1985. 220 Seiten. Serie Piper 429

Bruno Bettelheim
## Gespräche mit Müttern
Aus dem Amerik. von Friedrich Griese. 6. Aufl., 27. Tsd. 1985. 234 Seiten.
Serie Piper 155

Bruno Bettelheim/Daniel Karlin
## Liebe als Therapie
Gespräche über das Seelenleben des Kindes. Aus dem Franz. von Friedrich Griese.
2. Aufl., 14. Tsd. 1984. 256 Seiten. Serie Piper 257

Norbert Bischof
## Das Rätsel Ödipus
Die biologischen Wurzeln des Urkonflikts von Intimität und Autonomie.
1985. 624 Seiten mit zahlreichen Abbildungen. Leinen

Willi Butollo
## Die Angst ist eine Kraft
Über die konstruktive Bewältigung von Alltagsängsten
2. Aufl., 12. Tsd. 1984. 201 Seiten. Kt.

Felix von Cube/Dietger Alshuth
## Fordern statt verwöhnen
Die Erkenntnisse der Verhaltensbiologie in Erziehung und Führung. 1986. 299 Seiten. Kt.

# Psychologie und Gesellschaft

Eva Jaeggi/Walter Hollstein
Wenn Ehen älter werden
Liebe, Krise, Neubeginn. 3. Aufl., 20. Tsd. 1985. 311 Seiten. Kt.

Louise J. Kaplan
Die zweite Geburt
Dein Kind wird zur Persönlichkeit. Mit einem Nachwort von Margaret S. Mahler.
Hrsg. von Reinhard Fatke. Aus dem Amerik. von Hainer Kober.
4. Aufl., 21. Tsd. 1986. 258 Seiten. Serie Piper 257

Christian Graf von Krockow
Gewalt für den Frieden?
Die politische Kultur des Konflikts. 3. Aufl., 29. Tsd. 1983. 122 Seiten.
Serie Piper 323

Lust und Liebe
Wandlungen der Sexualität. Hrsg. von Christoph Wulf. 1985. 416 Seiten.
Serie Piper 383

Alexander Mitscherlich
Auf dem Weg zur vaterlosen Gesellschaft
Ideen zur Sozialpsychologie. 16. Aufl., 116. Tsd. 1986. 400 Seiten. Serie Piper 45

Alexander und Margarete Mitscherlich
Eine deutsche Art zu lieben
2. Aufl., 25. Tsd. 1970. 118 Seiten. Serie Piper 2

Alexander und Margarete Mitscherlich
Die Unfähigkeit zu trauern
Grundlagen kollektiven Verhaltens. 17. Aufl., 153. Tsd. 1985.
383 Seiten. Serie Piper 168

PIPER

# Psychologie und Gesellschaft

Margarete Mitscherlich
Das Ende der Vorbilder
Vom Nutzen und Nachteil der Idealisierung. 2., überarb. Aufl., 10. Tsd. 1980.
218 Seiten. Serie Piper 183

Elisabeth Noelle-Neumann/Burkhard Strümpel
Macht Arbeit krank? Macht Arbeit glücklich?
2. Aufl., 6. Tsd. 1985. 297 Seiten. Kt.

Fritz Redl/David Wineman
Kinder, die hassen
Auflösung und Zusammenbruch der Selbstkontrolle. Hrsg. von Reinhard Fatke.
Aus dem Amerik. von Gudrun Iheusner-Stampa. 1984. 264 Seiten. Serie Piper 333

Fritz Redl/David Wineman
Steuerung des aggressiven Verhaltens beim Kind
Hrsg. von Reinhard Fatke. Aus dem Amerik. von Norbert Wölfl und Reinhard Fatke. 3. Aufl., 12. Tsd. 1982. 127 Seiten. Serie Piper 129

Jörg K. Roth
Hilfe für Helfer: Balint-Gruppen
2. Aufl., 8. Tsd. 1985. 179 Seiten. Serie Piper 389

Wolfgang Wickler/Uta Seibt
männlich weiblich
Der große Unterschied und seine Folgen. 2. Aufl., 9. Tsd. 1984. 182 Seiten. Serie Piper 285

Dieter E. Zimmer
Die Vernunft der Gefühle
Ursprung, Natur und Sinn der menschlichen Emotion.
2. Aufl., 10. Tsd. 1984. 272 Seiten. Serie Piper 227